創見文化，智慧的銳眼
www.book4u.com.tw   www.silkbook.com

破局者 柯文哲傳奇

POWER OF CHANGING
Ko Wen-je

產業科技&社會趨勢觀察家
吳宥忠 / 著

國家圖書館出版品預行編目資料

破局者：柯文哲傳奇 / 吳宥忠 著. -- 初版. -- 新北市 ： 創見文化出版, 采舍國際有限公司發行, 2023.12 面 ; 公分--- (Magic power ; 29)

ISBN 978-986-271-984-8（平裝）

1.CST: 柯文哲　2.CST:傳記

783.3886　　　　　　　　　　　　112018179

破局者：柯文哲傳奇

 創見文化 · 智慧的銳眼

作者／吳宥忠

出版者／智慧型立体學習 · 創見文化

總顧問／王寶玲

總編輯／歐綾纖

文字編輯／蔡靜怡

美術設計／Maya

台灣出版中心／新北市中和區中山路 2 段 366 巷 10 號 10 樓

電話／（02）2248-7896　　　　　　　　傳真／（02）2248-7758

ISBN ／ 978-986-271-984-8

出版日期／ 2023 年 12 月

全球華文市場總代理／采舍國際有限公司　　新絲路網路書店 www.silkbook.com

地址／新北市中和區中山路 2 段 366 巷 10 號 3 樓

電話／（02）8245-8786　　　　　　　　傳真／（02）8245-8718

前言　傳奇不只是傳奇

本書記錄了一位傳奇人物的政治征途，他以獨特的魅力和堅定的意志，成為城市發展的奮鬥者和社會變革的引領者。這不僅僅是一個關於柯文哲的故事，更是一個關於改變、勇氣和希望的故事。

柯文哲，一位破局者，他的名字早已成為許多人口中的代名詞。他以醫生的身分，投身政治舞臺，帶著他獨特的風格和創新的思維，從台北市長的位置開始改寫著台灣的政治歷程。

這本書將帶領讀者穿越柯文哲從政以來的點滴歷程，從他最初的想法和決定，到面對眾多挑戰和困難時的勇敢與堅持。在這個旅程中，我們將見證柯文哲如何用他獨特的方式和方法，改變了人們對政治的看法和期待。我們將進入他的內心世界，探索他的信念和價值觀，以及他所遭遇到的挫折和困境。

這不只是一本傳記，更是一個探索政治力量和改變的覺醒。透過柯文哲的故事，我們將看到一個人如何通過堅持原則、不受外界壓力影響，勇於挑戰既有體制和權威，並以人為本的理念，關注民生問題；他的行動和言論總能引發廣泛的討論和辯論，並激發了社會的思考與反思，成為一個真正的破局者。

無論你是支持柯文哲，還是對他持保留態度，這本書將為你提供

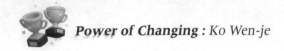

一個深入瞭解他的機會。藉由本書我們能夠更好地理解政治的複雜性，以及一個人如何通過自己的努力和奮鬥，實現改變和追求公共利益的目標。

在閱讀本書的過程中，我們也將被提醒到一個重要的觀念，那就是每個人都可以成為破局者。柯文哲並非天生就具備超凡的能力或特殊的背景，他是通過不斷學習和成長，以及不屈不撓的精神，逐步走到了今天的位置。

我們也可以從柯文哲的故事中汲取經驗和啟發，勇於突破現有的框架和限制，為自己的信念和價值奮鬥。無論是在政治舞臺上還是其他領域，每個人都可以成為破局者，為社會帶來積極的改變。

現在，讓我們一起踏上這段旅程，探索《破局者：柯文哲傳奇》的內容，並一同思考如何成為自己生命中的破局者，為這個世界帶來正向的變革。

白色力量的崛起

在台灣多元且充滿活力的政治舞臺上，柯文哲以其獨特的風格、不按牌理出牌的作風，以平民對決權貴、發言犀利的形象，成為了一位令人矚目的政治人物。他從醫學界跨足政治，以其鮮明的個性和獨立的思考，打著跨越藍綠招牌，掀起白色力量的風潮，成為台灣政壇第三勢力的領航者。本書試圖透過深入剖析柯文哲的言論、行動和思想，探討這位非典型政治人物的魅力和影響力。

本書將帶領讀者分享一系列柯文哲的有趣小故事，從輕鬆愉快的角度，更加接近這位特立獨行的政治人物。這些故事將展現柯文哲的人性化一面，揭示他在政治舞臺背後的真實性格和情感。

柯文哲的成功並非偶然之作，筆者整理出他的十大個人特質和工作方法是他在政治領域取得成就的基石。從勇於創新、獨立思考，到具備危機意識，這些特質都是他在政治舞臺上獨樹一幟的原因，並深入探討這些特質如何塑造柯文哲的領導風格，以及他是如何運用這些特質來應對政治中的各種挑戰。

在探索柯文哲的政治生涯時，我們從他最初決定踏入政治領域的起步階段著手，探討他的動機、背景和影響他的人物。隨後，我們將深入分析他作為台北市市長的施政策略、改革措施和面臨的挑戰，以及他如何在這個過程中與不同的政治勢力和利益團體互動。

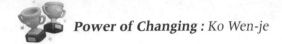

回顧與展望章節，將帶領讀者回顧柯文哲的市長任期，探討他的政治信念、領導特質和對台灣政治文化的影響。同時，我們也將展望他的未來，探討他可能繼續在政治舞臺上發揮的影響力和角色。

最後，本書帶領讀者探索柯氏99金句的智慧，這些金句集結了柯文哲對政治、社會和人生的獨到見解，反映了他的思考深度和人生智慧。透過這些金句，讀者將得以窺見柯文哲的內心世界，理解他的價值觀和人生觀。

《破局者：柯文哲傳奇》不只是一本傳記，更是一本揭示政治哲學和領導智慧的書籍。希望透過本書，讀者能夠更加全面和深入地瞭解柯文哲，並從中獲得對政治、領導和人生的深刻反思。最後，我要感謝每一位讀者的支持和陪伴，也希望本書能夠為您帶來知識的豐富和思考的啟迪。在這個多變的時代，讓我們一同見證柯文哲的再造傳奇，並期待他為台灣的未來帶來更多的希望與可能。

吳宥忠

第一篇 起步：成為一位政治人物的決定

第二篇 柯文哲有趣小故事

第三篇 柯文哲 成功 的10大特質和工作方法

第四篇 改革：施政與挑戰

第五篇 挑戰：回顧與展望

第六篇 柯氏99金句的智慧

第一篇

起步：成為一位政治人物的決定

POWER OF
CHANGING
Ko Wen-je

① 引言：政治的重要性和改變的可能性

柯文哲參選總統，對於台灣政治的重要性在於，他是一位非傳統的政治人物，具有獨立思考和行動力，能夠為台灣帶來新的思維和方法。其在擔任臺北市長期間，推動了不少創新的政策和計畫，如「臺北市國民中小學校園整修計畫」、「數位學習及無紙化教室」等，這些政策和計畫都得到了市民的支持和肯定。他也常常關注環境保護和科技創新等問題，並提出各種創新的解決方案。他的這種創新和科技的重視，能為台灣帶來更多的發展機遇和優勢。

柯文哲作為一位非傳統的政治人物，能夠打破現有政治體系的桎梏，提出更具前瞻性和創新性的政策和計畫，以便更好地為台灣服務。他的參選也能夠激發年輕人和新一代的參政熱情，為台灣政治注入新鮮血液和活力。他作為一名成功的政治人物，有著豐富的政治經驗和管理能力，能夠為台灣帶來更好的發展和進步。

柯文哲的參選也帶來了改變的可能性，他能夠推動政治制度的改革和現代化，能夠推動政治文化的改變，打破傳統政治的思維和模式，促進政治的民主化和現代化，提升政治的多元化和包容性，使得政治更加接近人民，更能夠代表人民的聲音和利益。

另外，柯文哲作為一位具有國際視野的政治人物，他的參選也能

夠為台灣帶來更多的國際關注和支持，能加強台灣與國際社會的聯繫和交流，促進台灣的國際地位和形象。他在擔任臺北市長期間，就推動了不少國際化的政策和計畫，如「臺北市觀光推廣計畫」、「國際城市發展計畫」等，這些政策和計畫都為台灣帶來了更多的國際化機遇和影響力。

　　柯文哲參選總統，帶來的不僅是政治的重要性和改變的可能性，更是具有國際視野的政治人物，能為台灣帶來更多的發展機遇和影響力。同時還能夠激勵年輕人和新一代的參政熱情，促進台灣政治的發展和進步。

② 了解柯文哲：背景和動機

柯文哲的政治風格深受大眾喜愛，這也是他在政治領域中的一大優勢。他直言不諱、實事求是，始終把國家和人民的利益放在第一位。他的政治理念和風格，讓他在政治和公共服務領域中表現出色，也讓他贏得了市民的支持和信任。他的政治理念和風格、個人特質和政治經驗，以及對國家的責任感和使命感，都讓他成為一位優秀的領袖和公職人員。相信他的參選，能為台灣的未來發展帶來更多的改變和進步。

背景

1. 前臺北市長：柯文哲於2014年當選為臺北市市長，擔任該職位八年。在市長任內，他以其獨特的風格和行事方式，吸引了相當的關注度和支持者。

2. 醫師出身：柯文哲在跨足政治之前是一名醫師，他在台大醫院擔任外科醫師多年。專業的醫學背景使他在處理社會問題和政策時更加注重科學和實證。

🎙 動機

　　從柯文哲的政治理念和風格來看，他一直主張以人為本，以民為先，將人民的福祉放在第一位。他希望透過政策改革，讓人民的生活更加美好，也希望透過公共參與，讓人民的聲音被更多人聽到。在政策方面，柯文哲一直積極推動數位轉型、城市再生、永續發展等重要課題。例如，在他擔任臺北市市長期間，他推動了「無紙化教室計畫」，將教室從傳統的黑板、白板轉換為使用電子教學設備，這樣有助於提高學生的學習效率和興趣。除此之外，他還推動了「綠領隊」計畫，鼓勵更多的市民參與環境保護的行動，推動臺北市走向永續城市。

　　由柯文哲的參選動機來看，他強調自己的參選動機是出自對國家負責任的態度。他認為台灣現在正面臨著許多的挑戰和機遇，希望能夠為國家的未來發展做出更多的貢獻和努力。他相信，只有在強而有力的領導和全體台灣人民的努力下，才能夠實現國家的發展目標和夢想。他的參選動機不僅是出自對國家的責任感，更是出自對現今的國際形勢的深刻認識和對未來的規劃。

① 政治改革

　　柯文哲始終致力於政治體制的改革和現有政治勢力的打破。他認為現行政治體制存在問題，需要進行改革，以實現更好的民主和公正。其在政治改革方面的主張主要包括以下幾個方面：

打破現有政治勢力： 柯文哲認為現行政治體制存在壟斷現象，少數政治勢力掌握著過多的資源和權力，導致政治環境的僵化和不公平。他主張打破這種現象，減少政治勢力之間的壟斷，使更多的聲音和觀點有機會參與政治決策，實現真正的多元和開放。

提高政府透明度： 柯文哲強調政府應該更加透明，公開和負責。他主張提供更多的政府資訊給公眾，增加公民對政府決策的瞭解和參與，並建立公正的監督機制，確保政府行動的透明度和合法性。

改革選舉制度： 柯文哲關注選舉制度的改革，他認為現行的選舉制度存在一些不公平和扭曲的現象，例如票倉效應和金錢政治的問題。他主張推動選舉制度的改革，使選舉更加公正和透明，減少金錢對選舉的影響，並增加選民的選擇權。

強化民主參與： 柯文哲主張增加民眾的參與度，讓更多的人能夠參與政治討論和決策過程。他提出一些具體的做法，如推動社區治理、開放式政策制定和參與性預算等，以促進民主的實踐和加強公民的參與感。

這些觀點和主張都反映了柯文哲對於政治體制改革的關注和努力。他希望通過這些改革來實現更好的民主和公正，並打破現有政治勢力的壟斷，以建立一個更開放、透明和多元的政治環境。

② 社會公義

柯文哲關注社會不平等和貧富差距的問題，他主張透過改革政

策，縮小社會的貧富差距，提高弱勢群體的生活品質。以下是他在社會公義方面的一些主要觀點和做法：

🎙 **增加福利措施：**柯文哲主張擴大社會福利的範疇，提供更多的福利資源給需要的人群。他支持增加弱勢群體的補助金、醫療保險和就業援助等福利措施，以改善他們的生活。

🎙 **推動教育均等：**柯文哲認為教育是縮小社會不平等的重要途徑。他提倡提高教育資源的均等分配，確保每個學生都有平等接受教育的機會。他主張加強公立學校的資源投入，提高教育品質，並推動職業教育的發展，以提供更多職業技能培訓的機會。

🎙 **促進就業機會：**柯文哲強調創造更多就業機會是改善社會公義的關鍵。他提倡支援中小企業的發展，促進創業環境，並提供培訓和就業援助，幫助弱勢群體和失業者找到穩定的工作。

🎙 **打擊貪汙和不公正：**柯文哲強調反貪汙和打擊不公正是實現社會公義的重要一環。他主張加強反貪汙機制，提高政府的透明度和責任制，並堅決打擊貪汙行為，以確保資源的公平分配和社會的公正運作。

以上這些觀點和做法顯示了柯文哲在追求社會公義方面的關注。他希望透過改革政策，減少社會的不平等現象，提供更好的福利和機會給弱勢群體，以實現一個更公平和包容的社會。

3 台灣獨立

柯文哲持有一定程度上的台灣獨立立場，他強調台灣作為一個主

權國家的重要性，並主張台灣應該在國際舞臺上被承認和參與。他在台灣獨立問題上的立場較為複雜且具有彈性。他主張台灣作為一個主權國家的重要性，並強調台灣應該在國際舞臺上被承認和參與，但他並未直接宣揚台灣獨立的立場。柯文哲認為台灣應該以和平、穩定的方式發展與大陸的關係，並支持兩岸關係的穩定發展。他主張兩岸應以和平對話和互信的方式解決分歧，避免動武或挑釁行為，並促進兩岸經濟、文化和人民之間的交流與合作。

然而，柯文哲也強調台灣應該在國際社會中有主權地位和發言權。他主張台灣應以「台灣」的名義參與國際活動和組織，並推動台灣的國際交往。他認為台灣作為一個獨立而具有自主能力的實體，應該擁有國際間平等對待的地位。柯文哲並不主張立即宣佈台灣獨立，而是強調台灣應以現實面為基礎，確保國家安全和穩定，並尋求國際合作的機會。他認為台灣的發展應該在和平與穩定的基礎上進行，並考慮到兩岸關係和國際情勢的變化。他的立場體現了對台灣的主權和國際地位的關注，同時強調與大陸的穩定關係和和平發展。他主張以和平、尊重和互利的方式解決兩岸分歧，同時推動台灣在國際舞臺上有更多的存在感和參與權益。

④ 非傳統政治家

柯文哲作為一位非傳統的政治家，他希望透過他的參選，改變傳統政治運作的方式，推動更開放和透明的政府運作。

以下是他在這方面的主要觀點和做法：

★ 政治改革：

他認為現行政治體制存在問題，需要進行改革，以實現更好的民主和公正。他主張打破現有政治勢力的壟斷，讓更多的聲音和觀點有機會參與政治決策，推動政府的透明度和負責制。

★ 公開透明：

他認為政府應該更加透明，公開和負責。他提倡提供更多的政府資訊給公眾，增加公民對政府決策的瞭解和參與。他主張建立公正的監督機制，確保政府行動的透明度和合法性。他也支持利用科技手段來提升政府的效率和透明度，例如推動開放數據政府和電子化政務等。

★ 民眾參與：

他主張增加民眾的參與度，讓更多的人能夠參與政治討論和決策過程。他提出一些具體的做法，如推動社區治理、開放式政策制定和參與性預算等。他希望透過這些方式，讓民眾的聲音獲得重視，並增強公民對政府的信任和參與感。

★ 專業治理：

他認為專業治理的重要性。作為一位醫生出身的政治家，他強調政府應該由專業人士來執行，以確保政策的科學性和有效性。他主張選任具有專業知識和經驗的人才擔任政府職位，並提倡專業的決策過程，以實現良好的政府運作。

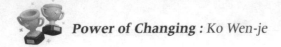
以上這些觀點和做法展示了柯文哲作為一位非傳統政治家，他的參選對於政治運作方式的改變起到了一定的推動作用。他提倡政治的開放、透明和民主，鼓勵人們參與政治討論和決策過程，並以專業治理為基礎來解決社會問題。他的參選不僅帶來了新的政治思維和方式，也引發了公眾對於政治改革和現行政治體制的關注和討論。

🎤 局勢分析

臺灣的政治格局中，藍、白、綠三大陣營是近年來的主要政黨。以下是對這三大陣營的簡單分析：

★ 藍陣營（國民黨）

✓優點：

1. **歷史悠久**：國民黨是臺灣政治歷史上的主要政黨之一，具有深厚的組織基礎和支持者基礎。

2. **經濟政策**：傾向於親商和親中政策，主張兩岸經濟合作，有一定的經濟發展策略。

3. **國際經驗**：過去執政時期，累積了不少國際交往經驗。

✓劣勢：

1. **舊有形象**：部分人認為國民黨仍受到過去威權統治的陰影影響。

2. **兩岸政策**：其親中立場在某些選民中可能不受歡迎。

★ 白陣營（臺灣民眾黨等新興政黨）

✔**優點：**

1. **中間路線：** 不偏激，試圖吸引中間選民。

2. **新氣象：** 作為新興政黨，能夠帶來新的思維和策略。

✔**劣勢：**

1. **資源有限：** 相對於藍綠兩大陣營，新興政黨的資源和組織基礎較弱。

2. **政策方向：** 可能還未完全明確，需要時間的累積和發展。

★ 綠陣營（民進黨）

✔**優點：**

1. **主權立場：** 強調臺灣主權，受到許多選民的支持。

2. **改革意識：** 近年來推動許多社會和政治改革。

3. **執政經驗：** 近年來多次執政，累積了不少經驗。

✔**劣勢：**

1. **兩岸關係：** 其對中國的立場可能影響兩岸關係的穩定。

2. **改革反彈：** 部分改革可能引起某些群體的不滿。

以上分析是基於現今與過去的資料和觀察，未來實際情況可能會隨著政治環境和社會變遷而有所不同。

柯文哲的風格和策略也使他受到了一些批評和反彈。他的直言不諱有時會引起爭議，而他的中間路線也可能使他難以獲得堅定的支持

基礎。不過，柯文哲的獨特性和他在政治上的策略使他在臺灣政治中佔有一席之地：

醫生背景：柯文哲原是台大醫院的外科醫生，這使他在進入政治前就已經有了一定的知名度和公眾信任度。

清廉形象：柯文哲自稱為「白色力量」，強調自己不受傳統政治利益驅使，這使他在反貪腐和透明治理方面獲得了不少支持。

實事求是：柯文哲的言論風格直接，常常「說真話」，這使他在某些選民中形成了「不像傳統政治家」的形象。

中間路線：柯文哲試圖打破傳統的藍綠對立，定位自己為中間選民的選擇。這使他能夠吸引那些厭倦藍綠對立的選民。

政黨領袖：作為臺灣民眾黨的創黨主席，柯文哲有了自己的政黨平台，這使他在政治上有了更多的資源和支持。

3 影響柯文哲的人們

柯文哲的政治思想在一定程度上受到其他人的影響，但他也保有自己獨立的觀點和主張。以下是一些可能對柯文哲政治思想產生影響的人事物：

1 何瑞英（柯文哲的母親）

柯媽媽相信，家庭生活越單純、家人陪伴越多，對孩子越好，身為一個新竹的普通人家，當了十年家庭主婦，卻教出三個博士小孩，柯媽媽說自己沒有多厲害，柯文哲家中三個兄妹都是博士，沒有什麼特殊的方法教出三個博士小孩，要說方法的話就是「給孩子充分的陪伴」。

柯文哲是台大醫學博士，是台大醫院史上最年輕的主任，也是臺北市市長，更是問鼎2024總統的候選人，較少人知道的是，他的弟弟是交大資管博士，妹妹則是台大醫學院生理所博士。柯文哲雖然總是對外宣稱他會讀書是天生的，但其實良好的家庭教育，仍是功不可沒，而在家中挑起教育教養重擔的，正是柯媽媽。

柯媽媽謙虛地說：「我沒有什麼的學問，也沒有多厲害，只是孩

子出生後，花了很多時間在家裡」她說，自己原本是有工作的，生了柯文哲之後，就決定辭職自己帶，後來她在四年內生了三個孩子，直到小女兒開始讀書之後，才又重回職場，總共當了十年的家庭主婦。

充分的陪伴，是她三個孩子都很聽話的主因，當家庭主婦時，自然都把時間留給孩子，就算是之後開始上班，她只要出門，就一定會讓孩子知道自己去了哪裡、可以怎麼聯絡，讓小孩安心，柯媽媽說：「事事公開透明，彼此就會很信任，我最高興的是，小孩有什麼話，都會告訴我，像柯文哲考高中時，一拿到成績單，就趕快衝到我上班的地方給我看。」

當然，如今台灣社會生活型態已經轉變，雙薪家庭且工時長已成常態，但還是可以掌握一些重點，例如讓孩子有被陪伴的感覺，像每天的吃飯時光就很重要，柯文哲他們國小時，三餐都在家裡吃，國、高中時，中午都帶便當，柯媽媽通常是早起做便當，因為這樣比較新鮮。

柯媽媽回憶說道：「有幾次實在來不及做便當，我就騎摩托車，衝去買炒飯、炒麵、肉圓之類的，再特別送去學校，學校的同學們都很羨慕，覺得你媽媽真好！」柯媽媽坦言，每天準備這些，當然會累，但孩子真的可以感受到被愛的感覺。她也觀察到，現在很多家庭，三餐都沒有一起吃，這樣實在很怪，會少了家人相聚的快樂，尤其最慘的是，很多爸媽早上都是直接給小孩錢去買早餐吃，但小孩可能就把錢拿去打電動了，早餐都沒吃，這樣很不好。父母要隨時關心孩子，從每天三餐著手是最好的，即便外食，也要常常關心孩子買了什麼來

吃，時刻掌握狀況。

還有可以讓小孩一起分擔家務產生認同感，一個家庭，也不能只有媽媽在付出，柯爸爸負責經濟重擔，柯媽媽則負責打點家裡，等到三個孩子稍稍長大了之後，柯媽媽就讓他們開始練習做家事，平常都從讓他們整理自己的房間，整理完之後，柯媽媽還會去檢查，不能讓他們亂打掃，有一定的檢查程序。寒暑假時，孩子就要多做點家事，例如有段時間都讓柯文哲洗早餐的碗、午餐的碗老二洗、晚餐則由小女兒洗，後來小女兒還抗議，說晚上碗最多，要改成一人洗一天才公平。

在教育方面，柯媽媽認為現在很多家長覺得孩子很難教，在面臨這個問題時，應該靜下心想想，自己付出了多少？唯有擁有足夠的陪伴、孩子對家庭才有認同感，這樣的孩子一定乖巧貼心，若想要成績好、會讀書，關鍵則在於培養閱讀的習慣，柯家的孩子在家大多在看書，除了課本之外，還會看《學生之友》之類的兒童雜誌，柯媽媽認為要讓孩子習慣閱讀，重點是身教，例如柯爸爸自己就常常看《讀者文摘》等刊物，孩子自然耳濡目染。

還有親兄妹的相處也是為人父母的一大課題，其解法其實很簡單，就是「公平」，例如做便當，三個孩子的便當一定都一模一樣，要外出辦事情或休閒時，也一定三個孩子都帶，除非有人自己不想去，另外比較不一樣的是玩具不一定要買三份，通常只買一個，大家輪流玩，這樣才能學會分享。

家庭生活應該回歸本質，一起吃飯、一起閱讀，越單純、給越多

陪伴，對孩子越好。現在很多父母常常想很多、或想著要做自己，這樣不一定會比較好。她認為孩子的成長只有一次，而且時間很快就過去了，把握每一個時刻才是最重要的。

適度的物質匱乏，孩子反而學到更多，柯文哲的爸爸是國小老師，以前教員的薪水非常低，剛光復時，一個月薪水才200元，柯媽媽的公公是228受害者、很早就往生，留下九個孩子，後來都是柯爸爸跟大姊在撫養弟弟妹妹。柯媽媽回憶說：「家裡窮，就不會讓小孩太自由，想買什麼就什麼。」柯文哲小學一年級，第一天去上學時，發現有福利社，很驚喜，就跑去找在同一個學校當老師的爸爸，說「我想吃麵包」，爸爸便給他錢去買，第二天去學校時，又如法炮製。柯爸爸回家後，就跟她說，小孩子這樣不好。

柯媽媽也知道，柯文哲沒看過麵包、也沒吃過，有得吃，當然很愛，但還是跟他說：「爸爸賺得不多，家裡的水、電都要錢，買菜也要錢。」柯文哲從此就不曾要錢買麵包了，柯媽媽相信他當時還是很想吃，但就是跟他好好說，讓他懂。

柯家的做法，一方面因為教員薪水有限，一方面也不想讓孩子太浪費，現在孩子吃東西，常常吃一半就不吃了，這樣很不好，父母應該直接盛少一點，讓孩子養成吃完的好習慣。

而柯家三個孩子吃東西，都是吃光光的。柯媽媽說孩子還小時，禮拜六晚上常會一起外出去夜市看熱鬧，回來前，就會買三碗麵，柯爸爸自己一碗，柯文哲跟弟弟一碗，她跟女兒一碗，這樣不但省錢，也能讓孩子知道惜福。現在很多父母都把好東西給孩子吃，孩子會習

以為常。但水果就沒關係，我會挑很便宜，例如一斤一塊錢的橘子、一斤幾角的香蕉，買很多放在家裡，讓小孩隨意吃。而她偶爾也會買些糖果、麵包，讓孩子解解饞。

在必要的時候，柯媽媽也會花錢寵孩子，柯文哲幼稚園時，隔壁親戚買了電視，但親戚的小孩不讓他看，他回家就躲在被子裡哭，柯媽媽便安慰說：「以後媽媽有錢時，就買電視給你看。」後來也真的依約買了一台黑白小電視，讓柯文哲很開心，當時柯文哲最喜歡看的節目是「勇士們」。

又有一次，柯文哲的大伯父從美國回來，買了自動火車跟遙控汽車給自己的小孩，那時候柯文哲才幼稚園，看到之後，問柯媽媽說：「因為我不是大伯的小孩，他才沒有買給我，是不是？」柯媽媽聽了很難過，說不出話來。過了幾年，柯爸爸去日本，就買了玩具車回來給柯文哲，他很高興，每天玩，到了國中還一直玩那台車，還說自己想要當發明家，以後要讀台大電機。

台大醫科畢業後，有一天柯文哲來問柯媽媽有沒有錢，原來是他以前都在圖書館看書，現在畢業了，想要買一套醫學書籍，方便常常翻閱，但整套書要二萬元，柯媽媽立刻就說：「有錢，給你買！」柯媽媽認為：「平時不要浪費，該花就要花。」如果想要教會孩子惜福與感恩，孩子的要求若有十項，給三項就好，免得孩子習慣予取予求。但她也笑稱，她的做法也有後遺症，例如柯文哲到現在都還很節省。

② 陳珮琪（柯文哲的牽手）

　　柯文哲與陳佩琪這段姻緣得從柯文哲的爸爸說起，話說柯文哲的爸爸是師範體系畢業，五、六十歲時還去新竹師專補碩士學分，然後就認識一個澎湖來的老師，有一天，這個澎湖老師就說，其服務的學校教務主任要退休，有很多日文讀者文摘不知道要丟哪裡。因為柯爸精通日文，就跟那位澎湖老師說：「丟掉太可惜了，給我好了」。因此那位澎湖老師，就從澎湖寄一堆日文的讀者文摘給在新竹的柯爸。

　　柯爸收到後，自然要回信道感謝，結果兩人繼續書信往來，後來還聊到家裡的人，該澎湖老師就對柯爸說：「我有個女兒在台大當醫生。」結果柯爸也回說：「我兒子也在台大當醫生。」後來細問起來，柯文哲說陳佩琪就住在他宿舍樓下兩樓，但兩人從來不認識，後來就是為了日文的讀者文摘，就一次兩次的通信，之後就一路往婚姻之路前進。柯文哲曾說：「永遠要記住，誰和誰吃飯都是註定的」這句話，如果以後兩人「聲音開始大起來」，要想到「緣分」，心境一轉，一切都會化解過去。

　　在柯文哲第一次競選臺北市長時，曾經談到欠太太陳珮琪蠻多的，因為當時柯文哲沒上班，所以百分之百是靠太太養，柯文哲不是怕太太陳佩琪，而是非常「尊重」她，因為他認為家裡大小事情全是陳珮琪在處理，坦言虧欠老婆很多。

　　當時競選的廣告大打太太牌，談到陳佩琪的個性，直言陳珮琪本來就是一個獨立性很強的人，畢竟在台大醫院工作二十幾年，家裡的

事情幾乎都丟給陳珮琪，就連買房子也是陳珮琪一人張羅，然後帶柯文哲去看了一次房子後便說，「以後我們要搬來這裡」，之後搬家也是陳珮琪在處理，結果當天柯文哲開刀完已經晚上十點多，回家才想到「糟糕了！到底搬去哪裡？」

柯文哲說陳佩琪雖然高學歷、高收入，不只是個小兒科醫生，還當到市立醫院的主任，但家裡卻沒有請傭人，買菜、洗衣、煮飯都由太太一手包辦，以前更是她自己帶著小孩走路上學，自己再坐公車去上班，不諱言「三個孩子都是陳佩琪養大的」。

即便第一次參選臺北市長，讓陳佩琪不是很高興，柯文哲表示，不管他做什麼事情，太太最後都會支持，所以柯文哲說：「其實我是欠她（陳佩琪）蠻多的。」

③ 王世堅

王世堅對柯文哲的影響是相當重要的。王世堅是柯文哲在擔任臺北市長期間的重要合作夥伴，也是他的政治盟友之一，王世堅是台灣的政治人物，屬於民主進步黨籍。他曾多次擔任臺北市議會議員，並於2005至2008年擔任第六屆立法委員。王世堅在政治生涯中，多次與不同政治人物產生互動和衝突，其中與柯文哲的互動尤為引人注目。

王世堅與柯文哲的關係可以說是錯綜複雜。在柯文哲參選臺北市市長時，王世堅曾表示，即便柯文哲對民進黨議員不公，他們也應當接受。他認為議會是監督單位，議員不應該成為市長的啦啦隊。

王世堅與柯文哲之間的互動經常成為媒體和公眾的焦點。兩人在政治立場和風格上有所不同,因此經常在公開場合交鋒。以下是一些有趣的對話和互動:

柯黑小卡:王世堅曾製作「柯黑小卡」來諷刺柯文哲。柯文哲對此表示不滿,並建議可以發行汽車旅館會員卡。王世堅則回應說「柯黑卡談的是市政問題,柯文哲卻在講這些五四三,臺北有這樣的市長實在很悲哀」。

《炎上BURN》節目:王世堅被邀請到博恩主持的《炎上BURN》節目中。在博恩發布的預告影片中,他與王世堅有趣的互動,博恩說「他穿0號,因為準備被我們幹翻囉!」。這段預告引起了網友的熱烈討論,王世堅和柯文哲還在「炎上」舉辦「世紀婚禮」,足見他們二人的交情不一般。

扶龍王的稱號:王世堅有「扶龍王」的稱號,因為據說凡是被他罵過的人,都會當選市長。這也成為了他和柯文哲之間的一個有趣的話題。

這些有趣的對話和互動展現了王世堅和柯文哲之間的獨特關係,兩人雖然經常在公開場合交鋒,但也不乏幽默和玩笑的元素。也反映了台灣政治文化中的多元和活躍特色。

王世堅對柯文哲的影響:

政策合作:王世堅擔任柯文哲市府的副市長,負責城市建設等相關事務,他與柯文哲密切合作,共同推動了一系列的政策和改革措

施。他們共同致力於推動城市發展、改善市民生活，並在許多議題上取得了合作和共識。

 選舉支持：王世堅是柯文哲在 2014 年臺北市長選舉中的主要支持者之一。他在選舉期間積極宣傳柯文哲的政績和政見，並助力柯文哲獲得市民的支持和選票。王世堅的支持對柯文哲的競選活動發揮了重要的推動作用。

 政治影響力：作為臺北市議員和市府高層，王世堅具有相當的政治影響力。他的支持和背書為柯文哲帶來了更多的政治支持和聲勢，並在柯文哲的政策施行過程中提供了重要的支援。

 政治理念與風格：王世堅與柯文哲一樣，都強調以人為本、注重民生，並堅持公平正義的價值觀。他們在政治理念和風格上有一定的契合，彼此互相影響和學習。王世堅的政治理念和風格對柯文哲的政策思考和行動也產生了一定的啟發和影響。

王世堅作為柯文哲的政治合作夥伴和支持者，對柯文哲的政治路徑和政策取向起到了重要的影響。他們的合作和互動促使柯文哲在市政中取得一系列的成就，並對臺北市的發展產生了深遠的影響。

④ 陳水扁

陳水扁對柯文哲的影響可以從幾個方面來看：

 台灣政治轉型：陳水扁是台灣歷史上重要的政治人物之一，曾擔任台灣總統。其執政期間涉及了許多重要的政治變革和社會改革，對

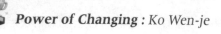

台灣政治轉型產生了深遠的影響。陳水扁的政策和政治理念對當時的台灣政治氛圍和民眾意識有很大的影響力。

民主進步黨的影響：陳水扁是民主進步黨的重要人物，他執政期間對該黨的發展和形象產生了深遠影響。柯文哲曾經是民主進步黨籍的臺北市長，他在政治觀點和理念上可能受到民主進步黨的影響，其中包括一些與陳水扁時期相關的政策議題。

政治風格和參政經驗：陳水扁在政治舞臺上展現了個人的政治風格和參政經驗。柯文哲早期曾擔任陳水扁競選總統時的台大醫院後援會召集人，柯文哲在參選和執政過程中可能受到陳水扁的一些政治風格和參政經驗的啟發和影響，這可能體現在柯文哲的形象塑造、選舉策略和政策施行等方面。

陳水扁作為台灣歷史上的重要政治人物，對台灣政治轉型和民主進步黨的發展產生了深遠影響，這也間接地影響到了柯文哲作為台灣政治家的一些觀點和政策思考。然而，具體的影響和連結還需要根據更具體的情境和事件進行評估。

 ⑤ 李登輝

李登輝是台灣前總統，對於柯文哲的政治思想和態度產生了重要影響。柯文哲曾多次向李登輝尋求建議，並表示對李登輝的決斷力和勇氣表示敬佩。李登輝對柯文哲的影響是間接的，主要體現在思想和政治影響力方面。

民主價值觀： 李登輝作為台灣歷史上的重要政治家，對民主價值觀有著深刻的追求和堅持。他在推動台灣的民主化過程中扮演了重要角色，對台灣政治文化和價值觀的形塑有著重要影響。柯文哲成長和發展於這樣一個民主的環境中，李登輝的民主價值觀對他的思想和政治立場多少有一些影響。

台灣本土意識： 李登輝提倡台灣本土意識，強調台灣的獨特性和獨立性。這種思想在台灣社會中有一定的影響力，並深深根植於台灣人民的心中。柯文哲作為台灣政治家，也關注台灣本土議題，並在一些場合中表達對台灣的關愛和承諾。李登輝的台灣本土意識多少對柯文哲的政治立場和價值觀產生一定的影響。

政治文化轉變： 李登輝時期的政治轉型和政治文化的轉變對柯文哲產生了間接影響。李登輝時期的政治改革和民主化進程塑造了台灣的現代政治體系，為後來的政治家和政治運動提供了發展的基礎。柯文哲的參政和參選總統也是在這樣一個政治環境中進行的，他受益於李登輝時期的政治文化轉變。

⑥ 蔡英文

作為台灣的現任總統，蔡英文對柯文哲的影響是不可忽視的。兩人在政治上有合作和互動，雖然在某些議題上有分歧，但他們共同關心台灣的發展和民眾福祉。蔡英文的領導風格和政策決策對柯文哲的政治思想和行動也有所影響。蔡英文對柯文哲的影響可以從幾個方面

來看：

🏆 **政治競爭：**2020年台灣總統大選，柯文哲的參選與否是蔡英文獲勝的關鍵要素之一，並會直接影響蔡英文是否可以連任2020總統大位，這場選舉引起了廣泛的討論和關注。他們之間的競爭影響了彼此的選舉策略、政策主張和形象塑造。柯文哲的政治立場和政策思考也受到蔡英文的競爭影響，最終柯文哲並沒有參選2020台灣總統，蔡英文則以817萬票勝選。

🏆 **政策對話和合作：**作為台灣的總統，蔡英文在執政期間推動了一系列的政策措施和改革，例如能源轉型、經濟發展和外交政策等。這些政策對話和合作可能對柯文哲的政策思考和施政方向產生影響。柯文哲需要回應蔡英文的政策提案，並在這種政策對話和合作中塑造自己的政治形象。

🏆 **政黨議題和影響力：**蔡英文是民主進步黨的重要人物，擔任該黨主席和台灣總統期間對該黨的發展和形象產生了深遠影響。柯文哲曾經是民進黨籍的臺北市長，他的政治觀點和理念可能受到民進黨的影響，其中包括蔡英文的政治理念和政黨議題。

　　蔡英文作為柯文哲的政治競爭對手和台灣總統，對柯文哲的影響體現在政治競爭、政策對話和合作以及政黨議題和影響力等方面。他們之間的互動和競爭促使柯文哲更加關注自己的政策立場和政治形象，同時也反映了台灣政治環境中的多元觀點。

韓國瑜

　　韓國瑜對柯文哲的影響是相對複雜的，包含政治競爭、政策觀點和公眾討論等多個層面。韓國瑜對柯文哲的一些可能影響：

政治競爭：韓國瑜曾經是柯文哲在2018年臺北市長選舉中的主要對手丁守中的支持者，這場選舉引起了廣泛的討論和關注。他們之間的互動激化了選舉氛圍，對柯文哲的競選策略和政策主張產生了影響。

政策觀點：韓國瑜在選舉期間提出了一系列的政策主張，例如經濟振興、觀光發展和城市改造等，這些觀點和政策建議可能對柯文哲的政策思考和施政方向產生影響。柯文哲也曾回應韓國瑜的政策提案，並在這種政策討論中進一步塑造自己的政治形象。

公眾討論：韓國瑜的政治言論和表現引起了公眾的廣泛關注和討論，這也影響到對柯文哲的看法和評價。柯文哲需要回應公眾對韓國瑜的意見和觀點，並在這種公眾討論中維護自己的立場和形象。

　　韓國瑜作為柯文哲亦敵亦友的角色，2024年的總統大選還有可能合作，對柯文哲的影響體現在政治競爭、政策觀點和公眾討論等方面。他們之間的互動促使柯文哲更加關注自己的政策立場和政治形象，同時也反映了台灣政治環境中的多元觀點和討論。

8 郭台銘

作為台灣的企業家和政治人物，郭台銘對柯文哲的政治思考和行動產生了影響，兩人 2023 年 11 月初午餐會，還聊到了日幣貶值對台灣的影響等經濟議題。郭台銘也曾表達過對柯文哲的支持和合作意願，兩人還曾在金門海邊散步，比肩看海。雙方之間的互動可能影響了柯文哲的政策立場和政治路線。

郭台銘對柯文哲的影響可以從以下幾個方面來看：

政治聲援：郭台銘曾表達對柯文哲的支持和合作意願，尤其在 2018 年臺北市長選舉期間，他公開表示願意支持柯文哲的連任。這種政治聲援提升了柯文哲的知名度和形象，也給予了他在競選中的一定優勢。

經濟發展觀點：郭台銘作為鴻海集團的創辦人和前董事長，對經濟發展有深入的瞭解和經驗。柯文哲曾經尋求郭台銘在城市發展和經濟政策方面的建議和合作，也聊到了 AI、電動車的發展，這可能對柯文哲的政策制定和施行產生了影響。

政治影響力：郭台銘在台灣政壇具有一定的政治影響力，他的支援和合作對柯文哲的政治形象和聲勢有一定的助益。郭台銘在政治上的背景和經驗可能為柯文哲提供了一定的指導和建議，幫助他應對政治挑戰和制定政策。

頻繁的接觸：鴻海集團的創辦人郭台銘，自 2022 年底即動作頻頻引起關注。他不僅私下與新北市市長侯友宜深談過，還提及了總統

大選的議題。柯文哲也透露郭台銘在農曆新年初一有打電話給他，表示 2023 年 2 月中從美國回來後會找他見面。在藍白合進度條停擺時，柯郭就在 10 月中和 11 月初頻頻會面，引發外界多方揣測兩人是否要合作。

 **非綠陣營的傳聞：**郭台銘有意籌組「非綠陣營」，希望整合藍、白及第三勢力，以制衡目前的執政黨，並在 2024 年的總統大選中取得優勢。柯文哲對此表示，他們與所有人合作，但他也提醒大家不要只是著眼於打倒某一方或非綠，而應該考慮如何使台灣更好。

2024 年的佈局：郭台銘的動作頻頻，不僅計畫與柯文哲見面，還在九合一選舉前與侯友宜私下見面多次，討論總統大選的議題。這些動作似乎顯示郭台銘對 2024 年的總統大選有所起心動念，果不其然郭台銘於 2023 年 8 月 28 日，於總統府正對面的臺北市張榮發基金會召開「主流民意大聯盟記者會」，宣佈將投入 2024 總統大選。並已完成一百零三萬份連署書。但在 2023 年 11 月 24 日宣布退選。

郭台銘對柯文哲的影響體現在政治聲援、經濟發展觀點、政治影響力和選舉競爭等方面。他的支持和合作為柯文哲的政治生涯提供了一定的助力，同時也促使柯文哲更加關注經濟發展和市政工作。

賴清德

賴清德作為台灣副總統和前行政院長，代表民進黨角逐 2024 總統大位，也是柯文哲的頭號競爭對手，其對柯文哲的政策對話和合作

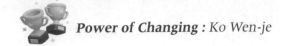

產生了影響。他們之間的政策互動和合作可能影響了柯文哲的施政方針和政治思維。賴清德對柯文哲的影響可以從以下幾個方面來看：

🐾 **政策對話和合作：**作為前行政院長和台灣政治人物，賴清德對柯文哲的政策制定和施行產生了影響。兩人在城市發展、經濟政策、社會議題等方面進行了一些政策對話和合作，交流彼此的想法和經驗。這種政策對話和合作可能影響了柯文哲的施政方針和政治思維。

🐾 **政治指導和建議：**賴清德在政治上具有豐富的經驗和智慧，他的指導和建議對柯文哲的政治生涯和決策可能產生了影響。作為前行政院長，賴清德可能提供了對於政策制定、危機處理和選舉策略等方面的重要建議，幫助柯文哲更好地應對挑戰和推動政策。

🐾 **政治聲勢和影響力：**賴清德作為台灣政壇的重要人物，他的支持和認可對柯文哲的政治聲勢和影響力有所助益。賴清德早期對柯文哲的肯定和支持可能提升了柯文哲在選民中的形象和信任度，同時也為柯文哲在政治上的發展提供了一定的助力。但目前同為2024臺灣總統的競爭對手，自然不會如同當年對柯文哲流露出賞識的態度。

🐾 **政黨合作和連結：**賴清德是民進黨的重要成員，他與柯文哲的政治合作和連結可能對柯文哲的政治道路產生影響。兩人在政黨合作、選舉策略和政策推動上的互動，對柯文哲的政治發展和政策取向具有一定的影響力。

賴清德對柯文哲的影響體現在政策對話和合作、政治指導和建議、政治聲勢和影響力以及政黨合作和連結等方面。他的支持和合作為柯文哲的政治生涯提供了一定的助力，同時也影響了柯文哲在政策制定和施行方面的思維。

⑩ 家人

　　柯文哲的家人對他的政治參與和決定起到了重要的支持和影響作用。他們在柯文哲的政治生涯中給予了支援和鼓勵，並在他需要時提供了建議和幫助。

　　以下是對柯文哲家庭和心理狀態的描述：

① 柯文哲的自述：

🎤 柯文哲在三十五歲時已經是主治醫師兼外科加護病房主任，這在台大是非常罕見的。

🎤 他的人生似乎非常順利，擁有成就、名利、賢慧的妻子和孝順的子女。但他內心並不快樂，甚至不想回家。

🎤 他從未真正做過自己想做的事情。他的醫學院志願是由父親填寫的，結婚是由母親安排的，甚至連要生幾個孩子也是由他的妻子決定的。

🎤 他提到自己的父親比他還會賺錢，並在他上班的第一天告訴他不要失去人格。

🏆 他曾經非常熱衷於救人，但後來發現自己無法救治所有的病人，因此情感成為了奢侈品。他現在對人沒有任何感覺。

🏆 他花了很多時間在工作上，當他突然渴望家人的擁抱時，家已經不再是家。他的兒子三歲之前從未見過他，因為他回家時兒子都在睡覺。

② 柯文哲的家庭原點與心理平衡：

🏆 柯文哲是一個缺乏自主性的個性。他的醫學院志願是由父親填寫的，結婚是由母親安排的。媒體抨擊的媽寶特質在政治上表現得尤為明顯，他高度依賴家中的女性成員。

🏆 儘管他內心極度依賴家中的女性，但他在外界卻經常以輕蔑和蔑視的態度對待女性。

🏆 他經常發表一些可以認為是仇女的言論，例如「台灣女性素顏上街嚇人」、「未婚女性造成國家不安定」等。

🏆 他的仇女言論可能是為了掩飾他自小缺乏自主性的人格特質，並回應社會對他的期望。

③ 柯文哲的冷漠性格：

🏆 柯文哲提到，由於病人太多，他選擇放棄情感。但這只是他對外的藉口。

🏆 他的冷酷性格可能是由於他從小被父母過度保護，並在學校中一直

是考試機器。

 他的這種性格使得他在台大醫院中沒有朋友，並且與同事的關係也不好。

從這些描述中，我們可以看到柯文哲的家庭背景和他的內心掙扎對他的影響。

11 政治對手和批評者

柯文哲在政治生涯中，由於其直言不諱的風格和獨立的政治立場，經常受到政治對手和批評者的質疑和攻擊。以下是政治對手和批評者對柯文哲的影響：

形象塑造： 柯文哲的政治對手經常描繪他為一位缺乏政治經驗和策略的新手，這在某種程度上影響了柯文哲在部分選民心中的形象。

政策挑戰： 柯文哲在市長任期內提出的許多政策，如都市更新、交通改革等，都受到政治對手的質疑和反對，這使得柯文哲需要花費更多的時間和精力來推動和解釋這些政策。

媒體焦點： 由於柯文哲的言論經常引起爭議，令他成為媒體的焦點，這使得柯文哲需要更加小心選擇言辭，以避免不必要的爭議。

選舉策略： 面對政治對手的攻擊和質疑，柯文哲在選舉中經常需要調整策略，以回應對手的攻擊和澄清自己的立場。

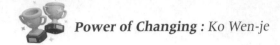
團隊壓力：柯文哲的團隊成員經常需要面對外界的質疑和攻擊，這增加了團隊的壓力，但也鍛煉了團隊的凝聚力。

自我反思：面對批評和質疑，柯文哲經常進行自我反思，這使得他能夠不斷調整和完善自己的政策和策略。

政治對手和批評者的質疑和攻擊，雖然給柯文哲帶來了許多挑戰，但也使得他更加成熟和堅韌。這些挑戰和壓力，不僅鍛煉了柯文哲的政治智慧，也使得他更加明確自己的政治立場和目標。

12 其他政治家和學者的影響

柯文哲在政治和學術界都有著廣泛的互動，以下是其他政治家和學者對柯文哲的影響：

政治學習：柯文哲在進入政治前是一名醫生，他與資深政治家的互動使他能夠迅速學習政治遊戲的規則和策略。例如，他與前總統李登輝、賴清德等人的交往，使他對政治有了更深入的瞭解。

政策建議：學者和專家經常為柯文哲提供政策建議和意見。例如，他在臺北市的交通、都市更新等政策，都受到了學者的建議和指導。

批評與反思：柯文哲的政策和言論經常受到學者的批評，這使得他不斷地進行自我反思和調整。例如，他在都市更新政策上受到的批評，使他進一步修正了相關政策。

思想啟發：柯文哲與許多學者有著深入的交往，他們的思想和觀點

經常啟發柯文哲，使他在政策制定和政治策略上有了新的思考。

政治聯盟： 柯文哲與其他政治家的合作，使他能夠在政治上形成聯盟，共同推動政策和目標。例如，他與時代力量等政黨的合作，使他在議會中有了更多的支持。

價值觀確立： 柯文哲與不同背景的政治家和學者的交往，使他對自己的政治價值觀和目標有了更清晰的認識。

　　而其他政治家和學者對柯文哲的影響是多方面的，他們不僅為柯文哲提供了政策建議和策略指導，還使他在政治上有了更多的支持和合作。這些互動使柯文哲在政治上更加成熟和堅韌。

　　柯文哲的政治思想是由多個因素所形成，其中包括他的學術背景、社會運動參與、兩岸關係和其他政治家、學者的觀點影響。然而，他也經常強調自己的獨立思考和堅持原則的立場，並以實際成效和民眾利益。這些人物對柯文哲的影響可能來自他們的觀點、建議、合作或者對立，無論是政治上的夥伴還是對手。他們的存在和互動激發了柯文哲在政治領域中的思考和行動，並對他的政治路徑和政策方向產生了重要的影響。

4 從醫生轉型為政治人物的原因和啟示

在臺灣的醫療界，柯文哲是一位出色的外科醫生，以專業與執著著稱。然而，一次醫療失誤，將愛滋病患的器官移植給病患，成為他人生中的重大轉捩點，也是他後來投身政治的主要導火線。

這個醫療事件不僅引發了公眾的關注和討論，更促使柯文哲深入思考醫療系統中的種種問題。從個體的失誤到制度的反思，柯文哲認為只有從更上層的政策制定和管理中進行改革，才能真正避免類似的事件再次發生。因此，從這個醫療事件中，柯文哲看到了醫療制度中的漏洞，以及改革的必要性。同時也令他體認到，作為醫生的他，只能在醫院裡為病人提供治療，但若想真正影響和改變整個醫療制度，則必須走入政治舞台。當他認識到自己能夠在政治領域中為社會和國家帶來更大的影響力時，他決定轉型跨足政治，參與政府決策的制定和實施，並推動社會進步和改革。

柯文哲棄醫從政不僅是因為不滿捲入台大醫院誤植愛滋器官案，遭監察院彈劾，更是他對社會責任的深刻認識。他相信，只有走入政治，才能真正為民眾服務，維護他們的權益和利益，並為他們爭取更好的生活條件。而他的這一決定，也得到了許多臺灣民眾的支持和認

同。從醫生到政治人物的轉變，不僅是因為一次醫療事件的觸發，更是他對社會和國家未來的深刻思考和決策。柯文哲從醫生轉換跑道為政治人物的原因和啟示如下：

 # 社會關注與責任感

柯文哲在醫生的職業中，長期關注和參與社會議題，尤其是對於公共衛生和醫療體系的問題有深入瞭解。

柯文哲在政治領域的參與，也讓人們看到了他的政治智慧和領袖風範。他的政治理念和工作方式，都顯示著他對於政治的熱愛和對於社會的責任感。他強調政治應該是為人民服務的，而不是為政治家自己服務的，這種理念也成為了他在政治領域的一個重要指導原則。

柯文哲還推崇「大同之道」的思想，這是一種強調共同體和共同利益的哲學。他認為政治的目的就是為了讓人民過上更好的生活，而不是為了政治家自己的利益而存在的。他的政治風格也體現了這種思想，他強調團隊合作和民主決策，並且尊重不同意見和聲音。

柯文哲的政治參與和貢獻，也獲得了廣泛的認可和支持。他做了八年的臺北市市長，並且在市政中推動了許多重要的政策和改革。例如，他推動了捷運的擴建和改善，讓市民的交通更加便利和舒適。他也重視社會福利和照顧弱勢群體，推出了多項社會保障和救助措施，讓市民的生活更加安心和穩定。

除了在市政中的貢獻外，柯文哲還在全國範圍內推動了多個公共事務和社會活動。例如，他推動了全國性的自行車道建設計畫，讓人們可以更加方便地騎自行車遊走各地。他也積極參與各種社會公益和文化活動，例如為流浪動物捐款、推動環保運動、參與音樂和藝術活動等，成為了全民關注和支持的公益明星。

柯文哲是一位全方位參與社會的領袖人物。他的醫學背景和專業知識，讓他對於社會問題有更深入的瞭解和分析，也讓他能夠為政策制定和改革提供更多的參考和建議。他的政治理念和價值觀，也深受市民的支持和認同，成為了台灣社會的一股正能量和推動力量。

對政治的憂慮與批判

柯文哲對政治體制中的不公平和貪腐現象感到憂慮，他認為政治需要更多的公正和透明，而他作為一名醫生，有著踏實和獨立的專業背景，相信自己能夠帶來改變和建立更好的政治體系。

柯文哲對於政治的參與和貢獻，為台灣社會注入了新的活力。他的政治理念和工作方式，都表現出他對於政治的熱愛和對於社會的責任感。他強調政治應該是為人民服務的，而不是為政治家自己服務的，這種理念也成為了他在政治領域的一個重要指導原則。

柯文哲對現有的政治體制和政黨政治有所批判，他希望能夠推動政治改革，提供不同於傳統政治的選擇和方式。他的參選意味著一種新的政治力量的出現，給予選民更多選擇的空間，也激發了其他人參

與政治的意願。他強調市民參與的重要性，希望建立更開放、透明和民主的政治環境，讓市民能夠更直接地參與政策制定和決策過程。他倡導公民參與的理念，鼓勵市民積極參與社會事務，並尊重市民的聲音和意見。

總之，柯文哲是一位有著獨立思考和直率言論風格的領袖人物。他對於政治的憂慮與批判，表現出他對於政治的關注和對於社會的責任感。他的政治參與和貢獻，獲得了廣泛的認可和支持。他的政治理念和價值觀，也深受市民的支持和認同，成為了台灣社會的一股正能量和推動力量。

 ## 民生問題的關注與解決

柯文哲在醫生的角色中，深入瞭解和關心民生問題，特別是對於基層民眾的需求和困境有所觸動。

柯文哲作為一位專業醫生和政治家，他對於公共衛生和醫療事務的關注和貢獻也是不容忽視的。他的專業知識和經驗讓他有能力在醫療改革和公共衛生政策制定方面發揮積極作用。例如，他可以促進醫療資源的合理分配和使用，提高醫療服務的效率和品質，並推動醫療技術和設施的升級和改進。此外，他可以關注公共衛生和疾病預防的問題，推動健康教育和健康促進活動，並制定相應的政策和措施，以保障人民的健康和福祉。

除了醫療和公共衛生方面的貢獻外，柯文哲還非常關注環境問題

和氣候變化。他認為環境保護和氣候行動是當前全球社會面臨的最大挑戰之一，也是政治家和政府應該關注和解決的問題。他可以通過推動可持續發展和綠色經濟，推動能源轉型和減少碳排放，並提出相應的政策和措施。這些措施和政策將有助於保護環境，減少污染和資源浪費，並推動可持續發展和綠色經濟。

可見柯文哲是一位對於民生問題、政治改革、公共衛生、環境保護和氣候變化等多個領域都有所貢獻的領袖人物。他的政治理念和價值觀深受市民的支持和認同，成為了台灣的一股正能量和推動力量。

政治改革的渴望

柯文哲對現有的政治體制和政黨政治有所批判，他希望能夠推動政治改革，提供不同於傳統政治的選擇和方式。

當今政治體制和政黨政治面臨許多問題和挑戰。政治腐敗、權力垂直、官僚主義和利益集團等問題，已經嚴重影響到政治的健康發展和社會的穩定。在這樣的背景下，政治改革變得越來越迫切和必要。政治改革需要從多個方面入手。首先，需要改變政治體制，建立更為公正和有效的政治機制。這需要改變現有的政治結構和權力分配方式，使政治更加民主和透明。其次，需要改變政治參與的方式和形式，增強民眾的參與感和代表性。這可以通過推廣公民投票、網上投票等方式實現。

柯文哲的參選，代表了一種新的政治力量的出現。這種力量代表

了一種新的思維和方向，有望為政治改革注入新的動力和活力。他的參選不僅可以給選民提供更多的選擇，也可以激發更多人參與政治，為國家的發展和進步貢獻自己的力量。

政治改革需要長期的努力和堅持。作為一種社會運動，需要有更多的人積極參與和支持。政治改革不僅需要政治家和政府的努力，也需要社會的參與和推動。只有大家共同努力，才能實現政治改革的目標，建立更為民主和正義的社會。

在政治改革的過程中，需要關注和解決許多問題。例如，如何保障人權和自由、如何保障民主和法治、如何促進社會公正和平等。這些問題都需要政治家和政府的努力和關注，也需要社會的參與和支持。政治改革是一個長期而艱難的過程。柯文哲的參選代表了一股新的政治力量的出現，有望為政治改革注入新的動力和活力。

 ## 對藍綠陣營的影響

柯文哲對臺灣的藍綠政治格局影響深遠，分析如下：

★ 民意支持度上升：

柯文哲的民意支持度在某些民調中超過了傳統的藍綠政黨，顯示他作為一個政治新人已經獲得了相當多的支持，並有可能改變臺灣的政治格局。

★ 提供第三選擇：

柯文哲通過他的政治立場和行為，顯示了臺灣民眾除了傳統的藍

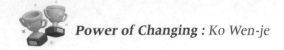

綠之外還有其他選擇，他的立場不固定，有時候更偏向藍，有時候更偏向綠，但他也提出了自己的政治理念和策略。

★ 突破傳統政治格局：

在台北市長選舉中，柯文哲的勝利顯示了他能夠突破傳統的藍綠政治格局，形成一股第三勢力，對未來的選舉和政治格局產生影響。

★ 影響藍綠的選舉策略：

柯文哲的出現使得藍綠政黨在選舉策略上做出調整，例如，他表示藍綠雙方的選戰策略是要先將他邊緣化，回歸藍綠兩黨對決的傳統模式。

★ 期望打破藍綠惡鬥：

柯文哲表示，他的目標是在2024年的選舉中打破藍綠的惡鬥，這說明了他期望通過他的政治行動改變臺灣的政治格局。

綜上所述，柯文哲的政治行動和立場對臺灣的藍綠政治格局產生了重要的影響，他不僅提供了民眾第三種選擇，並且可能通過他的影響改變臺灣的政治格局和選舉結果。

民主價值觀的重視

柯文哲對民主價值觀的重視是他參與政治的重要原因之一。他認為民主是一個社會進步和公平發展的基礎，並認為自己可以透過政治參與來推動民主價值觀的實踐，並為民眾發聲。

其對民主價值觀的重視不僅體現在他的言行中，更體現在他的政治參與當中。他認為政治家的職責不僅是代表人民發聲，更是要聆聽人民的聲音，並將其轉化為政策和行動。他不斷強調市民參與的重要性，鼓勵市民積極參與社會事務，並尊重市民的聲音和意見。他相信，只有透過市民的參與和支持，才能夠建立一個更加開放、透明和民主的政治環境，讓政策制定和決策過程更加符合民眾的需求和期望。

政策制定和改革的渴望

　　柯文哲的政治參與不僅體現在他的言行中，更體現在他的政治行動中。他作為台灣政治界的新進力量，其政治理念和行動引起了廣泛的關注和討論。他對民主價值觀的重視不僅體現在他的言行中，更體現在他的政治參與當中。他認為政治家的職責不僅是代表人民發聲，更是要傾聽民眾的聲音，並將其需求轉化為政策和行動。

　　柯文哲的參選代表了一種新的政治力量的出現，有望為政治改革注入新的動力和活力。政治改革需要政治家、政府和社會的共同努力和支持，才能取得長足的進展和成果。政治改革需要從多個方面入手。首先，需要改變政治體制，建立更為公正和有效的政治機制。這需要改變現有的政治結構和權力分配方式，使政治更加民主和透明。其次，需要改變政治參與的方式和形式，增強民眾的參與感和代表性。這可以通過推廣公民投票、網上投票等方式實現。政治改革是一個長期而艱難的過程，但是柯文哲的政治理念和行動給人們帶來了希望和信心。

🎙 柯市長八年的政績

　　柯文哲的政績展現了他在地方建設、社會福利、文化融合以及交通與環境改善等多個方面的努力和成就。他的政策和措施不僅提高了市民的生活品質，也推動了台北市的經濟和社會發展。

★ 地方建設項目：

1. 更新台北市全區鉛水管為不鏽鋼管，以維護市民的飲水健康。

2. 興建翡翠水庫專管工程，確保市民有水喝。

3. 在台北市區街道上設置多個飲水站，提供乾淨的飲用水。

4. 北投區防洪排水，磺港溪再造工程。

5. 完成成功橋擴建，由原先四線道擴建為六線道。

6. 開工延宕十年的廣慈博愛園區開發案。

★ 社會福利與經濟發展：

1. 推動敬老金「排富」政策，增加老福預算，建立多處社區照顧關懷據點。

2. 積極招商引資，使台北連續五年獲得招商卓越獎。

3. 完善育兒計畫，提供生育補助，積極建設遊樂場所，提升幼教待遇，全面優化兒童福利。

★ 文化與社會融合：

1. 提倡文化政策，通過藝文活動帶動人潮，使整座城市變成博物

館。

2. 推動共容、共融、共榮的理念，打造 LGBTQ ＋彩虹城市，照顧新移民並尊重傳統，舉辦多種文化節慶活動。

★ **交通與環境改善：**

1. 改善交通，例如劃設標線型人行道，使交通事故減少 68%，事故傷亡減少 64%。

2. 推動「海綿城市」永續經營的理念，應對極端氣候，打造宜居的生活環境。

🎤 對市民參與的重視

柯文哲強調市民參與的重要性，他希望能夠建立一個更開放、透明和民主的政治環境。

柯文哲在政治上的主要理念之一就是市民參與。他認為市民參與是現代民主制度的核心，因此他致力於建立一個更加開放、透明和民主的政治環境。他希望能夠推動政治參與的多元化和民主化，以實現政策制定和決策過程的民主化。他相信，只有透過市民的參與和支持，政治才能夠更好地反映民意和服務民眾。

作為台灣政治界的新進力量，柯文哲的政治理念和行動引起了廣泛的關注和討論。他通過自己的實踐，向人們展示了一種新的政治參與方式和政治文化。他的政治風格和言論直率，不斷地引起許多人的

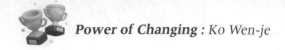

共鳴和支持。他希望能夠打破傳統政治的框架和思維方式，推動政治文化的改革，以實現政治的現代化和民主化。

　　柯文哲的公民參與理念體現在他的政治行動中。他不斷強調市民參與的重要性，鼓勵市民積極參與社會事務，並尊重市民的聲音和意見。他相信，只有透過市民的參與和支持，才能夠建立一個更加開放、透明和民主的政治環境，讓政策制定和決策過程更加符合民眾的需求和期望。他的政治理念和價值觀深受市民的支持和認同，成為了台灣社會的一股正能量和推動力量。

對政治風氣的改變的期待

　　柯文哲對政治風氣的改變有一定的期待。他希望能夠打破傳統政治的框架和思維方式，推動政治文化的改革。這種改革需要的不僅僅是改變政治體制，更需要改變人們對政治的認知和理解。柯文哲認為，要改變政治風氣，必須從政治文化和道德觀念入手，進行全面的轉變。

　　政治文化是一個社會中人們對政治現象的認知、態度和行為方式的總和。而政治文化的形成和發展是一個長期的歷史過程，需要從多方面入手。柯文哲希望透過自己的行動和言論，引領社會進行政治文化的轉變。他以其獨立思考和直率言論的風格，引起了許多人的共鳴，並對傳統政治方式提出了質疑和挑戰。

　　在柯文哲看來，政治文化的轉變需要政治家、政府和社會的共同努力和支持。政治家和政府應該帶領人民，推動政治文化的現代化和

民主化。社會大眾也需要積極參與，關注政治問題，以推動政治文化的改變。只有這樣，我們才能夠打破傳統政治的框架和思維方式，推動政治文化的改革，實現政治的現代化和民主化。

柯文哲還強調政治道德的重要性。政治道德是指政治行為和決策是否符合公共利益和道德標準。政治道德的缺失會導致政治腐敗和社會不公，甚至會威脅國家的安全和穩定。因此，政治家和政府應該堅持道德原則，尊重人民的權利和利益，為人民服務。

柯文哲從醫界跨足政治也給人們帶來了一些啟示。首先，他告訴我們，每個人都有能力參與政治並為社會帶來改變。不論是什麼背景和專業，只要我們有關心社會問題和改善社會的熱情，就可以發揮自己的作用。柯文哲的轉型提醒我們政治需要專業和專業知識的參與。他的醫學背景使他能夠從專業角度分析和解決問題，這種專業性在政治領域中非常重要。這也告訴我們，政治人物應該具備相關專業知識，並能夠將專業知識應用於政策制定和決策過程中。

柯文哲從醫生轉型為政治人物的原因包括對社會公義和民主價值的追求，以及擁有豐富的專業知識和經驗。他的轉型讓我們明白了每個人都可以參與政治並帶來改變，政治需要專業和專業知識的參與，並鼓勵我們懷抱改變的信念和勇氣。我們可以擁有自己的想法和觀點，並勇敢地表達出來，甚至顛覆現有的體制和思維方式。

5 個人經歷和背景的關聯性

柯文哲的個人經歷和背景與政治之間存在著密切的關聯性。以下針對柯文哲個人經歷和相關背景的進一步說明：

 醫學背景

柯文哲是一位醫生，擁有豐富的醫學知識和專業經驗。柯文哲的醫學背景對於他的政治生涯和社會活動都有著非常重要的影響。他擁有豐富的醫學知識和專業經驗，這讓他對於公共衛生和醫療議題有著深刻的理解和認識。他也能夠為政府和社會提供專業的大眾化意見和建議，從而更好地推動相關的政策和改革。

柯文哲畢生都投身於醫療服務，這讓他對於醫療體系和健康福利有著深入的思考和瞭解。他曾經在台灣最大的醫學中心擔任創傷醫學部主任，專長為外科重症醫學、器官移植、人工器官，這些經驗和專業知識讓他能夠更好地理解民眾對醫療和健康議題的關注和需求。他也關注著社會弱勢群體的權益和福利，為他們發聲和爭取權益。

作為臺北市市長，柯文哲在政府運作的複雜性和管理的挑戰中，展現出了他的卓越能力。他透過市政府的實踐，推動了一系列城市改

革、交通建設、文化活動等政策，影響了臺北市的發展方向。他也推動普及健康保險和建立健康中心等措施，讓更多的市民能夠享受到優質的醫療服務和健康福利。

柯文哲的醫學背景和政治生涯相輔相成，成為了他在台灣社會活動和政治領域中的重要角色。他也因為他的專業背景和知識成為了影響台灣政治和社會生活的重要人物。

在政治和社會活動中，柯文哲也關注著民主參與的意識，他鼓勵民眾參與政治事務並發表自己的聲音。他主張政治應該是公民共同參與和決策的過程，而非僅僅由政府和政治精英決定。他積極與民眾互動、聆聽民意，並將民眾的聲音納入政策制定的過程中。這種民主參與的意識對於建立更民主、更公正的政治體系具有積極的影響。

總的來說，柯文哲的醫學背景不僅讓他在醫療和健康議題上有著深刻的理解和專業知識，也讓他在政治和社會活動上有著更加深刻的理解和關注。

市長經驗

柯文哲的市長任期也受到了不少挑戰和爭議。他在任期間推動了多項改革，這些改革涉及到了許多利益關係，也引發了不少爭議和反對聲音。例如，他推動的「治水行動」，導致了很多商家的不滿和抗議，因為這些商家認為柯文哲的行動損害了他們的利益。同時，他在市政府中進行了大量的人事調整，這些調整也引起了不少爭議和討論。

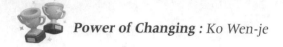

　　柯文哲在市長任期內面對著眾多困難和挑戰，但他仍然堅持著自己的理念和價值觀。他堅持反貪和廉政，推動了多項改革，並在政策制定中注重民主參與。雖然他的行動和決策引起了不少爭議，但他始終堅信自己的方向是正確的，並為此付出了自己的努力和汗水。

　　柯文哲的市長任期也讓他更好地理解了政治和政府運作的複雜性。他深刻認識到政治決策的影響力和重要性，並學會了協調不同利益方的需求和意見。他的市長經驗讓他成為了一個有深刻理解和豐富經驗的政治人物，也為他未來的政治事業打下了穩定的基礎。

 ## 學術背景

　　為什麼柯文哲被稱作「柯Ｐ」呢？「柯Ｐ」的ｐ也不是physician，而是professor，此字是「教授」，這是台大醫院長年來的傳統，原來台大醫院是臺灣大學醫學院的教學單位，柯文哲既是醫師也是一位有許多學生的老師，而院內習慣稱他為柯Ｐ。

　　柯文哲是臺灣大學醫學院臨床醫學研究所醫學博士，具有紮實的學術背景。這使他在思考和分析問題時具有較高的專業能力和獨特的觀點。他的學術背景也使他能夠對複雜的政治、經濟和社會議題進行深入研究，並提出具有洞察力的政策建議。

　　柯文哲的學術背景不僅是他成為一位優秀政治家的重要基石，也是他在各個領域中取得成功的重要因素之一。他在政治和社會活動中一直以來都堅持著自己的價值觀和理念，並不斷推動改革和創新，在

他擔任市長期間，他推動了多項重要的改革和創新，例如推動市政透明化，加強市政府與市民之間的互動，提高市民參與政策制定的機會，建立更加公正和有效的政策制定機制等。在這些改革和創新中，他的學術背景和專業知識發揮了重要的作用，為臺北市的發展注入了新的動力和活力。

在政治和社會活動中，柯文哲一直以來都堅持著公共利益和民眾福祉，他反對貪腐和不公正的行為，倡導政府官員應該擁有高標準的道德和倫理，以確保公共資源的有效運用和社會公正。其堅持反貪的價值觀對於改善政治環境和提升政府效能具有重要意義。

在文化和藝術方面，柯文哲的努力不僅使臺北市成為了一個多元和開放的城市，同時也為文化和藝術的發展注入了新的活力和衝擊。他在市長任期內推動了多種文化和藝術活動，例如設計展覽、創意市集、白晝之夜、台北燈節、台北藝術節等，還有於捷運中山站旁的「心中山線形公園」，2019年完工後即成北市新景點，假日市集、街頭表演成超夯打卡點。為文化創意產業的發展注入更多的動力和活力。

除了在政治、社會和文化領域中的成就之外，柯文哲在醫療和健康議題上也有著深刻的理解和專業知識。他的醫學背景和其他背景相輔相成，在醫療和健康領域中也取得了重要的成就，例如改善醫療資源分配、提高醫療品質等等。他的努力和成就為台灣的醫療和健康事業做出了貢獻。

柯文哲的學術背景和其他背景相互輔助，在不同的領域中都發揮

了重要的作用。他的學術背景和專業知識讓他具備了更深入的理解和分析能力，使他能夠從多個角度來看待問題，提出獨特的觀點。同時，他的文化和社會活動參與也為台灣的文化事業和社會發展帶來了積極的影響。他的努力和成就為台灣社會和政治領域提供了重要的參考和啟示。

 ## 公共服務經驗

柯文哲既是一名醫師，也是一位政治人物。他曾擔任台大醫院急診部醫生及創傷醫學部主任，這些經驗為他的政治生涯產生了重要的影響。透過這些經驗，他深入瞭解了台灣的醫療體系和公共政策制定的內部機制，並且具有執行政策的實際經驗。他的這些經驗也為他的政治理念和價值觀提供了有力的支援，讓他能夠更好地為台灣的發展和進步做出貢獻。

柯文哲在擔任台北市長期間，積極推動醫療品質管理和病患安全，並且引進了許多國際先進的醫學技術和設備，提高了醫療服務的水準。並致力於推動疾病預防和健康促進，並且積極推動普及健康保險和建立健康中心等措施，讓更多的市民能夠享受到優質的醫療服務和健康福利。2021 年新冠肺炎疫情嚴峻時，北市率先在剝皮寮歷史街區，設置全台首座在非醫院附近架設的快篩站；行動篩檢巴士則自 2021 年 6 月上路，不僅可進行 PCR 篩檢，還可分艙分流執行疫苗接種，而隨著大量旅客入境，中央集中檢疫所量能不足，北市只好請旅館收留改成

防疫旅館應急，並將SOP整理成「台北市防疫旅館手冊」，供其他縣市參考。這些經驗讓他深刻瞭解醫療體系和公共衛生的重要性，並且讓他更好地理解市民的需求和問題，從而能夠更好地為市民服務和解決問題。

也通過了許多改善市民生活品質的措施，例如推動轉型正義、改善交通和推動都市更新等。他積極推動了多項環保措施，例如推廣垃圾分類和推動節能減碳，使臺北市成為全台第一個實行垃圾分類的城市。此外，他也鼓勵市民參與各種社區活動和志願服務，提高市民的生活品質和社區的凝聚力。他的這些努力為台灣社會的可持續發展做出了重要貢獻。

柯文哲在公共服務方面的經驗，不僅讓他成為了一位更加有能力和全面的政治領袖，同時也為他的政治生涯提供了重要的支援。

🎤 社會活動參與

柯文哲不僅在醫學界和社會領域積極參與各種社會活動，還致力於推動社會公益事業。他曾經成為「醫師無國界」志工，前往海外提供醫療救助，並且在台灣也積極參與各種公益活動，例如關懷弱勢族群、推廣捐血、推動公益慈善等等。他的這些社會活動參與經驗，不僅讓他對社會問題有了更深刻的認識和關注，也讓他成為一位更負責任、更關懷社會的政治領袖。

柯文哲的社會活動參與經驗還能夠讓他更好地瞭解社會問題的根

源，從而提出更長遠的解決方案。例如，在市長任期內，他推動了都市更新計畫，改善了臺北市的城市環境，提高了市民的生活品質。這些計畫不僅是為瞭解決當前的問題，更是從根本上改變了城市的面貌，為未來帶來了更多的發展機遇。

柯文哲的社會活動參與經驗還讓他成為一位更善於溝通和協調的領袖。他能夠與不同背景、不同需求的人溝通，並且尋求共識，達成目標。例如，他在市長任期內積極推動都市更新計畫，不僅與市民溝通，聆聽市民的意見，也與不同的政黨、利益團體溝通，協調各方利益，達成了雙贏的局面。

總的來說，柯文哲的社會活動參與經驗是他作為一位政治領袖的重要支撐。他能夠透過參與社會活動，深入瞭解民生議題，從而提出具體的解決方案。此外，他的社會活動參與經驗還能夠讓他更好地瞭解社會問題的根源，從而提出更長遠的解決方案，為台灣的發展和進步做出貢獻。

🎤 堅持反貪和廉政

柯文哲一直以來都是一位反貪和廉政的倡導者。他認為政治清廉和透明是建立一個公正和公平的社會的基礎，也是確保政府工作能夠符合人民的期望的重要條件。因此，柯文哲一直堅持反貪和廉政的立場，並反對任何形式的貪腐行為。他相信政府官員應該以身作則，並對公眾負責。他反對任何形式的貪腐行為，並提倡政治清廉和透明。

他也認為政府應該擁有高標準的道德和倫理，以確保公共資源的有效運用和社會公正。這種反貪和廉政的立場可以幫助建立一個公正和透明的政治環境，讓人民對政府的信任和支持得到提升。

柯文哲一直以來在反貪和廉政方面的努力和成果也是明顯的。在他擔任臺北市長期間，他推出了多項反貪和廉政的措施，例如推動公務員資產申報、開放公務員收入公開、推動政府開放資料等。他也積極推動政治清廉和透明，並對於貪腐行為的打擊持續不斷。這些努力讓臺北市的政治環境得到了改善，也讓人民對政府的信任和支持得到了提升。

總之，柯文哲一直以來都反對貪腐行為，並倡導政府應該擁有高標準的道德和倫理，以確保公共資源的有效運用和社會公正。這種反貪和廉政的價值觀對於政府的改革和提升效能具有重要意義，也可以幫助建立一個公正和透明的政治環境。

🎤 民主參與意識

柯文哲的民主參與意識在其政治理念和行動中體現得淋漓盡致。他的政治信仰是公民共同參與和決策的過程，而非僅由政府和政治精英決定。他堅信，政治應該是一個公開、透明、負責任且有效率的系統，以確保市民的權利和利益能夠得到保障。他的民主參與意識不僅體現在政策制定和行動上，同時也體現在他與市民之間的互動和溝通上。

　　柯文哲一直鼓勵市民參與政治事務和公共議題，並發表自己的聲音和意見。他認為，市民的參與和貢獻是實現民主的關鍵，可以讓政府更加負責任，也可以讓社會更加公正和平衡。他推動了各種政治改革和民主制度建設，例如加強公民參與、開放政府資訊、鼓勵公民投票等。他還舉辦了多次市民座談會、民情會議等活動，與市民保持密切聯繫，聆聽市民的聲音和需求。

　　此外，柯文哲還鼓勵市民參與社區活動和志願服務，提高市民的生活品質和社區的凝聚力。他認為，市民的參與和貢獻對於社會的發展和進步至關重要。因此，他在政策制定和政治行動中，始終關注市民的需求和問題，並將市民的利益置於首位。

　　柯文哲的民主參與意識不僅體現在台灣本土，也體現在國際舞臺。他鼓勵台灣與其他國家、組織之間進行交流和合作，促進國際間的民主發展。他曾多次出訪海外，參與國際會議和論壇，分享台灣的民主經驗和理念，並學習其他國家的經驗和教訓。

　　綜上所述，柯文哲的民主參與意識是他一貫的政治行動和準則。他鼓勵市民參與政治事務和公共議題，發表聲音，並通過各種方式將市民的意見納入政策制定的過程中。他的政治改革和民主制度建設不僅促進了市民對政治的參與和關注，同時也增強了政府的透明度和責任感。他的民主參與意識不僅體現在台灣本土，還體現在國際舞臺上，促進國際間的民主發展。他的舉措和政策不僅讓政府更加透明、市民積極參與，同時也促進了社會的和諧發展。

柯文哲的個人經歷和背景使他具有專業知識、實際執行能力、社會關懷和民主參與意識。這些特質和價值觀使他能夠在政治舞臺上帶來改變，並對社會和民眾有所貢獻。他的政治參與和領導經驗使他能夠更好地理解和回應人民的需求，並以專業和負責的態度來推動政策和改革。

6 面臨的困難和質疑

柯文哲參選總統面臨的困難與質疑有以下幾個方面：

 ## 政黨力量

柯文哲身為民眾黨的總統候選人，面對新成立的民眾黨所缺乏的強大政黨資源和組織支持，與其他主要政黨的候選人相比，確實在組織和選舉資源上存在一定的不足。然而，這也許是柯文哲的一個獨特優勢。他不受大政黨的束縛，能夠更自由地表達自己的政見，進而吸引更多中立選民的支持。另外，由於民眾黨是新興的政黨，它有更多的空間和可能與不同的政黨和社會團體建立合作關係，進一步拓展支持基礎和資源。因此，雖然資源的缺乏是柯文哲在競選路上的一個挑戰，但同時也開放了一個獨特的機會，讓他能夠通過不同的渠道吸引選民的支持。

 ## 政治經驗

儘管柯文哲擔任過臺北市市長，但他的政治經驗相對較短，缺乏

在國家層面的治理經驗和政策制定能力。這可能引起懷疑，認為他是否具備擔任總統的能力和經驗。

然而，在這方面，柯文哲也有他的優勢。他作為一位學者和專業人士，具有豐富的學術背景和專業知識。在他的市長任期中，他也展現了相當的行政能力和創新思維，推動了一系列重要的政策和改革。因此，儘管他的政治經驗相對較短，但柯文哲也有機會通過展示他的專業知識和行政能力來贏得選民的支持。

柯文哲的政治理念和政策主張在某些議題上比較彈性和變動。這引起了一些人的懷疑，認為他的政策立場不夠明確和穩定。這可能讓選民擔心他在面對重大議題時的抉擇和決策能力。但是，柯文哲的政治立場也可以被看作是他的優勢。他通常不繫於傳統的政治立場，而是關注問題本身。這使得他相對較容易在選民中贏得支持，特別是那些在意政策問題而不是黨派的選民。

🎤 政策一致性

柯文哲作為一位新成立的政黨參選人，缺乏強大的政黨後盾和組織支援，相對於具有多年經驗黨派組織的候選人，他可能面臨組織上的不足和選舉資源的限制。

然而，柯文哲的政治理念和政策主張在某些議題上較為彈性和變動，可能是他的一個優勢。相對於其他候選人，他更有可能在面對不斷變化的環境和挑戰時，能夠更好地適應和應對。

此外，柯文哲作為一位政治獨立人士，可以更好地保持自己的政治獨立性和公正性。為此成立民眾黨希望可以跨越藍綠，這使得他在政治利益集團中可能面臨孤立和困難。但是，這也讓他更在面對各種政治派別的影響和壓力時，能夠維持自己的獨立性和公正性。

當然，政策一致性是一個重要的選舉問題。柯文哲的政治理念和政策主張在某些議題上較為彈性和變動，這引起了一些人的懷疑，認為他的政策立場不夠明確和穩定。選民們可能會擔心，如果他被選為領導人，他在面對重大議題時的抉擇和決策能力是否足夠強大，在面臨著多種挑戰和機遇，選民需要更全面地考慮他的政治理念、政策主張和決策能力，以做出最好的選擇。

政治聲譽

柯文哲的政治聲譽是一個複雜的問題。他在過去的政治生涯中曾經引起爭議和批評，有些人對他的個人聲譽和政治信任感到懷疑。這些負面評價可能影響他在選民中的形象和支持度。

然而，我們不能單純地將柯文哲的政治聲譽歸結為負面評價。事實上，他在過去的政治生涯中也有許多積極的表現和成就。例如，他在擔任臺北市市長期間，推出了多項創新政策和改革計畫，並取得了不錯的成績。他提倡反對派和執政黨之間的合作，並試圖緩和政治對立。此外，他也是一位公開透明的政治人物，經常與市民互動，傾聽他們的聲音和意見。

當然，柯文哲的政治聲譽仍然存在爭議和不確定性。他的一些言論和行動被認為是不當的，並引起了公眾的譴責。其中一些事件可能影響他在選民中的形象和支持度。

　　因此，柯文哲的政治聲譽必須透過多方面的考量和評估。我們不能單純地將他的形象歸結為正面或負面，而應該更加客觀地分析他的政治表現和個人品德。僅憑單方面的評價，是無法全面瞭解柯文哲的政治聲譽的。

對手競爭

　　柯文哲參選總統面臨的不僅僅是政策和議題上的競爭，還有其他有實力的候選人。他需要面對來自不同政黨的競爭對手，這將使選舉更加激烈且具有挑戰性。

　　柯文哲參選總統所面臨的對手競爭是一個非常複雜和困難的挑戰。除了需要與來自不同政黨的對手競爭外，他還需要面對來自其他無黨籍候選人的競爭。這些候選人可能擁有自己的支持者和選民基礎，並且擁有獨特的政見和政策主張。因此，柯文哲需要制定一系列的競選策略，以吸引更多的選民支持他。

　　首先，他需要加強與選民的溝通，以提高自己的知名度和聲譽。他可以利用現代科技，如社交媒體、簡訊、直播平台和電子郵件等管道，向選民發布他的政見和政策主張，並經常舉行公開的辯論和集會，與選民交流。此外，他需要利用媒體的力量，提高自己的曝光度，增

加選民的關注度。

其次，他需要制定一系列的選舉策略，以吸引不同群體的選民支援他。例如，他可以針對年輕人、老年人、農民、工人等不同的群體，制定相應的政策和措施，滿足他們的需求和利益。他還可以與其他政黨和團體進行合作和協商，以擴大自己的支持基礎。

最後，他需要優化自己的競選團隊，建立一支高效的選舉團隊，以確保他的競選活動和宣傳能夠順利進行。他需要選擇一些經驗豐富、敬業精神強、具有良好的組織和溝通能力的人才，以協助他開展競選活動。同時還要竭盡全力爭取更多的競選資源，包括資金、人力和物資，以確保他的競選活動能夠長期開展並取得成功。

總之，柯文哲參選總統所面臨的對手競爭是一個複雜的挑戰，他需要掌握豐富的競選經驗和策略，以應對不同的情況和挑戰。

🎤 政治立場

柯文哲在 2014 年是以「在野大聯盟」的名義參選臺北市市長，並成功當選，成為臺北市改制直轄市後的首位無黨籍市長。他在 2018 年成功連任市長。2019 年，柯文哲創立了台灣民眾黨，並擔任首任黨主席。2023 年代表台灣民眾黨參選 2024 年中華民國總統選舉。

🐾 **政黨關係：**柯文哲在 2019 年之前是無黨籍，但在 2019 年 8 月 6 日之後，他加入了由他自己創立的台灣民眾黨。

兩岸觀點：柯文哲在兩岸關係上的觀點是一個受到關注的議題，他表示會實際地處理兩岸問題，尊重兩岸過去已經簽署的協議和互動的歷史；他的兩岸政策就是臺灣自主、兩岸和平；並在確保臺灣民眾繼續享有民主和自由的政治體制與生活方式的前提下，恢復與對岸的溝通管道。他提倡「五個互相的原則」，包括在對等和尊嚴的條件下促進兩岸和平，增加彼此善意，減少衝突的危機。這五個原則包括「互相認識、互相瞭解、互相尊重、互相合作、互相諒解」。

爭議事件：柯文哲在其政治生涯中也涉及多起爭議，如愛滋器捐案、國科會案、MG149案、大巨蛋案等。

 國際經驗

柯文哲在國際事務和外交領域的經驗相對有限，這可能成為他參選總統時的一個挑戰。國際關係和外交政策是總統角色中重要的一環，柯文哲需要展示他在這方面的能力和視野。這些能力包括對全球政治經濟趨勢的瞭解，對台灣在國際事務中的地位有清晰的認識，以及對國際合作和協調的能力。柯文哲可以通過多種方式來增強他的國際經驗和外交能力。例如：

加強與國際領導人和學者的互動：柯文哲可以參加國際會議和論壇，與其他國家的政治領袖和學者進行交流和合作。這些互動可以幫助柯文哲瞭解其他國家的政治和經濟情況，以及瞭解不同文化之間的差異。

拓展國際合作項目：柯文哲可以通過拓展國際合作項目來表現他的外交能力和視野。這些項目可以涉及貿易、教育、能源、環保等多個領域，從而提高台灣在國際上的知名度和地位。例如，與其他國家簽署自由貿易協定，促進貿易和投資，也可以與其他國家合作研發新能源技術，減少對化石燃料的依賴。

加強對國際事務的瞭解：柯文哲需要對全球政治經濟趨勢有清晰的認識，對台灣在國際事務中的地位有深入的瞭解。他可以通過閱讀國際報紙和雜誌，研究其他國家的政治制度和經濟模式，以及參加相關研討會和學術講座，來加強他對國際事務的瞭解。

提高對國際合作和協調的能力：柯文哲需要具備國際合作和協調的能力，以應對全球化帶來的挑戰。他可以通過參加國際組織和機構，瞭解其他國家的立場和政策，從而在國際合作和協調中發揮更大的作用。

柯文哲於 2023 年 4 月時曾率團訪美 21 天，走訪紐約、波士頓、華府、休士頓，拜會大學智庫、國務院及參眾兩院議員，並參訪生醫產業。10 月二度訪美主要是產業之旅，特別是新創產業，交流對象包含科技教育公司、能源科技產業、電動車產業、智庫等。柯文哲需要通過多種途徑來增強他的國際經驗和外交能力，並展示他對國際事務的深入瞭解和視野。這樣才能讓選民相信他有能力擔任總統，並為台灣在國際上爭取更多的機會和利益。

政治攻擊和批評

作為一位參選總統的候選人，柯文哲面臨著來自各個方面的壓力和挑戰。其中的一個最重要的挑戰就是政治攻擊和批評。這種攻擊可能會針對他的政策立場、個人背景、過去的言行、甚至是他的家庭生活。

這些攻擊有可能會打擊柯文哲的形象和信譽，從而減少他在選民中的支持率。因此，他需要採取一些措施來應對這些攻擊和批評。

首先，柯文哲需要確保自己的言行符合道德和法律標準。他需要保持謹慎，避免發表有爭議的言論，以避免給對手提供機會攻擊他。

其次，他需要積極應對任何攻擊和批評。如果有人針對他的政策立場或個人背景提出質疑，他需要準備好回應。透過發表聲明、在演講中回答問題、在社交媒體上回應等多種方式來回應這些攻擊和批評。

此外，柯文哲也可以利用這些攻擊和批評來向選民展示他的領導能力和決策能力。他可以利用這些情況來強調自己為什麼適合擔任總統，以及為什麼他的政策立場是正確的，以此來展現出自己的反應能力和應變能力，在選民中樹立自己的形象。

由於政治攻擊和批評是不可避免的，尤其是在選舉期間。柯文哲需要做好準備，並展現出自己的領導力和決策能力來應對這些挑戰。同時，他也需要向選民展示出自己的專業能力和積極性，以贏得選民的信任和支持。

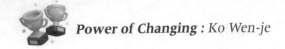

 # 選舉策略和資源限制

柯文哲在參選總統時需要制定有效的選舉策略並動員足夠的資源。選舉競爭激烈，他需要找到有效的方式來吸引選民、建立支持者基礎，同時克服資源限制和競爭對手的壓力。

柯文哲參選總統所面臨的挑戰不僅僅是選舉策略和資源限制。他作為一個新成立的民眾黨候選人，缺乏強大的政黨後盾和組織支援，相對於具有黨派組織的候選人，他可能面臨組織上的不足和選舉資源的限制。

此外，柯文哲的政治經驗相對較短，缺乏在國家層面的治理經驗和政策制定能力。這可能引起懷疑，認為他是否具備擔任總統的能力和經驗。他的政治理念和政策主張在某些議題上較為彈性和變動，這引起了一些人的懷疑，認為他的政策立場不夠明確和穩定。這些問題都需要柯文哲在競選過程中去解答和證明。

2024總統選舉，隨著郭台銘的加入，在野陣營各立山頭，國民黨推出侯友宜、民眾黨則由柯文哲參戰，鴻海創辦人郭台銘完成連署獨立參選。因此絕大多數民意殷殷期盼在野力量整合，才有機會政黨輪替，下架執政黨。

柯文哲在「藍白合」即國民黨（藍）與民眾黨（白）的合作，其立場和行動顯示了他對跨黨合作的開放態度。以下是柯文哲在藍白合方面的一些關鍵信息：

★ **開放溝通：**

柯文哲透露，他與國民黨的一些主要人物，如朱立倫和侯友宜，有過溝通和交換意見。雖然談判的進度並不快，但這顯示柯文哲對藍白合保持開放的態度，並願意探索與國民黨的合作可能性。

★ **合作的前提：**

在某次活動中，柯文哲回應了侯友宜的言論，強調合作的目的應該是為了選舉的勝利，而不僅僅是為了合作而合作。他認為合作的前提是要能夠選贏，並強調戰略應先於合作的決定。

★ **價值和理念的一致性：**

柯文哲在另一次討論中指出，合作需要基於共同的價值、政策和理念，而不應僅僅基於政治利益。他回應國民黨主席朱立倫提出的執政大聯盟概念時強調，只有理念相合才能合作。

★ **避免被貼上特定政治標籤：**

在藍白合的討論中，柯文哲也表明他不想被貼上特定的政治標籤，如「藍白合」或「小藍藍」，並嘗試在市府內部組成「綠色連線」，以顯示他的跨黨合作立場是開放且實用的。

總的來看，柯文哲在藍白合方面展示了一種實用和開放的態度，並強調合作的前提應是基於共同的價值和勝選的可能性。他的立場和行動顯示他願意探索與不同政黨的合作可能性，但也強調合作應有明確的目的和共同的理念基礎。然而在多次協商與會面後，藍白合最終

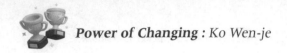

還是走向破局，各自努力。

　　柯文哲如何在這般政治環境中與不同的政黨合作？及在2024年的總統選舉中將會提出哪些政策建議，並如何克服他的資源限制來爭取選票？這是柯文哲參選總統要面臨的挑戰，但也可以說是一個機會，讓他能夠展示自己的價值觀、政策理念和領導能力，吸引選民的支援。他需要透過有效的溝通和解釋，以及實際的政策提案來克服這些困難，以贏得選民的信任和支持。

藍白合成局？

　　在2024年的台灣總統大選中，國民黨（藍）和民眾黨（白）達成了合作協議，這一決策為台灣的政治格局帶來了顯著變化。這次合作被稱為「藍白合」，是在經過一系列談判和協商後確定的。這一合作協議是在2023年11月15日達成的，標誌著國民黨和民眾黨將攜手參與接下來的總統大選。雙方達成了六項共識，決議以民調記點制拍板最終正副總統人選組合。評估的是從11月7日至17日，社會各界公布的民調結果。如果結果超過計誤差，則由得分較高者獲得優勢。但雙方在17日晚間舉行的「在野整合專家會議」中，對於「讓分」的誤差範圍無法達成共識，疑似是破局了。

　　由於藍白合持續僵局待突破，故在總統大選登記即將截止前一天，2023年11月23日於台北君悅飯店公開會談，在場的是國民黨的侯友宜、民眾黨的柯文哲、鴻海創辦人郭台銘、前總統馬英九，以及國民

黨主席朱立倫，五位政治舞台上的重量級人物同聚一堂，卻是不歡而散，在互嗆聲中破局，藍白合正式畫下句點。

會談中的每一個瞬間，都凝聚著台灣政壇的緊張氣氛。柯文哲作為台北市長以及民眾黨的領袖，一直是一位受爭議的公眾人物。他強調了總統必須直面困難的重要性，並批評現狀中的過度保護。這番話顯然是對當前政治環境的一種批判，也反映出他作為一位政治領導者的決心和勇氣。

侯友宜則以堅定的態度回應，強調了誠信和遵守承諾的重要性。他的話語中透露出一種堅持原則的韌性，這在台灣的政治舞台上是一種寶貴的特質。

這場會談最後因未能達成共識，使得期盼政黨輪替的廣大群眾希望的「藍白合」宣告破局。

兩黨協商共識　　　　　　　　　112.11.15

一、　由馬英九前總統、國民黨、民眾黨，各推薦一位民調統計專家。

二、　由民調統計專家檢視評估 11 月 7 日至 11 月 17 日，社會各界公布的民調結果，及國民黨、民眾黨各提供一份內參民調的結果。

三、　雙方同意，若超過統計誤差，由勝者得一點；若在統計誤差範圍內，由侯柯配得一點。

四、　11 月 18 日周六上午，由馬英九基金會公布結果。

五、　藍白合後，兩黨共同組成競選委員會，全力輔選總統副總統候選人，及兩黨推薦之立法委員候選人，不分區政黨票，由各黨各自努力。

六、　在馬前總統見證下，國民黨及民眾黨承諾，為台灣第三波民主改革建立典範，必須成立聯合政府。除國防、外交、兩岸由總統決定，其餘部會原則上依各黨派立委席次分配，民眾黨主責監督制衡，國民黨主責建設發展。

7　建立團隊和支持者的過程

總統大選的策競選策略非常重要，因為：

🦃 **選舉競爭激烈**：總統大選通常是一個高度競爭的選舉，候選人需要在眾多競爭對手中脫穎而出。策劃選舉活動可以幫助候選人制定明確的競選策略，以吸引選民的關注和支持。

🦃 **選民意見形成**：選戰籌劃和執行可以幫助候選人塑造自己的形象，傳遞政策主張和價值觀。透過有效的宣傳和溝通，候選人可以影響選民的意見形成，贏得他們的支持和信任。

🦃 **選民動員和投票率**：好的選舉策略可以鼓勵選民積極參與選舉，並提高投票率。透過地面組織、選民數據分析和選舉日組織，可以有效地動員支持者投票，尤其是關鍵選區和關鍵選民群體。

🦃 **媒體曝光和公眾關注**：競選戰略籌劃和執行可以確保候選人在媒體上獲得充分的曝光和公眾關注。媒體宣傳和演講活動可以讓候選人的聲音被廣泛傳播，增加知名度和形象塑造的機會。

🦃 **政策制定和政治影響力**：策劃選舉活動的過程中，候選人需要清晰地制定政策目標和方向。透過政見演講、辯論和與選民的互動，候

選人可以對重要問題提出解決方案，並對未來的政策制定產生影響力。

總統大選的策劃和執行不僅涉及競選活動的具體安排，更關係到候選人形象塑造、選民動員、政策推廣和選民意見形成等重要方面。有效的策劃和執行可以提高候選人的競爭力，贏得選民的支持等。

柯文哲在參選總統大選之前，必須建立一個強大的團隊和廣泛的支持者基礎，以確保他的競選活動順利進行。以下是柯文哲可能遵循的一般過程：

🏌 **策劃階段**：在決定參選之前，柯文哲可能會進行一段時間的策劃階段。在這個階段，他會評估自己的政治目標和願景，制定競選策略，並確定是否具備參選的必要條件和資源。

🏌 **團隊建立**：柯文哲需要建立一個專業的團隊來執行他的競選活動。這個團隊可能包括政治顧問、競選經理、媒體顧問、政策專家、宣傳人員等。這些團隊成員應該具備豐富的政治經驗和專業知識，能夠協助柯文哲制定策略、處理公共關係、執行活動等。

🏌 **支持者動員**：柯文哲需要積極動員和吸引支持者，建立廣泛的支持基礎。他可能會透過社交媒體、公開演講、政治集會等方式與選民直接互動，向他們傳達自己的政治理念和政策主張。此外，他也可能尋求與其他政黨、團體和社區組織建立合作關係，以獲得更多的支持。

🔊 **策略制定：**制定具體的競選策略，包括宣傳活動、行程安排、政策推廣等。要考慮選民數據分析、競爭對手情報、選區特點等因素，制定出能夠吸引選民和獲得媒體關注的策略。

🔊 **宣傳和活動：**進行各種宣傳活動，包括媒體釋出新聞稿、舉辦記者會、發布宣傳廣告、參加政治辯論等。

🔊 **地面組織：**將建立地面組織，以協助選民動員和投票組織。這可能包括志願者招募、培訓和指派，以及選民數據收集和選民聯繫的工作。地面組織的有效運作將有助於確保選民在選舉日行使自己的選舉權。

🔊 **媒體關係管理：**柯文哲團隊需要與媒體建立良好的關係，確保他們的訊息能夠被廣泛報導和宣傳。這包括提供新聞稿、安排媒體採訪、回應媒體查詢等。團隊還要制定媒體溝通策略，以確保柯文哲的形象和政策主張朝正確和有利的方向呈現。

🔊 **選舉日組織：**在選舉日要負責組織投票站點的監督和選民動員工作。需要確保選民順利投票，解決可能出現的問題，並確保選舉過程的公正性和透明度。

　　總統大選的策劃過程是一個綜合性的、複雜的任務。候選人的團隊需要具備政治洞察力、策略思考和組織能力，以應對各種挑戰和變化。成功的策劃和執行能夠提高候選人的選舉競爭力，吸引更多選民的支持，並最終實現選舉目標。

8　政見和政策的制定

柯文哲參選總統時，他的政見和政策制定過程可能涉及以下方面：

🎙 **問題議題的辨識**：柯文哲的團隊會進行對社會、經濟、環境等方面的問題進行分析和辨識。他們會考慮目前社會面臨的挑戰和需要改善的領域，以確定優先議題。

🎙 **政策研究和制定**：柯文哲的團隊將進行深入的政策研究，以瞭解相關議題的背景、國內外的最佳實踐和可行的政策方案。他們可能與專家、學者、利益團體和民間組織合作，收集意見和建議。

🎙 **政策討論和徵求意見**：柯文哲的團隊可能會舉辦公開論壇、座談會、聽取民眾意見等活動，與各界人士和選民進行交流和討論。這有助於瞭解不同觀點和需求，並反映在政策制定中。

🎙 **政策制定和具體化**：基於問題分析、政策研究和意見徵求的基礎上，柯文哲的團隊將制定具體的政策方案。這些方案可能包括經濟發展、教育改革、社會福利、環境保護、醫療衛生等領域的政策措施。

🎙 **可行性評估和預算編制**：需要進一步評估政策的可行性和執行情況，並考慮政策的影響、執行成本、資金來源等因素，並進行預算

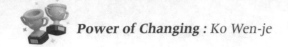

編制，以確保政策的可行性和可持續性。

政策宣傳和推廣：制定宣傳策略，將政見內容向選民傳達和推廣。這可能包括宣傳材料的製作、宣傳活動的組織、媒體關係的管理等，以確保政策訊息能夠有效地傳達到選民。

政策評估和修訂：在競選過程中密切關注政策實施的效果和反饋。同時進行政策評估，收集民眾和利益相關者的意見和建議，並根據需要進行修訂和調整，以確保政策的有效性和適應性。

國際比較和借鑒：要借鑒其他國家或地區的成功經驗和政策模式。他們可能會進行國際比較研究，瞭解其他國家在相關領域的政策做法，並將這些經驗應用到自己的政策制定中。

政策對話和合作：積極與其他政黨、利益團體、專家學者和社會組織進行對話和合作。這有助於取得各方的共識和支持，並加強政策的可行性和實施力度。

綜合計畫和政見宣言：將制定好的各項政策整合成綜合計畫和政見宣言。這份檔將清晰地呈現柯文哲的政策目標、政策措施和執行計畫，並向選民傳達他的政見理念和承諾。

　　在整個政見和政策制定過程中，應重視公眾參與和透明度，積極收集各方意見，並尋求達成共識。目標是提供具體、可行且符合社會需求的政策方案，以贏得選民的支持並實現競選目標。

⑨ 宣傳和形象塑造的策略

柯 文哲參選總統時，他的團隊可以從以下策略來宣傳和塑造他的形象，以達到最後勝選的目標：

🎤 **建立品牌形象：**柯文哲的團隊會努力塑造他的品牌形象，突出他的優勢和核心價值觀。他們可能強調他的非傳統政治家身份、專業背景和個人特質，以及他對社會公義、政治改革和經濟發展的關注。

🎤 **故事講述和情感連結：**運用故事講述和情感連結的手法，通過故事和生活經歷來吸引選民的共鳴。這有助於建立柯文哲的親和力和人民形象，使選民更容易與他產生情感連結。

🎤 **社交媒體和網絡宣傳：**利用社交媒體和網絡平臺，通過發布內容、視頻、圖片等方式來宣傳他的政見和政策。他們可能還會運用數據分析和定向廣告等工具，以確保資訊能夠準確地傳達給目標選民。

🎤 **媒體關係管理：**與媒體建立良好的關係，提供新聞稿、安排媒體採訪和演講機會，以增加柯文哲的媒體曝光率與話題性。積極舉辦新聞發布會和媒體活動，主動與媒體互動，確保正確和有利的報導。

🎤 **政見宣傳活動：**組織各種宣傳活動，如造勢活動、論壇、座談會等，以向選民傳達柯文哲的政見和政策。這些活動可以增加他的曝光

率，與選民直接互動，並回答他們的問題和關注。

支持者動員： 積極動員和組織他的支持者，鼓勵他們參與選舉活動，包括志願者招募、街頭宣傳、競選活動等。並適時提供培訓和指導，以確保支持者能夠有效地宣傳柯文哲的政見和政策，並向其他人推廣。

名人代言和團體合作： 可尋求名人代言和與相關團體的合作，以擴大他的影響力和知名度。這些名人和團體可能與柯文哲在政策議題上有共同的價值觀或利益關聯，他們的支援和宣傳可以為柯文哲的競選活動帶來更大的聲量和關注度。

競選形象塑造： 對柯文哲的形象進行精心塑造，包括服裝風格、言談舉止、演說技巧等。他們可能會著重展現他的領導能力、決斷力和親和力，以增加選民對他的信任和支持。

競選策略調整： 根據選舉形勢和反饋，及時調整競選策略。密切關注民調數據、媒體報導、選民回應等資訊，對宣傳內容、活動安排和策略方向進行調整，以確保最大限度地提高選民支持和選舉成功的機會。

　　總的來說，柯文哲的團隊將通過多種手段和策略來宣傳和塑造他的形象，包括建立品牌形象、社交媒體宣傳、政見宣傳活動、支持者動員、名人代言和競選形象塑造等，以確保柯文哲的競選活動能夠有效地傳達政見、吸引選民支持，並實現競選絕對的優勢。

第二篇

柯文哲 有趣 小故事

POWER OF
CHANGING
Ko Wen-je

醫者之心：柯文哲的直覺決策

在那個決策的關鍵時刻，市政廳內的氛圍緊張，許多議員對於一項重大政策的選擇猶豫不決。柯文哲市長曾是一名傑出的外科醫生，憑藉他在醫療領域的經驗，能快速做出了明智而果斷的決策，解決了當前的困境。

柯文哲的醫學背景賦予了他在關鍵時刻快速做出決策的能力，他深知每一個決策都可能關乎患者的生命。這種經驗在他的政治生涯中也發揮了關鍵作用。

一日，臺北市政廳的市政會議正在激烈地討論一項可能影響整個市民生活的重要政策。儘管議員們各抒己見，但卻陷入了僵局，無法達成共識。就在這個緊要關頭，柯文哲站出來發言，他沒有浪費時間在華麗辭藻上，而是迅速提出了一個解決方案。這個方案不僅具備遠見卓識，還能夠滿足大多數人的需求。他的決策能力令在場的人都為之嘆服，最終這個決策得到了大多數議員的支持，成功地解決了當前的困境。

這個故事展現了柯文哲的果斷和智慧，他不僅在醫療領域表現出色，而且在政治舞臺上也同樣傑出，用他的經驗和果決作風來造福市民。這個故事強調了一個人的專業知識和能力如何在不同領域產生重

大影響。

從故事中了解更多

　　從柯文哲市長的果決作風，我們不難看出，迅速而明智的決策往往源於豐富的經驗和深入的思考。在臨床上，每一個決策都可能關乎生死，這需要醫生具有冷靜的頭腦和精準的判斷力。同樣，在政治領域中，每一個決策都會影響到數百萬市民的生活，這同樣需要領導者具有遠見和決策力。

　　但更重要的是，我們可以看出，真正的智慧並不僅僅來自於學術知識，更多的是來自於實踐經驗。柯文哲市長能夠在短時間內做出正確的決策，這背後是他多年醫學實踐和治理市政的經驗累積。

　　此外，從柯文哲市長的決策中，我們也可以看到勇氣的重要性。因為在許多時候，做出決策可能會帶來風險，但正是這種勇於承擔責任的精神，使得柯文哲市長能夠取得市民的信賴。

結論

　　不論我們身在何種領域，決策都是我們不可或缺的技能。而要做出正確的決策，除了需要專業知識和經驗累積，更需要冷靜的頭腦、遠見和勇氣。柯文哲市長的故事提醒我們，真正的智慧並不僅僅來自於書本，而是來自於我們在實踐中的體悟和學習。

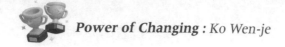

故事 2　參選之路：從鐵人三項到市政之戰

在柯文哲參加鐵人三項比賽的那一刻，他仿佛被投入到一個無情的運動角逐中。這項極具挑戰性的比賽包括游泳、自行車和馬拉松長跑三個項目，要求參賽者在各項目之間迅速切換，展現出卓越的體能和堅韌的意志。

在鐵人三項比賽中，柯文哲經歷了前所未有的考驗。不僅是體能上的挑戰，更有心靈層面的壓力，他必須克服自己的恐懼和疲憊。當其他參賽者紛紛氣餒，他不放棄、始終堅持到底。他身體處於極限，但他的毅力卻超越了一切。

在賽程的最後階段，當別人已經力竭的時候，柯文哲依然奮力向前游，堅持踩踏著自行車，然後疾馳而去，投入到最後的馬拉松比賽。他說：「參加鐵人三項讓我深刻體會到，只要有毅力和決心，沒有什麼是辦不到的。」

這段壯烈的鐵人三項經歷後來成為柯文哲參選臺北市市長的勇氣之源。他明白參政和鐵人三項一樣，都需要持續的努力和堅韌的意志，所以能成為政壇中不容忽視的一股力量，他教導了我們，只要擁有不屈不撓的精神，就能克服逆境，實現自己的夢想。

從故事中了解更多

柯文哲對鐵人三項經歷的感悟，讓我們看到了一個事實：生活中的各種挑戰，都可以成為我們前進的動力。不論是體育比賽還是政治選舉，成功的關鍵都在於我們是否有堅持到底的毅力。

許多人在面對困難時會選擇放棄，但只有那些選擇繼續前進的人，才能真正體驗到成功的喜悅。柯文哲市長的經歷告訴我們，真正的挑戰不在於外界的環境，而在於我們自己的心態。只要我們有堅定的意志，並且不斷努力，就沒有什麼是辦不到的。

此外，柯文哲市長的參選經歷也為我們展現了：人生的每一個階段，都是我們學習和成長的機會。他從鐵人三項的經驗中學到了毅力和堅持的重要性，並且將這些價值觀帶入了他的政治生涯。這種不斷學習和成長的精神，是我們每一個人都應該追求的。

 結 論

不論我們身在何種領域，都需要具備持續努力和毅力的精神。只要我們有決心，並且不斷地努力，就能夠克服一切困難，實現自己的夢想。

故事 3 公車上的市長：以真實體驗為依據

在一個普通的日子裡，柯文哲市長做出了一個驚人的決定，他要無預警地搭乘公共汽車，親身體驗市民的日常交通困境。這次特殊的經歷成為他日後提出改善公共交通的寶貴建議。

柯文哲並沒有事先通知任何人，他在某一日的清晨坐上了一輛公共汽車，就像普通市民一樣，穿越著繁忙的市區。他的目的很簡單：深刻瞭解公車上的情況，以及市民在日常通勤中所遇到的問題。

市長坐在公車上，認真地觀察著周圍的一切：擁擠的車廂、等待的乘客，以及那些定時停靠的公共汽車站牌。通過這次臨時起意的公車之旅，柯文哲不僅深入瞭解了公共交通的問題，還親身感受到了市民的不便之處。

結束了這次短暫但有意義的訪查後，柯文哲提出了一系列改進建議，這些建議包括調整公共汽車路線、增加發車頻次等，都是從他親身體驗中汲取的靈感。這個小故事生動地展示了一位領袖的胸懷，他願意深入基層，親身體驗市民的生活，以便更好地為他們的需求服務。這也告訴我們，領袖應該時刻關注人民的需求，以便提出切實可行的解決方案。

從故事中了解更多

柯文哲的公車之旅，不僅是一次簡單的巡視，更是一次深入瞭解市民需求的行動。領導者的真實體驗，往往能夠為他們提供更直接、更真實的反饋。只有當領導者真正瞭解民眾的需求，他們才能夠制定出真正有利於民眾的政策。

此外，這個故事也告訴我們，真正的瞭解往往來自於實踐。不是透過報告、數據，而是透過實際的體驗。當柯文哲市長坐在公車上，他所看到的、所感受到的，都是那些報告中所無法描述的真實感。

結 論

領導者若能常常脫離自己的舒適圈，走入民眾中，真實地瞭解他們的需求和困難，這樣的領導者不僅能夠獲得民眾的信賴，更能夠制定出真正有效的政策。柯文哲市長的公車日記，是一個鮮明的例子，提醒我們，真正的瞭解往往來自於真實的體驗與實踐，而不是那些冷冰冰的數據和報告。

故事
4

老街的回憶：與柯文哲一同走過歷史

柯文哲市長對臺北的老街情有獨鍾。某日，他在迪化街的一次探訪中，不僅遇到了一位老先生，還經歷了一段充滿古意與回憶的歷史之旅，這使他更加珍惜臺北的文化遺產。

儘管臺北市的摩天大樓不斷拔地而起，但某些老街仍然保持著悠久的歷史傳承，迪化街便是其中之一。柯文哲市長，儘管身居高位，但他時常抽空漫步在這些充滿故事的老街上，感受著城市的古老歷史和豐富文化。

有一天，陽光燦爛的下午，柯文哲市長漫步在迪化街的石板路上，古老的店鋪、傳統的古宅、還有販售傳統物品的小店，仿佛一下子回到了過去。當他陶醉在這片獨特氛圍時，一位驀然走上前來的老先生引起了他的注意。老先生自薦說他是這裡的老居民，親歷了迪化街從繁榮到沉寂再到現在逐漸復興的歷程。

那個下午，兩人坐在一家古樸的老店裡，老先生興致勃勃地講述了他所知道的迪化街歷史，以及他親眼見證的一切。這段充滿歷史、趣味和感動的交流，不僅令柯文哲市長更加珍惜臺北的文化遺產，也堅定了他繼續推動老街區的保護和復興。這個故事讓我們明白了歷史的珍貴，以及一個領導者對城市傳承的重視。

從故事中了解更多

在柯文哲的這次老街遊歷中，我們看到了歷史的重要性。每一座城市，都有著自己獨特的歷史和文化。這些歷史和文化，醞釀交織成城市之魂，也是城市的根基。只有深入瞭解和珍惜這些歷史和文化，我們才能真正愛上這座城市，也才能使其更加繁榮。

從故事中我們了解到：歷史不僅僅是書本上的文字，更是每一位老居民的回憶。當我們傾聽這些老居民的故事，不僅可以瞭解到城市的過去，還可以從中汲取經驗與智慧，為未來鋪路。

 結 論

老街是城市的歷史見證者，也是我們的寶藏。這個故事提醒我們要珍惜這些老街，也要傾聽每一位老居民的故事。只有這樣，我們才能真正瞭解這座城市，也才能為它的未來創造更好的藍圖。

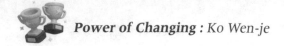

故事 5 頭香街事件：言行應謹慎，以避免引起誤解或爭議

柯文哲競選臺北市長期間，發生了一個相當幽默的插曲。他參觀了臺北市士林區的頭香街，對記者表示「沒有什麼頭香」，這一語錄隨即在網絡上掀起了一陣風潮，成為柯文哲的代表性語句之一。

這個有趣的時刻發生在柯文哲的競選旅程中。他走進了士林區著名的頭香街，這條夜市街道以美食和小吃而聞名。然而，當被問及對頭香街的評價時，柯文哲的回答出奇的誠實，他表示「沒有什麼頭香」。

這句率直的評論立刻引起了在場記者的好奇心，他們紛紛詢問柯文哲更多的細節。柯文哲解釋說，他期望能夠在頭香街找到更多的美食和特色，但實際上感受到的卻是一種尋覓的過程，而不是香氣四溢的飄香。

這個輕鬆幽默的時刻成為了競選過程中的一個亮點，讓柯文哲更加親近民眾，也讓他在網絡上變得更加親切和幽默。這次頭香街之行不僅讓人們記住了他的「沒有什麼頭香」這句話，還為選舉活動增添了一絲愉快的輕鬆氛圍。

從故事中了解更多

柯文哲的這句話，表面上看起來可能是對頭香街的批評，但其背後卻有著更深遠的意義。他通過這句話展現了他的治理理念：以實際的民眾利益為出發點，推動公共事務的改進和創新。他強調的是真正服務於市民，而不是被某些特定的利益所束縛。

此外，這事件讓我們了解到，在這個資訊爆炸的時代，語言的力量是如此的巨大。一句話，尤其是出自公眾人物之口的話，可能會帶來強烈的反響，無論是正面還是負面。這使得公眾人物在發言時需要更為謹慎，充分考慮話語的後果。同時這也是一個提醒，告訴我們不應該僅僅基於一句話來判斷一個人，而應該更全面、深入地瞭解其背後的立場和意圖。

結 論

頭香街事件不僅是柯文哲競選市長時的一個小插曲，更是反映了台灣社會對政治和治理的關注和討論。作為公眾人物，柯文哲通過這次事件展示了他對臺北市的關心和責任感，也給我們留下了關於如何看待和使用語言的深刻啟示。在這個資訊爆炸的時代，我們更應該珍惜和守護語言的真實和真誠，要深入瞭解事情的真相和本質，避免被表面的言論所誤導。

腳踩花圃事件：人性化經歷使他更貼近市民

柯文哲市長在其市長任期中，在一場市政活動中，柯文哲市長正走在人群中，與市民親切交流。當時正值春暖花開的季節，市政府前的花圃盛開著各式繽紛綻放的花朵，美不勝收。柯文哲市長一邊走一邊與市民談笑風生。

然而，就在一個不慎的瞬間，他不小心踩到了一個花圃，壓下了一株花草。這個突如其來的狀況立刻引起了身旁市民和隨行媒體的注意。柯市長立刻停下來，對踩壞的花草表示道歉，並開玩笑說他可能需要多參加點花園管理的課程。

這一幕當然沒有逃過攝影師的鏡頭，迅速成為新聞焦點。媒體紛紛報導這個愉快的瞬間，並以幽默的方式評論市長的花圃「事件」。人們在社交媒體上分享著有關柯市長的花圃笑話，將這一輕鬆愉快的時刻永遠銘刻在臺北市政府的歷史中。

這個小插曲讓柯文哲市長更加親近市民，也為他的市政任務增添了一絲幽默和人情味。無論何時，提到這位市長，人們總是會不禁笑起來，回想起那個輕鬆、令人莞爾的花圃事件。

從故事中了解更多

1. 社交媒體時代的效應：小事情也能因為媒體的放大，變成網絡熱點。這告訴我們在資訊爆炸的時代，任何一個動作，尤其是出自公眾人物，都可能成為被廣大討論的對象。

2. 公眾人物的光與影：網友的模仿和創意也顯示了人們對公眾人物的喜愛和追捧，但同時也存在著批評和不滿的聲音，反映出大眾對政治人物的期望和標準日益提高。

3. 城市環境保護的重要性：柯文哲的這次小失誤，也意外地提醒人們重視城市環境，愛護公共設施，也反映了社會的價值觀從關注個體行為轉變到關心集體利益。

4. 媒體的公正與真實性：當事件被各大媒體廣泛報導時，也帶出了媒體是否過度放大事實或曲解真相的問題。這提醒大家在接收資訊時，應有獨立思考，不盲目跟風。

結論

誤踩花圃事件在表面上是一件小事，但從中我們可以看到多層面的社會現象。這樣的事件再次證明，無論大小，每一件事情都反映出社會的某一方面，都值得我們深入探討和反思。對於公眾人物來說，更需要時時刻刻保持警惕，因為他們的每一步都在公眾的監督之下。

愛瘦肉粽：以自嘲展現智慧

柯文哲市長總是能在公開場合中帶來一些輕鬆幽默的時刻，而有一個有趣的故事就發生在一次選舉活動中。

某次，柯市長參加了一場選舉造勢活動，被問及對於瘦肉粽的看法。毫不猶豫地，他坦然表達了對這道台灣美食的深切喜愛，並以自嘲的口吻表示自己是「愛瘦肉粽的市長」。

這一言論立刻引來了現場支持者的歡笑和掌聲，並在瞬間成為活動的亮點。柯市長以幽默和坦誠贏得了人們的喜愛，他的瘦肉粽宣言也成為了活動後的熱門話題。

然而，這個愉快的時刻並未止步於現場，它在網絡上蔓延開來，引發了一陣有趣的戲仿和討論。網友們開始分享各種與「愛瘦肉粽的市長」有關的創意梗圖和段子，將柯市長的愛好變成了一個歡樂的社交媒體現象。

這個輕鬆愉快的瞬間不僅讓柯文哲市長更加親民，也為選舉活動增添了一絲幽默和人情味。在台灣，每當提到「愛瘦肉粽的市長」，人們總是會心一笑。

從故事中了解更多

1. 社交媒體效應：正如誤踩花圃事件一樣，即便是看似無害的話題，都有可能因為媒體的放大而成為熱門。此事展現了大眾對政治人物的關注度及其言行的放大效應。

2. 政治與生活結合：柯文哲以生活中的瘦肉粽作為話題，接地氣的語言與舉止拉近了與市民的距離，儘管有被戲仿，但也反映其貼近人民的形象。

3. 關注健康議題：臺北市的「健康城市」計畫與柯文哲的表達息息相關。從喜愛的食物出發，延伸至健康生活的重要性，也突顯了臺北市政府在健康領域的努力。

4. 語言的力量：這個小故事也提醒了政治人物，他們所說的每一句話都可能被拿來作為討論的焦點，因此應謹慎選擇言辭。

結 論

這事件再次展示了政治人物的言辭如何在社交媒體上被放大，同時也展現了他對於市民生活和健康的關心。這不僅是一次政治人物幽默與坦誠的自嘲回答，更是一次向市民展現關心與理念的機會。在這數位時代，公眾人物的每一句話都可能成為公眾的焦點，因此他們應更注重語言的運用，以確保真實意圖被正確理解。

市長認證：展現政務透明度與接地氣的形象

柯文哲在臺北市長任內有一個相當有趣的習慣，那就是不時會在社交媒體上分享一些他的「市長認證」照片。這些照片包括他在辦公桌前簽字、查核檔，以及參加各種公開活動擔任嘉賓等等。這些看似普通的日常工作照片，卻在網絡上引起了一陣陣的關注和各種有趣的評論。

一日，柯市長分享一張他簽署一份重要文件的照片。他坐在辦公桌前，表情凝重，筆挺的西裝讓他看起來正式又專業。他拿起筆，準備在文件上簽下他的名字，這一刻被拍攝下來。

當這張照片在社交媒體上曝光時，立刻引起熱烈的討論。網友們紛紛留言，評論他的簽名是否工整，還有人猜測他簽署的文件內容。有些人開玩笑說，柯市長的簽名看起來有市政府特色，彷彿他的名字成了臺北市政的代表。

柯市長並不介意這些各方不同的評論，反而歡迎這種活潑的互動。他繼續分享各種「市長認證」的照片，包括他參加活動、與市民交流、巡視市區等等。這些照片成為了他個人品牌的一部分，也讓市民感受到他的親和力和參與感。

這個有趣的傳統延續了下來，並為臺北市的市政工作增添了一絲

輕鬆的氛圍。市民們總是樂於參與討論，留下自己對柯市長的「認證」評論，這種互動讓政治變得更加有趣且貼近人心。

從故事中了解更多

1. 增透明度： 這樣的行為有助於提高市政的透明度。市民能夠看到市長正在進行的具體工作，這種直觀的方式有助於建立市民的信任。

2. 接地氣形象： 柯文哲經常在網上分享自己的日常，不論是工作還是生活，這有助於緩解公眾對政治人物的距離感，並塑造一個貼近人民、真實透明的形象。

3. 社交媒體效應： 在當今的數位化時代，社交媒體已成為政治人物與公眾互動的主要平臺。柯文哲利用這一平臺發布「市長認證」照片，不僅能夠展示其工作狀況，還可能吸引更多網友的關注和互動。

4. 網友反應： 這些照片常常引起網友的熱烈討論，不乏各種幽默和有創意的評論。這些反饋也間接促使柯文哲繼續這樣的互動方式。

 **結 論**

「市長認證」不僅是柯文哲分享日常工作的一種方式，更是他與市民建立信任和互動的一個橋樑。透過這樣的方式，展示了他的工作狀況，並以此作為與市民進行溝通和交流的平臺。這種互動模式也成為他擔任市長期間的一個特色。

故事 9　無人機失控：應變能力和幽默風格

柯文哲市長是個科技愛好者，他的一次無人機操作經歷成為一件令人捧腹的逸事。

柯市長參加了某個大型的造勢活動，希望展示他對於科技創新的支持。他準備親自操作一台高科技無人機，向現場觀眾展示這項現代科技的優勢。在一片期待的目光中，柯市長啟動了無人機。

然而，就在這個時刻，事情出現了反轉。無人機突然失控，飛得不受控制，向空中飛去，引起現場觀眾的一片混亂和歡笑。人們紛紛抬頭看著這台不聽話的無人機，一時間不知所措。

柯市長卻不以為意，他迅速展現了他的幽默風采。他大聲說道：「看來這位小家夥想要自由飛翔！我們讓它多飛一會兒吧！」他的幽默言辭立刻贏得了現場觀眾的一陣哄笑，並緩和了尷尬的局面。

最終，無人機在天空中飛了一會兒，然後成功地降落在安全地點，無人受傷。柯市長的幽默和冷靜應對贏得了群眾的喜愛，這個小插曲成為了他市政任期中的一個令人捧腹的回憶。他表現出的幽默和自信也讓人更加親近他，認為他是一位平易近人的市長。

從故事中了解更多

1. 科技的雙面性：當我們熱切追求科技和創新時，不可避免地會遭遇一些挑戰和意外。這次無人機失控只是其中的一個例子。科技為我們帶來許多便利，但同時也伴隨著風險。正如柯文哲市長所體驗的，即使是一項看似簡單的操作，也可能產生意想不到的結果。

2. 面對失敗的態度：當事情不如意時，我們的反應和態度決定了結果。柯文哲選擇用幽默的方式化解尷尬，而不是讓自己陷入困境。這種樂觀和積極的心態，使得人們不再聚焦他的失誤，並對他產生更多的好感。

3. 負責任的態度：科技的發展和應用不僅僅是技術層面的事情，更是對社會和公眾的承諾。當我們在使用新技術時，應該時刻保持警惕，確保其對社會和公眾的影響是正面的。

 **結 論**

這次無人機失控事件，不僅僅是一次技術上的失敗，更是一次人性和態度的考驗。從這次事件中，我們理解到對科技的尊重和謹慎，面對困難的樂觀和積極，以及對社會和公眾的負責任態度。在追求科技和創新的路上，我們應該始終記住這些教訓，並將它們落實到我們的日常生活和工作中。

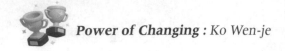

故事 10 喝茶歌：巧妙地傳達了政治理念

柯市長一直以來都備受矚目，他以幽默風趣和對政治現象的獨特見解而聞名。為了在競選期間拉攏選民，他創作一首歌曲，以一種輕鬆愉快的方式表達自己的政治理念。於是，「喝茶歌」應運而生。

這首歌的歌詞充滿幽默，以台灣常見的「喝茶」場景為背景，諷刺著政治中的各種現象和爭論。歌詞中充滿了雙關語和俏皮的詞句，讓人忍不住跟著節奏搖擺。

柯市長親自演唱這首歌，他的舞臺表現充滿活力，配合著活潑的旋律，立刻贏得了現場觀眾的掌聲和笑聲。「喝茶歌」的音樂視頻也在網絡上迅速走紅，吸引了大量年輕選民的關注。

這首歌不僅成為柯文哲當時競選活動的一個亮點，也成為了一個獨特的政治象徵。它以一種輕鬆幽默的方式，讓政治更加親民和有趣，並成功地吸引了年輕選民的參與。「喝茶歌」不僅是一首歌，更是一個政治活動中難忘的時刻，充分體現了他的幽默和創新。

從故事中了解更多

政治競選往往被認為是嚴肅的，甚至有時候會充滿敵意。然而，柯文哲的「喝茶歌」顯示了一個全新的策略：使用幽默和音樂來吸引選民，並將政治資訊傳達給他們。

這首歌的成功不僅僅在於它的旋律或歌詞，更在於其背後的策略和心態。柯文哲透過這首歌，向選民展示了他的人性化和接地氣的一面。他的策略是將政治從高高在上的舞臺帶到人們的日常生活中，使其變得更加親近和有趣。

更廣泛地看，這種策略不僅僅適用於政治競選。在各種情境下，當我們想要傳達某種信息或說服他人時，選擇一種輕鬆、幽默和有趣的方式往往會更加有效。人們更容易接受和理解這樣的資訊，並且更容易與傳遞資訊的人建立聯繫。

結 論

「喝茶歌」不僅是一首成功的競選歌曲，更是一個成功的傳播策略的例證。它教我們，無論在什麼情境下，當我們想要有效地傳達資訊時，輕鬆和幽默往往是最好的工具。而最重要的是，這種策略可以使我們更容易與他人建立聯繫，並獲得他們的支持和理解。

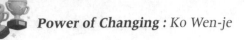

滑梯瞬間：政治人物的親民形象

柯文哲市長的一次滑梯之旅成為了人們對他不可或缺的印象之一，這個有趣的瞬間展現其親和力和自然的一面，也引發了公眾對政治人物形象的深刻反思。

有一天，柯市長參加了一個公共活動，該活動包括參觀一處兒童遊樂場。當他來到遊樂場時，一個巨大的滑梯引起了他的注意。這不是一個普通的滑梯，而是一個特別設計給兒童的，但柯市長的好奇心被激發了。

他毫不猶豫地走上了滑梯的階梯，站在了頂端。現場的人們都目瞪口呆，沒想到市長會如此大膽地嘗試，而柯市長看起來非常興奮，他在滑梯頂端對著媒體和現場觀眾笑了笑，然後一溜煙地滑了下去。

在滑下的瞬間，柯市長的臉上洋溢著無憂無慮的笑容，就像一個孩子一樣。他迅速滑到了底部，然後站起來，揮手向在場的人致意，眾人紛紛鼓掌和歡呼。

這個看似簡單的滑梯之舉，成為柯市長形象的一個經典瞬間。它傳達了一個重要的訊息，即政治人物也應該保持親和力，不忘初心，並願意嘗試新事物。柯市長的這個舉動讓公眾反思，一名政治人物的形象不應該僅限於嚴肅和正式，而應該包括親近人心和幽默感。這個

有趣的瞬間成為柯文哲市長形象的一個經典符號。

從故事中了解更多

1. 親和力的展現： 柯文哲玩滑梯的畫面，很快在網路上流傳開來，獲得大部分網友的正面評價。他的這一行為，打破了大家對傳統政治人物的刻板印象，展示了一位市長也可以跟一般市民一樣，享受生活中的小樂趣，無疑增加了他在選民心中的好感度。

2. 反傳統的政治形象： 傳統的政治人物，往往給人一種嚴肅、正式的感覺。然而，柯市長的這次行為，挑戰了這樣的刻板形象，呈現了一種更加人性化、接地氣的政治人物形象。

3. 關於爭議： 當然，任何公眾人物的行為都不可能得到所有人的認可。對於柯市長這次的行為，有一部分人認為他有失市長的身份。這也提醒了所有政治人物，在展示自己親和、接地氣的一面時，也要確保不至於給人不專業、不正經的印象。

4. 柯文哲的回應與立場： 面對這樣的質疑，柯文哲本人的態度很明確。他認為，一位政治人物的形象，不應該只是停留在正式嚴肅的表面，更應該展現出真實、有血有肉的一面。

結 論

從這件事中，我們可以看到，如何在保持親和力和真實性的同時，確保自己的政治形象正面穩定，是每一位政治人物都需要面對的挑戰。

故事 12 鐵鎚斬水桶：令人驚嘆的技巧

柯文哲市長，作為臺北市的領袖，不僅在政治舞臺上嶄露頭角，還展現了多才多藝的一面。有一次，他在一個公開活動中進行了一個令人驚嘆的展示，以一把鐵鎚斬斷一個水桶，展示了他的力量和技巧。

這個令人印象深刻的瞬間發生在一次社區活動中。柯市長站在眾人面前，手握鐵鎚，注視著放置在地上的水桶。當他舉起鐵鎚，人們的好奇心被激發了，大家不知道接下來會發生什麼。然而，隨著柯市長的一擊，水桶被鐵鎚斬斷，碎片四散飛濺，場面震撼人心。

觀眾們爆發出熱烈的掌聲和歡呼，他們驚訝於柯市長的力量和技巧。這個展示不僅展現了柯市長的多才多藝，還突顯了他的活潑個性和魄力。

然而，這個事件也引起了一些爭議。有人認為這只是一種政治宣傳，認為柯市長過於做作，並且在公眾中引起了廣泛的討論。

從故事中了解更多

　　這故事不單單是關於柯市長的多面性或他的政治策略，它更深層地揭示了公眾人物如何與民眾互動、如何建立形象，以及這背後所伴隨的挑戰和爭議。

　　首先，多才多藝的形象可以讓一位政治人物更加接地氣，更容易親近。畢竟，選民可能更願意支持一位他們認為「與他們在同在」的候選人。這樣的形象建構不只是在政治上，許多公眾人物，如藝人或企業家，也會利用類似策略來建立與粉絲或顧客的連結。

　　而這也帶來了挑戰：如何確保這些「展示」不過於做作或矯情，而是真實地反映自己的性格和價值觀？

　　這引導我們到另一個深層的智慧：真實性。在現代社會，特別是社交媒體盛行的時代，人們越來越重視真實性。一個看似做作的行為可能會引起反感，而一個真實的、不完美的行為卻可能更容易獲得人們的共鳴。

 **結　論**

　　柯文哲市長的鐵鎚斬水桶事件提醒我們，公眾人物塑造形象的同時，也面臨著眾多的挑戰。真實性和多面性都是人們所重視的，但平衡這兩者絕非易事。

　　對於我們普通人來說，這也是一個反思的機會：在社交媒體時代，

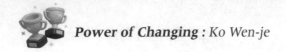

我們是否也試圖塑造某種形象？我們又如何確保在展示自己時仍能保持真實？

　　當我們看到公眾人物的行為，不應只停留在表面，而應深入思考背後的意義和動機。這不僅可以幫助我們更全面地理解該人物，也能培養我們的獨立思考能力，讓我們在面對其他資訊時更為冷靜和理性。

故事 **13**

認證寶寶：展現親民風格並引起廣泛關注

柯文哲市長在一次競選期間展現了他幽默風趣的一面，這個有趣的瞬間發生在某次競選活動中，當時一位支持者抱著自己的寶寶前來表達支持。這位支持者非常熱情，希望市長能夠親自簽名給他的寶寶。

柯市長樂意地接過筆和紙，開始在紙上簽字。然而，他的簽名過程有些特別。他不僅簽署了自己的名字，還在旁邊加上了「市長」這個詞，仿佛在正式授予這位寶寶一個特殊的榮譽。

這一畫面引起了現場支持者們的一陣歡笑，他們對柯市長的幽默感到十分欣賞。隨後，這個有趣的時刻被拍攝下來並在社交媒體上廣泛分享。網友們紛紛留言表示喜愛柯市長的幽默風格和親民舉止，稱讚他不同尋常的競選方式。

這個小小的簽名認證瞬間成為了競選活動的一個亮點，為其贏得了更多市民的喜愛和支持。他的幽默言行不僅讓選民感到親近，更讓他在選舉中塑造了一個獨特的形象。

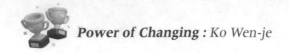

從故事中了解更多

　　這一趣事揭示了當代政治中，如何更接地氣地與選民互動的重要性。在數位時代，這類真實、自然且不刻意的互動，常常更能引起人們的共鳴，因為它突破了傳統政治家刻板、正經的形象，讓政治人物更具人情味和親和力。

　　不過，與民眾的互動不僅是一場秀，而是真心與選民溝通的過程。柯文哲透過「認證寶寶」的舉動，不僅展現了他的幽默感，還間接地表示出他關心每一位選民，無論年齡大小。

　　但我們也從中看到，一位政治領袖的真正價值不只在於他的言辭或行為，更在於他的政策和實際行動。柯文哲在臺北市市長任期中所做的一系列工作，如「樂活臺北」、「無車日」等，才是評價他領導能力的真正指標。

 **結 論**

　　政治不僅是嚴肅的政策和法律，也是與民眾的真誠互動。柯文哲的「認證寶寶」事件，提醒我們，政治人物應該更親民、更有人情味。但同時，我們也不能僅僅因為某一趣事或言論就完全評斷一位政治領袖，更重要的是要看他的實際政策和行動，這才是真正評估一位領袖好壞的標準。

故事 14 跳舞表演：令人驚艷且賞心悅目

在2019年的「臺北跨年晚會」上，柯文哲市長展現了一個令人驚艷的一面，打破了人們對政治人物的傳統印象。那個夜晚，他身穿時尚的黑色運動衫，走上舞臺，開始了一場令人意想不到的表演。

音樂的節拍響起，柯市長的身體跟隨著音樂節奏，靈活擺動。展現了驚人的舞蹈技巧，輕盈地旋轉，彷彿一位專業的舞者。觀眾們瞪大了雙眼，一飽眼福地目睹了一位政治領袖如此自如地在舞臺上表演。

柯市長的表演不僅令人驚艷，也讓人們瞭解到他的活力和多才多藝。觀眾們爆發出熱烈的掌聲和歡呼聲，對他的表現讚不絕口。這場出人意料的表演不僅深化了大眾對柯市長的印象，也讓他更加貼近市民的心。

除了舞臺上的驚艷表演，柯市長的政治生涯還有許多其他引人注目的方面。他擔任臺北市市長期間，積極推動了一系列政策，如「樂活臺北」和「無車日」，以改善市民的生活品質。他致力於改善交通建設和城市更新，使臺北市變得更加宜居。此外，他對文化和藝術也給予高度關注，促進了臺北的文化藝術領域的發展。

正如任何政治領袖一樣，柯市長的言論和政策也受到了不同意見和爭議的影響。他曾發表一些引人爭議的言論，如「政治就是要賺錢」，這句話引起了廣泛的討論和批評。此外，他在市長任內也面臨了一些爭議事件，如南港車站和信義區基地等問題，這些都成為公眾關注的焦點。

從故事中了解更多

1. 多才多藝：柯文哲市長展示了政治領袖可以有多才多藝的一面，不僅僅局限於政治領域。這提醒我們，個人的多樣化技能和興趣可以豐富我們的生活，同時也能吸引更廣泛的關注和支持。

2. 親民與幽默：柯文哲市長以親民和幽默的方式與市民互動，這使他更具親和力。並且提醒我們，在政治或生活中，真誠和幽默可以打破僵硬的印象，促進更好的互動和理解。

3. 政策與形象：故事中提到柯文哲市長不僅僅在舞臺上有驚人的表演，還在政策制定方面有積極的作為。這告訴我們，一位政治領袖的形象和行為應該與他們的政策和施政成果相匹配，全面評價一位領袖需要考慮多方面因素。

這些故事反映了政治領袖的多面性和影響，並提供了一些思考和啟發，無論我們是否支持柯文哲市長，都值得關注政治領袖的不同層面和行為對社會和政治的影響。

故事
15

善於模仿：為政治舞臺注入歡樂與生氣

柯　文哲市長以他的模仿技巧和幽默風格而聞名，他經常在各種場合上表現出色，給大家帶來笑聲和歡樂。

柯市長不僅以其獨特的領導風格和直率言辭而聞名，還因其模仿技巧和幽默風格在眾多場合上留下了深刻的印象。他不僅在政治場合展現領導魅力，也在許多公眾場合，如電視節目和活動中，利用模仿技巧為大家帶來歡樂。

柯文哲出席「廟口開講」時，以他獨特的幽默和親和力，很快便吸引了所有人的注意。柯文哲站在台上，突然神情戲謔地轉變，開始模仿起了監察院長陳菊的語氣。

他溫暖而自信的聲音穿透了人群，帶著笑意說道：「你們知道嗎？我小時候就會跟著爸爸媽媽去民進黨的造勢活動聽演講。」接著他放低聲調，模仿著陳菊的語氣說：「黑金的國民黨又要回來囉；咱悲情的臺灣……」當時的氣氛變得既歡樂又熱鬧，市民們被柯市長的模仿逗得哈哈大笑。

柯文哲一邊笑一邊繼續模仿：「咱臺灣的同胞、臺灣的母親……」他的模仿讓場面充滿了歡樂，讓人們感受到了一個不同尋常的政治人

物的親和力和幽默感。他的每一個字都讓人感受到了他對臺灣社會的熱愛和關懷，也讓人們看到了他對政治前輩的尊重，以及他願意用輕鬆幽默的方式和市民交流的開放態度。

在笑聲和掌聲中，柯文哲完成了他的演講，走下台來，與市民們親切交談，分享他對台北未來的期望和計畫。而這天的活動，成了許多人心中難忘的一天，他們看到了柯文哲不僅是他們心中堅強、智慧的領袖，更是個幽默、熱愛生活的平民市長。

從故事中了解更多

柯文哲的模仿並不只是為了娛樂，它背後隱含了更深層的意義。首先，這種模仿技巧突顯出他深厚的觀察力和敏銳度。要成功模仿一個人，不僅需要抓住其外在的聲音和動作，更要深入瞭解這個人的內在思想和情感。這意味著柯文哲對於他所模仿的人有著深入的瞭解。

其次，在政治場合中，幽默感可以緩解緊張的氣氛，使人們更願意傾聽和接受不同的觀點。而在日常生活中，幽默可以增強人際關係，使人們更容易建立信任和理解。

最後，柯文哲的模仿也展現了他的創意和獨特風格。在模仿過程中，他經常融入自己的思考和見解，使原本的模仿更加生動和有趣。這種創意和獨特性不僅使他在政治和公眾場合中脫穎而出，也使他成為了大眾的焦點。

結　論

　　柯文哲的模仿技巧和幽默風格不僅帶給我們笑聲和歡樂，更重要的是，它讓我們看到了一位政治人物背後的真實和多面性。他不僅是一位出色的領導者，也是一位富有智慧和才華的藝術家。他的模仿作品不僅展現了他的才華，更展現了他對人和社會的深入理解和關懷。希望我們都能從柯文哲身上學到這種深入瞭解和關心他人的精神，使我們的生活更加豐富和有意義。

故事
16

擔任暖男：撫慰人生的瞬間

柯文哲，臺北市的前市長，以其多次展現的暖男形象，贏得了市民的喜愛和支持。他的暖心舉動在市民中間廣為傳頌。

在其市長在任內，每當臺北或附近地區發生災害，他總是迅速行動，親自前往災區，第一時間關心受災居民的需求。他不只是坐在辦公室裡下達指令，而是親身走入災情現場，親切地與災民交流，傾聽他們的困難和需求。這種真切的關懷和行動，讓受災居民感受到政府的溫暖和支持，也讓柯市長贏得了市民的敬佩。

他的這種暖心舉動不僅體現了一位領導者的應有品質，也讓我們明白，政治領袖應該時刻關心民眾的需要，並以實際行動來幫助他們。這種接地氣的領導方式能夠贏得市民的信任，促進社會的和諧與進步。

從故事中了解更多

親力親為是領導者的魅力所在，柯文哲不僅僅是在政策制定中展現領導力，更在實際行動中證明他的領導魅力。他的行動表明，真正的領導者不應該只是坐在辦公室裡下達命令，而應該在最前線，走入基層，瞭解現況並解決問題。

1. 領導者的應有品質：柯文哲展現了一位領導者應有的品質，包括同理心、關懷、主動性和接地氣。這些特質讓他在市民心中贏得了信任和敬佩，顯示領導者應該有能力理解和回應民眾的需求，而不僅僅是執行官僚工作。

2. 實際行動的重要性：柯文哲市長的行動力是他成功的一個關鍵因素。他不僅僅表達關心，還親自前往災區，親切交流並提供幫助。如在新冠肺炎爆發期間，當萬華茶館群眾感染持續擴大時，他親自實地視察當地的清消工作，並指示改變防疫策略。這提醒我們，單純的言辭和承諾是不足夠的，領導者應該以實際行動來支持和幫助民眾。

3. 建立政府的信任：柯文哲市長的行為使受災居民感受到政府的溫暖和支持，這有助於建立政府與市民之間的信任關係。信任是一個社會正常運作的基礎，政治領導者應該積極努力建立和維護這種信任。

 **結 論**

柯文哲的「暖男」形象並非空穴來風，而是源於他多次的真誠行動和關心。這些行動不僅為他贏得了市民的支持，也為他在政治舞臺上建立了獨特的品牌。真正的領導者，不僅僅是擁有策略和願景，更重要的是能夠與人民建立深厚的情感連結。

故事
17
領養流浪貓：柯文哲的動物之愛

柯文哲市長以其對動物的深沉愛心而廣受市民喜愛。他將這份愛心化為實際行動：在市政府內養了數隻流浪貓，每天都會與這些毛茸茸的朋友們進行親密的互動。柯市長不僅僅滿足於自己的領養行為，他積極呼籲市民參與，提倡「領養代替購買」的觀念，以落實減少街頭流浪動物的數量。

在他的推動下，臺北市政府積極強化了動物保護政策，投入更多資源，增設動物收容所，提供更人性化的照顧，並積極推廣領養的重要性。柯文哲相信，每一隻動物都值得擁有一個充滿愛的家，他的行動鼓勵更多市民參與領養，為這些無辜生命提供一個溫暖的家。

為了進一步提高動物的生活品質，柯文哲啟動了「動物醫療補助計畫」，確保每一隻受傷或生病的動物都能及時獲得適當的醫療照護。他還引入了「動物護照」制度，藉此強化對動物權益的保護，確保每一隻動物都能享受到應有的權益和照顧。

柯文哲的這些動物愛護舉措不僅表現出他的人道關懷，也呼籲社會各界一起參與，共同建立更友善的城市，讓動物和人類能和諧共存。他的行動啟發了更多人關心動物權益，並努力實踐愛與關懷。

從故事中了解更多

　　柯文哲的行為展示了一名領袖應有的慈悲心和行動力。從他的故事中，我們可以學到以下幾點智慧：

　　1. 行動勝於言辭：真正的愛不只是口頭上的宣告，而是透過實際的行動表達。柯市長不只提倡領養，也真的領養了流浪貓，將愛心化為行動。

　　2. 影響力的運用：身為領袖擁有強大的影響力，使用這力量推動正面改變是非常有意義的。柯市長運用推動動物福利政策，讓更多人受益。延伸到更廣泛的層面，每個人都可以從柯文哲的行為中學習到如何在日常生活中實踐愛心，不僅僅是對於動物，也是對於身邊的人。當每個人都能將愛心化為實際的行動，社會將會變得更加和諧與美好。

　　3. 關心社會弱勢：每一個生命都應受到尊重和愛護。社會上不只有人需要被照顧，動物也是。關心弱勢群體，讓社會更和諧。

結 論

　　從故事中，我們看到了一名領袖如何透過影響力來推動正面改變，以及如何關心社會的弱勢群體。並提示我們，真正的愛是透過行動來表達的，而不僅僅是口頭上的說教。希望我們都能學習到這份真摯的愛，並將它帶入我們的日常生活中。

故事
18

捷運之心：柯文哲的城市發展哲學

柯文哲深諳城市發展的重要性，特別是在交通領域。他一直強調捷運系統在城市中的關鍵地位，稱之為「城市的動脈」。這不僅僅是一句口號，而是他對城市規劃的核心理念。

對柯文哲來說，捷運不僅是一種運輸方式，更是城市發展的引擎。他深入思考如何善用捷運系統來促進城市的繁榮和可持續發展。這包括擴建現有的捷運路線，建設新的捷運線路，以及提高服務品質，以滿足不斷成長的城市人口需求。

柯文哲的願景是將臺北打造成一座現代化、宜居的城市，捷運系統是實現這一目標的關鍵因素之一。他相信，通過提供高效便捷的公共交通，可以減少交通擁堵，改善空氣品質，並促進城市經濟的成長。同時，捷運也能連結不同區域，促進文化和社會的交流，使城市更加多元和有活力。

因此，柯文哲的捷運觀念不僅僅是交通政策，更是城市發展的戰略，他將這一理念融入臺北都市計畫的核心，力求讓臺北成為一個更宜居、更具競爭力的城市。

從故事中了解更多

　　捷運，作為一個城市的動脈，其重要性不言而喻。當交通流暢，人民的生活品質提升，經濟活動也更加繁榮。柯文哲所提出的「捷運哲學」，實際上是對城市生活的深入探討。

　　首先，捷運為市民提供了便利的移動方式，減少了交通壅塞和污染。但其意義遠不止於此。捷運站周邊的發展，可以帶動地區經濟。商家、文化場所、休閒設施等都會聚集在捷運站附近，形成獨特的商圈或文化區。

　　其次，捷運也影響著人們的生活方式和文化。當交通更加便利，人們的生活圈也隨之擴大。他們有更多的機會接觸不同的人群和文化，促使城市更加多元和開放。

　　一個良好的交通系統，可以提升人們的生活品質，但真正的發展應當是人們因此而更加團結、更加有愛。

結 論

　　柯文哲市長的「捷運哲學」，提醒我們，城市的發展不只是建築和經濟，更是人心和文化。捷運作為城市的動脈，它所帶來的不只是交通便利，更是一種生活哲學和價值觀。在追求物質發展的同時，我們也應該關心人的心靈和文化的發展，這才是真正的都市進步。

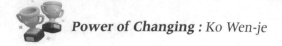

故事 19　學生之眼：未來的守護者與柯文哲的轉變

在一次重要的學生座談會上，柯文哲市長深受一位年輕學生的環保問題啟發，這個時刻成為了他對環境保護工作更深刻承諾的轉捩點。

當臺北市的學生代表們齊聚一堂，與柯市長分享他們的想法和關切時，大部分的討論都集中在學業和未來就業等議題上。然而，一名勇敢的學生選擇站出來，提出了有關環境保護的重要課題，特別是針對塑膠廢棄物和空氣污染的問題，他表示：「未來是我們的，但如果今天的決策者不積極解決這些問題，那麼將來等著我們的世界會是怎樣的呢？」

這個問題不僅讓座談會的氛圍頓時變得肅穆，也深深觸動了柯市長的心。他開始反思自己的施政重心，意識到環境保護對於年輕一代和城市的未來至關重要。從這一刻起，柯市長決定更加積極地投身於環保工作，並致力於讓臺北市成為一個更清潔、更可持續的城市。

這位學生的問題成為了柯市長的醒覺，也啟發了他開展一系列的環保措施，包括台北市禁用一次性餐具、改善空氣品質、推動綠化計畫等等。這次座談會不僅拉近了政府與年輕市民之間的距離，還彰顯了柯市長對於聆聽市民聲音和回應市民需求的承諾。

從故事中了解更多

在許多時候，成年人習慣從現實的角度看待問題，而忽略了長遠的發展。但學生，身為未來的接班人，他們對於未來的關懷和顧忌，往往比我們更加深刻。

首先，學生的這一問題，提醒我們，做決策時不應只看眼前的利益，而應該從長遠的角度去思考。真正的領導者，不僅要考慮當下的狀況，還要預見未來的挑戰和機會。

其次，這也告訴我們，學生不僅僅是接受教育的對象，他們同時也是我們的鏡子。他們的問題和想法，往往能夠反映出我們忽視的事物。作為社會的成員，我們應該更加重視他們的聲音，並從中汲取不同的觀點與智慧。

結　論

以上小故事提醒我們，真正的智慧，往往來自於最純真的心靈。當我們面對問題時，不應只從成年人的角度去思考，更應該站在未來的角度，思考長遠的影響。只有這樣，我們才能做出真正有益於社會和下一代的決策。

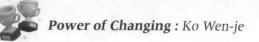

故事 20

籃球場上的領導力：從運動中洞察未來

在臺北市的一個公共籃球場上，一名男子充滿活力地與幾個年輕人一起打籃球。這位男子正是臺北市長柯文哲。他不僅對體育充滿熱情，還通過體育活動深入瞭解了年輕一代的需求和想法，這成為他制定青年政策的寶貴參考。

在這場激烈的籃球比賽中，柯市長展示了他的籃球技巧，但更重要的是比賽後與年輕人們的深入交流。他詢問他們的生活情況、夢想，以及他們對臺北市的期望。這次深入的交流讓他更深刻地瞭解了年輕一代的需求和關切，這也成為他未來制定青年政策的重要依據。

這次親身和年輕人一起參與體育活動的經歷不僅讓他與市民建立了更親近的聯繫，也展示了他對體育、健康和年輕一代的關注。他的行動不僅激發了年輕人們的熱情，也為臺北市的未來帶來了積極的改變。

從故事中了解更多

在公眾眼中，柯文哲市長可能是一位政治人物，但在籃球場上，他只是一位熱愛運動的「老哥」。這種平等的角色轉換，為柯市長與

年輕人之間建立起真誠的溝通橋樑。

首先，籃球場上的交流，無疑比正式的座談會更加真實、親近和自然。在這裡，年輕人可以毫無保留地分享他們的想法和憂慮。而柯市長也可以更真實地感受到他們的生活狀態和情感。

透過運動，柯市長展現出了他的人性化一面。這不僅拉近了他與民眾的距離，更讓他在制定政策時，能輕易地從人民的角度去思考，而不是只從政治的角度。

 **結論**

以上故事告訴我們，真正的領導者，不僅要站在高位制定政策，更要深入民間，瞭解人民的真實需求。只有這樣，才能夠制定出真正符合民意，且有益於未來的政策。而運動正是一個能夠拉近領導者與民眾距離的最佳橋樑。

夜市之心：柯文哲與臺北的微觀經濟體

在臺北這座燈光璀璨、熱鬧非凡的夜市中，柯文哲市長親自踏入了繁忙的街頭，前去巡訪一些小販。夜市中的美食誘人，柯市長不僅品嚐了各種招牌小吃，還傾聽了這些小販的生活故事。

這些攤主們分享了他們的創業經歷，以及在競爭激烈的夜市中所面臨的困難和挑戰。從他們的口中，柯市長深刻瞭解了臺北微觀經濟的運作情況，也因此更加珍視和支援小型企業和小商家的發展。

這次夜市之行不僅豐富了柯市長的味蕾，更重要的是拉近了他與市民之間的距離，讓他更深刻地認識到了城市的脈動和小販們的辛勤付出。這個經歷也在未來影響了他的政策決策，更關注了基層經濟和小商家的發展。

從故事中了解更多

夜市，對許多人而言，可能只是消遣的好去處。但對於其中的攤位老闆們而言，它是他們的生計，更是他們夢想的舞臺。

首先，小販所面對的挑戰，不僅僅是經濟的。他們還要應對政府的政策、競爭對手的挑戰、以及不確定的市場需求。但即使面對這些

壓力，他們仍堅持著，因為這是他們的熱情所在。

從各攤主的故事中，柯文哲認識到了這群人的堅持和熱情。他也瞭解到，經濟的發展不應只看重大企業，更應該重視這些基層的微觀經濟體。

其次，夜市也反映出城市的文化和特色。每一個小販，不僅僅是一個經濟單位，更是一個故事的載體。這些故事，講述了臺北的過去、現在，以及未來。

 結 論

柯市長的夜市之行，不僅讓他更加瞭解臺北的微觀經濟，更使他認識到了這個城市的心跳和體溫。真正的領導者，應該深入民間，感受城市的脈搏，從而制定出更加人性化、更加有溫度的政策。而夜市，正是感受這股體溫的最佳場所。

故事 22　社區之歌：柯文哲與社區的和諧旋律

在一個陽光明媚的臺北週末，柯文哲市長踏入了一座社區的活動中心。當時，活動中心裡充滿了孩子們的歡聲笑語、老年人的笑容，以及居民們熱烈的討論聲。柯市長積極參與了其中的一些活動，與居民們親切互動，深切感受到了這裡濃厚的團結氛圍。

通過這次社區訪問，柯市長深刻領會到社區居民的團結力量。他明白到，每一個小小的社區活動都是居民們相互幫助、緊密合作的體現。這次寶貴的經歷激勵著他，更加強調了社區建設和自治的重要性。

柯市長深刻明白社區是城市的基礎，而社區居民的團結與合作是城市發展的重要支撐。這次親身體驗也激發了他更加關注社區的工作，並積極推動各項政策來加強社區建設和自治，讓社區居民更好地參與城市的發展和管理。

從故事中了解更多

社區，不僅僅是我們居住的地方，更是我們情感、生活的依靠。每一個社區，都有其獨特的文化、特色和故事。

首先，社區的團結力量，是每一位居民共同參與、努力的結果。

這種力量，不僅能夠幫助社區內部的問題解決，更能夠讓社區對外展現出強大的凝聚力。當每位居民都參與進來，社區就會有無窮的活力和生命力。

再者，社區的自治，是確保每位居民權利的重要手段。透過自治，居民可以直接參與決策，確保社區的發展方向符合大家的需求和期望。柯文哲市長從這次參訪中認識到，社區的力量其實就是每一位居民的力量。

結 論

此次的社區之行，讓柯文哲更加認識到社區的價值和重要性。這也告訴我們，真正的社區建設，不僅僅是硬體的完善，更是居民情感、信任的建立。而這一切，都來自於每一位居民的參與和努力。真正的社區力量，其實就在我們身邊，只要我們願意去發掘、去培養。

跨海的知識：柯文哲的學習之旅與都市治理

柯文哲作為台北市的市長，擁有醫學背景，而他的醫學學習之旅曾帶他走進了美國的醫療世界。在美國的那段時光裡，他不僅深刻領悟到了不同於台灣的醫療環境和治理理念，還汲取了眾多創新的治療方法和管理的精髓。

在美國的醫學學習期間，柯文哲被先進的治理理念所啟發，見識到了眾多醫療創新的範例。他深知醫療領域的進步需要不斷探索和應用新的方法，也明白醫療治理的重要性，故後來他率先從美國引進葉克膜技術。

回到台灣後，柯文哲並沒有將這些寶貴的學習經驗束之高閣，而是巧妙地將它們融入了市政管理中。他將在美國學到的先進醫療理念和治理方法運用到台北市的市政工作中，為城市的發展和市民的福祉貢獻了自己的醫學專業知識和治理智慧。這一獨特的背景使他在市政管理上有了獨特的視角和理念，推動了台北市治理的質的飛躍。

從故事中了解更多

學無止境，對於柯文哲而言，學習不僅僅是在課堂上、實驗室裡，

更是在生活中、世界各地。他選擇到海外學習，意在擴大視野、吸取各種知識。

這樣的海外學習經驗，首先讓柯文哲深刻體會到，不同的文化、環境下，會孕育出不同的治理方式和理念。而這些多元的知識和經驗，正是他後來在市政治理中得以發揮的寶貴資產。

其次，學習不應該僅僅是為了學習，更應該是為了實踐、為了改變。柯文哲將他在美國的學習經驗帶回台灣，不僅僅是作為一項經歷或是裝飾，更是作為一項工具，幫助他更好地管理臺北、服務市民。

結 論

柯文哲的海外學習經歷讓我們明白，真正的學習不僅僅是知識的累積，更是視野的擴大、思維的開放。而學習的真正價值，不在於學到了多少知識，而在於如何將這些知識用於實踐，為社會、為人民帶來真正的改變和福祉。

第三篇

柯文哲 成功 的10大特質和工作方法

POWER OF
CHANGING
Ko Wen-je

1 勇於創新，不斷嘗試新的想法和方法

柯文哲始終鼓勵創新思維，認為只有不斷嘗試新的想法和方法，才能不斷提升自己的能力和素質。他在政治和公共服務領域中不斷尋找新的方法和途徑來解決問題。

他是一位充滿活力和創造力的政治家，他的成功不僅僅是因為他個人的特質和能力，更是因為他的工作方法和態度。他始終保持著對於創新的熱情，並且鼓勵團隊要敢於嘗試新的想法和方法。在政治和公共服務領域中，他常常會提出新的思維和方法，以便更好地解決問題。他也一直以來都重視以人為本，關注民生問題，並且不斷地學習和提升自己的能力和素質。這些特質和方法，成為了他成功的重要因素之一。

柯文哲的勇於創新和不斷尋找新的方法和途徑來解決問題，可以追溯到他的醫生職業生涯。他在醫學界的創新和思維方式，也成為了他在政治和公共服務領域中的寶貴資產。他常常會在政策和決策中運用科學和數據分析等方法，以便更好地理解問題和找到解決方案。這種科學和數據分析的方法，成為了他在政治和公共服務領域中的獨特優勢之一。

柯文哲在台北市市長任內，展現了對創新的堅定信念，他不僅嘗

試了智慧城市計畫，還同時推動了綠意屋頂革命，這兩者共同體現了他的勇氣和創新精神。

智慧城市計畫是柯文哲的一項大膽嘗試，旨在將台北市轉化為一個更現代、更便利的城市。他與他的團隊建立了台北市政府開放資料平台，將政府數據開放給市民和企業，鼓勵創新應用的開發。他還引入了智慧交通管理系統，通過監控交通狀況和調整紅綠燈時間來減少塞車現象。這些措施使台北市的交通更加流暢，同時提高了市政效率。利用數據和科技提升城市管理效率，同時提高市民的生活品質。這項計畫是他對現代城市挑戰的創新回應，讓台北市成為智慧城市的典範。

與此同時，柯文哲也將創新引入城市環境改善領域。他提出了綠意屋頂革命，鼓勵在建築物頂部種植植物，以改善城市環境、減緩城市熱島效應並提供休憩空間，為城市帶來了生態友好的變革。這個創新計畫美化了城市，同時也呼應了環保和永續發展的理念。

這兩項計畫展現了柯文哲對於挑戰的勇氣，以及不斷尋找新方法和途徑的決心。他的創新精神不僅改變了台北市的城市風貌，還提升了市民的生活品質。柯文哲的創新精神為我們提供了一個可借鑒的範本，讓我們明白當領袖敢於嘗試新的想法和方法時，城市可以實現真正的變革，同時保護環境，造福市民。也激勵我們不斷追求創新，以應對現代城市面臨的挑戰。

柯文哲是一位勇於創新的政治人物，他在政治和公共服務領域中提出了許多創新的想法和方法，以便更好地解決問題和滿足市民的需

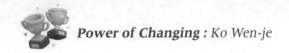

求。以下是柯文哲勇於創新的十個面向：

1. 推動社區經濟：柯文哲在政治和公共服務領域中，提出了許多創新的社區經濟模式和方法，例如推動社區共用經濟、打造社區農園等，以便更好地促進社區發展和提高市民生活品質。

2. 創新的醫療政策：柯文哲在臺北市推動的「健康城市」計畫，是為了提高市民的健康水準和生活品質。他提出了許多創新的醫療政策和措施，例如推動智慧醫療、提高醫療品質等，以便更好地滿足市民的需求。

3. 創新的社會福利：柯文哲提出創新的社會福利模式和方法，例如推動「家庭優先政策」、提高國民年金的參保門檻等，以便更好地滿足市民的需求和提高生活品質。

4. 創新的治理模式：柯文哲提出創新的治理模式和方法，例如推動「公民議會」、加強市民監督等，以提高政府的效率和效能。

5. 創新的科技應用：柯文哲在政策和計畫中，積極推動科技應用，例如推動智慧城市、推動網路學習等，以便更好地運用科技和資訊，提高政府服務效率與品質和市民生活的品質。

6. 創新的環保措施：柯文哲在政治和公共服務領域中，提出了許多環保措施和計畫，例如推動垃圾分類、禁塑令、植樹造林、節能減排等，以便打造一個更加環保、宜居的城市。

7. 創新的文化政策：柯文哲提出創新的文化政策和計畫，例如推

動文創產業、打造城市文化品牌等，以便提高城市的文化軟實力和吸引力。

8. 創新的社會互動：柯文哲提倡「開放式溝通」和「平等對話」，以便更好地理解市民需求和回應市民關切，同時也鼓勵市民參與政府決策和社會事務。

9. 創新的區域治理：柯文哲提出了許多創新的區域治理模式和方法，例如推動城市更新、打造特色小鎮等，以便更好地促進區域發展和提高市民生活品質。

10. 創新的國際交流：柯文哲積極推動國際交流和合作，例如與國外城市簽署友好城市協議如：捷克首都布拉格、紐西蘭首都威靈頓以及參加國際會議等，以便借鑒國外的經驗和技術，提高臺北市的國際影響力和競爭力。

柯文哲勇於創新，他在政治和公共服務領域中提出了許多創新的想法和方法，以便更好地解決問題和滿足市民的需求。他相信創新和創造力是推動社會進步的關鍵，因此在政策和計畫中，他始終勇於挑戰傳統思維和常規，提出新的解決方案，以便更好地推動社會發展和進步。他的創新思維和方法，將為未來的城市發展帶來更多可能性和希望。

勇於創新在人生中具有重要性，因為它可以為個人和社會帶來許多價值和機會。以下是一些關於勇於創新能為我們帶來的改變：

創造力和成長

　　創造力和成長是我們在個人和職業生涯中追求的核心價值之一。當我們勇於創新時,我們實際上是在挑戰既有的思維模式和方法,並不斷尋找新的、創新的方式來應對日常生活中的種種挑戰。這種不斷的思考和學習過程是一個持續的旅程,能夠深刻地影響我們的成長和發展。通過學習新的技能、探索新的概念,我們能夠擴展自己的知識基礎,這將有助於我們更好地理解世界並在其中脫穎而出。這種思考和學習的過程不僅能夠提高我們的創造力,還能夠增強我們的問題解決能力。當我們學會從不同的角度看待問題時,我們變得更具彈性,更容易找到創新的解決方案。這種能力不僅適用於職業生涯,也適用於日常生活中的各種情況,幫助我們更好地應對挑戰並實現目標。勇於創新鼓勵我們不斷思考、學習和成長。這種過程不僅有助於我們個人的發展,還能夠豐富我們的生活,提高我們的創造力和問題解決能力,使我們能夠更好地應對變化和挑戰,並實現更大的成就。

 提高競爭力

　　提高競爭力是現代社會中一個至關重要的目標。在這個競爭激烈的時代,那些勇於創新、不斷尋找新的方式來提供價值的個人和組織,通常更容易在市場上脫穎而出。競爭是社會和商業世界的常態,它驅使著個人和企業不斷進步和提升。勇於創新的個人和組織具有一種獨特的競爭優勢,因為他們不僅能夠滿足現有需求,還能夠創造新的需

求和市場。他們能夠提供創新的產品、服務或解決方案，吸引更多的客戶並保持他們的忠誠度。此外，勇於創新也可以幫助個人和組織建立良好的聲譽。當他們能夠提供高品質、創新的產品或服務時，他們在市場上贏得了信任和口碑，這有助於擴大他們的客戶群，實現長期的成功。因此，提高競爭力需要不斷地挑戰自己，尋找創新的機會，並以不同的方式思考和行動。這種競爭力不僅對個人事業發展重要，也對整個社會和經濟的進步至關重要。

 ## 應對變革

應對變革是現代社會中一項關鍵的生存技能。世界不斷變化，無論是在技術、經濟還是社會環境方面，都存在著快速演變的趨勢。勇於創新的個人更容易對這些變化做出及時的反應，他們不僅能夠適應變革，還能夠找到新的機會，不受變革的束縛。在面對快速變革時，固守舊有方式和思維模式可能會讓個人和組織陷入困境。然而，勇於創新的個人能夠看到變革中的機會，並積極尋求解決方案。他們不僅持開放的態度，還會主動學習新技能，採納新技術，以確保他們的能力和知識與變革同步。此外，勇於創新的個人更具適應性，能夠快速調整策略，應對變革所帶來的挑戰。他們具有創造性思維，能夠提出新的解決方案，甚至在變革中找到新的市場機會。這種靈活性和創造力使他們能夠在變革中蓬勃發展，不僅生存下來，還能實現成功。勇於創新的個人在應對變革方面具有明顯的優勢。他們能夠看到變革中

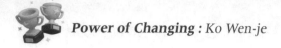
的機會，不受現實束縛，並能夠積極適應和引領改變，這使他們在不斷變化的世界中蓬勃發展。

 創建價值

　　創建價值是勇於創新的一個重要方面。創新不僅僅是為了改變生活方式，還可以為個人、組織以及整個社會創建價值。這種價值創建通常體現在以下幾個方面：

💬 **滿足需求和改善生活品質**：創新可以帶來新的產品、服務和解決方案，這些創新可以滿足人們的需求並改善他們的生活品質。例如，新型醫療技術可以改善病人的健康狀況，智慧科技可以提高生活的便利性，這些都是創新帶來的實際價值。

💬 **經濟價值**：創新不僅可以改善生活品質，還可以帶來經濟價值。當新的產品或服務滿足了市場需求，它們通常會取得商業成功，為企業帶來收入和利潤。這種經濟價值可以支援企業的成長，創造就業機會，並促進經濟發展。

💬 **社會影響**：創新還可以對整個社會產生積極影響。新的技術和解決方案可以解決社會問題，改善生態環境，促進可持續發展，並提高生活品質。這種社會影響可以幫助建立更加繁榮和可持續的社會。

💬 **競爭優勢**：對企業而言，創新是獲得競爭優勢的關鍵因素之一。能夠不斷創新和提供新的價值的企業通常能夠在市場上脫穎而出，吸

引更多客戶並保持競爭力。

創新是一種能夠創建多方面價值的力量。它可以改善生活品質，帶來經濟成功，甚至對社會和環境產生積極影響。因此，鼓勵和支持創新是實現個人、組織和社會持續進步的重要途徑。

探索未知領域

當我們敢於挑戰傳統的界限，開展新的探險時，我們打開了知識和視野的大門，同時也有助於我們發現未知的機會和可能性。

擴展知識和視野： 勇於創新的個人通常對各種領域感興趣，他們願意深入瞭解新的主題，探索不熟悉的領域。這種好奇心和求知欲望驅使他們不斷學習，不斷擴展自己的知識和視野。

挑戰傳統界限： 創新者通常不受現有框架和規則的束縛，他們願意挑戰傳統的思維和方法。這種挑戰性思維有助於打破束縛，尋找新的解決方案，並推動進步。

發現新機會和可能性： 當我們勇於探索未知領域時，我們有機會發現以前未被人注意到的機會和可能性。這些可能性可能是新的產品、服務、創業機會，甚至是對社會和環境的積極影響。

創造性思維： 探索未知領域也激發了創造性思維。當我們面對新挑戰時，我們被迫找到新的方法和解決方案，這種過程激勵了我們的創造力，使我們能夠創建獨特和有價值的東西。

探索未知領域是一個充滿機會和潛力的冒險。它擴展了我們的知識、視野和創造力，有助於我們挑戰傳統的界限，發現新的機會，並對個人和社會的發展產生積極影響。

啟發他人

啟發他人是勇於創新的一個強大的影響力之一。當我們勇於探索新的想法，挑戰傳統，取得成就時，我們不僅影響了自己，還激勵了他人，激發了他們的創造力和冒險精神。這種啟發力量可以擴散到整個社會，推動更大的變革和進步。

激發創造力：勇於創新的行為通常激勵他人展現出他們的創造性思維。看到他人成功實現新的點子或創建新的事物，會激發他們自己探索新的想法和解決方案，這樣的互相激發促進了創造力的發展。

鼓勵冒險精神：勇於創新的人們往往是冒險家，他們願意冒險嘗試新事物，接受挑戰。這種冒險精神是一種啟發力量，能夠鼓勵他人勇於嘗試，克服恐懼和不確定性，追求他們的目標。

社會影響：勇於創新的個人和團隊的成功故事可以在社會上產生積極的影響。這些故事可以成為榜樣，鼓勵更多人參與創新和進步的過程。當越來越多的人受到啟發時，社會就有可能實現更大的變革和進步。

知識分享：勇於創新的人們通常也樂於分享他們的知識和經驗，這

有助於他人更好地理解創新過程，並在自己的領域中應用這些原則。這種知識分享可以促進集體學習和發展。

勇於創新不僅對個人和組織有益，還能夠對整個社會產生積極的影響。它可以激勵他人發揮潛力，鼓勵創造力和冒險精神，並推動社會實現更大的變革和進步。

2　獨立思考，具有自己的見解和觀點

柯文哲不輕易受到他人的影響和壓力，他經常採用自己的方式來解決問題，而不是隨波逐流。他的獨立思考能力讓他在政治和公共服務領域中具有獨特的優勢。

柯文哲是台灣政治舞臺上一位以獨立思考、堅持原則和以人為本的態度而聞名的政治人物，其獨立思考能力是他在政治和公共服務領域中成功的重要因素之一。他不斷地尋找最適合環境和時代的解決方式，始終保持著自己的獨立性和獨特性。以下將進一步探討柯文哲的獨立思考能力及其在不同領域中的表現。

柯文哲的獨立思考能力最早體現在他的醫學領域中。作為一位神經科學家和醫生，他以其獨特的治療方式和方法，成為了當時醫學界的佼佼者。他創新地採用各種方法，如針灸、中藥等，進行治療，並且不斷地自我學習、實驗、嘗試，總是能夠找到最適合病人的治療方式。他的這種獨立思考的能力，成為了他在醫界中的一大特色。

當柯文哲進入政治領域後，他的獨立思考能力也得到了很好的發揮。他不僅不懼於挑戰傳統政治觀念，還敢於提出新觀點、新方法，以解決現實問題。例如，他推動的「臺北智慧城市計畫」，建立智慧交通、智慧治水、智慧能源等系統，也推動了「城市更新計畫」，改

善城市環境和提高市民的生活品質。他在市政中展現出了強大的執行力和創新能力，也贏得了廣泛的支援和認可。

除了在政治和公共服務領域中展現出獨立思考的能力，柯文哲在其他方面也表現出了極高的水準。例如，他曾經參加過多次鐵人三項比賽，展現出了其堅毅的意志和不屈不撓的精神。他的跨界能力，也是他獨立思考能力的體現。

柯文哲的獨立思考能力不僅在台灣政治領域中得到了認可，在國際社會中也獲得了高度的關注和尊重。他曾經多次受邀在國際會議上發表演講，並向國際社會介紹台灣的政治、經濟和文化等多方面的發展。他不斷地尋找最適合環境和時代的解決方式，並且以獨立思考的態度來面對眾多的挑戰和困難。

雖然柯文哲在政治領域中的表現備受肯定，但他也曾因為言論而引起爭議。例如，他曾在2019年表示，「台灣不是中國的一部分」，這一論調引起了中國大陸的強烈反應。他的這種言論，同時也引起了台灣社會的爭議。不過，柯文哲始終堅持著自己的觀點和立場，並且以獨立思考的態度來面對眾多的挑戰和困難。

柯文哲的獨立思考能力也在其他方面得到了充分展現。例如，他曾經在節目中分享自己的閱讀經驗，推薦各種不同類型和風格的書籍，並且提出自己的閱讀心得和體會。他的閱讀經驗，反映出了他對於不同領域的獨立思考和探索，也為大眾提供了一個優秀的學習榜樣。

此外，柯文哲的獨立思考能力也體現在他對於台灣社會的關注和

探索上。他曾寫下《臺北人的生活方式》，談論關於城市發展、社會變遷等議題。他的這部著作，不僅反映出他對於城市發展的獨特見解和思考，也反映出他對於台灣社會變遷的深刻理解和思考。

柯文哲的獨立思考能力和堅持原則的態度，是他成功的重要因素之一。他的這種獨立思考的能力，使得他在政治和公共服務領域中具有獨特的優勢。他的獨立思考能力，不僅為台灣社會帶來了積極的影響，也為國際社會提供了一個優秀的榜樣。我們應該學習柯文哲的這種獨立思考的能力，不斷地尋找最適合自己的解決方式，並且以堅持原則的態度來面對挑戰和困難。

柯文哲的獨立思考能力不僅體現在他的個人成就中，同樣也體現在他對廣大市民的關注和探索上。他在市政中提出的各種改善措施，都是基於他對市民生活的深入理解和對當前問題的獨立思考。例如，他推出的「臺北市共用車隊計畫」，旨在減少交通擁堵，提高公共交通的效率，同時也為市民提供了更加方便快捷的交通工具。他的這種獨立思考能力，使得他在市政中得到了廣泛的支持和認可。

綜上所述，柯文哲的獨立思考能力是他成功的重要因素之一。他的獨立思考能力，為台灣社會帶來了積極的影響，也為國際社會提供了一個優秀的榜樣。我們應該學習柯文哲的這種獨立思考的能力，不斷地尋找最適合自己的解決方式，並且以堅持原則的態度來面對挑戰和困難。柯文哲的獨立思考能力還體現在他對於環境保護和永續發展的關注上。他在市政中提出了各種環保措施，例如推廣垃圾分類、將臺北市的公車、計程車和自行車等轉型為電動車，以減少對環境的污

染。同時，他也積極推動永續發展，例如推動太陽能發電和風力發電等綠色能源的使用。他的獨立思考能力，使得他在環境保護和永續發展方面得到了廣泛的支援和認可。

我們應該學習柯文哲的這種獨立思考的能力，不斷地尋找最適合自己的解決方式，並且以堅持原則的態度來面對挑戰和困難。

獨立思考在人生中扮演著極為重要的角色，它是一種能力，能夠影響我們的決策、行為、人際關係以及生活的方方面面。以下是獨立思考的重要性：

自主決策

自主決策是獨立思考的一個重要方面，它能夠讓我們更好地掌握自己的生活和未來。當我們有能力獨立思考時，我們不再依賴於他人的建議或意見，而是能夠自主地制定自己的道路和決策。在日常生活中，自主決策意味著我們能夠更好地應對各種情況。無論是關於個人生活、職業生涯還是人際關係，我們都需要不斷地做出選擇。這些選擇可能包括選擇一個工作，選擇一個生活夥伴，或者選擇如何應對困難的情況。當我們具備獨立思考的能力時，我們能夠更全面地考慮各種因素，並做出更明智的選擇，這些選擇更符合我們的長期利益。此外，自主決策也涉及到承擔責任。當我們獨立思考並做出決策時，我們也要承擔相應的責任。這意味著我們不會把錯誤歸咎於他人，而是能夠正視自己的選擇並從中學習。這種責任感有助於個人成長和發展，

使我們變得更成熟和有智慧。自主決策還有助於塑造我們的身份和價值觀。當我們不受外界影響時，我們能夠更好地理解自己的價值觀和信念。這有助於我們建立堅固的自尊心，不易受到他人的影響，更堅定地遵循我們所認為正確的道路。自主決策有助於我們更好地應對各種情況，承擔責任，塑造自己的身份和價值觀。因此，獨立思考和自主決策是一個非常寶貴的生活技能，值得不斷培養和提升。

個人成長

　　個人成長是生活中的一個關鍵方面，而獨立思考在這個過程中扮演著重要的角色。讓我們更深入地探討獨立思考對個人成長的積極影響。首先，獨立思考鼓勵我們不斷學習。當我們擁有獨立思考的能力時，我們更容易主動探索新知識、新觀點和新技能。我們對世界的好奇心推動我們持續學習，無論是通過閱讀、研究還是與他人交流，這種積極的學習態度有助於擴展我們的知識領域。其次，獨立思考鼓勵我們反思和自我評估。當我們思考自己的信念、價值觀和行為時，我們有機會更深入地瞭解自己。這種自我認知是個人成長的基石，因為它使我們能夠識別自己的強項和弱點，並制定改進的計畫。另外，獨立思考也鞭策我們不斷追求卓越。當我們思考自己的目標和抱負時，我們更容易設立高標準，並努力實現這些目標。這種雄心勃勃的態度激勵我們不斷進步，並挑戰自己，這是個人成長的關鍵。此外，獨立思考也有助於我們處理挫折和失敗。當我們能夠獨立思考並理解失敗

的原因時，我們更容易從中獲得寶貴的教訓，並在未來更好地應對類似的情況。這種適應能力是個人成長的一部分，使我們變得更為堅韌和抗壓。獨立思考對個人成長至關重要。它激勵我們學習、反思、設定目標、處理挫折，並不斷追求卓越，有助於我們變得更加自覺和自信，進而實現更豐富和有意義的個人發展。

 # 解決問題

　　解決問題是獨立思考的一個關鍵方面，這種能力在個人和職業生活中都至關重要。讓我們更詳細地探討獨立思考對問題解決的影響。首先，獨立思考有助於更全面地分析問題。當我們面臨挑戰時，我們往往需要對情況進行深入的瞭解，分析根本原因，並識別所有可能的解決方案。獨立思考使我們能夠獨立思考並提出有見地的問題，這有助於我們更全面地理解問題的本質。

　　其次，獨立思考鼓勵我們思考不同的方法。它激勵我們不僅僅依賴於傳統或常規的解決方案，而是勇敢地探索新的思維與方法。這種創新性的思考方式可能會帶來更有效的解決方案，有時甚至會推動創新。此外，獨立思考強調自主行動。當我們能夠獨立思考時，我們更傾向於主動解決問題，而不是等待他人的指示或幫助，這種積極的態度使我們更有能力應對挑戰，並在需要時果斷行動。獨立思考還有助於發展批判性思考能力。當我們能夠自主思考並評估不同的解決方案時，我們變得更有能力識別優勢和劣勢，並做出明智的選擇。這種能

力不僅在解決問題時有用，還在評估資訊和做出決策時具有關鍵性作用。獨立思考對問題解決至關重要。它鼓勵我們全面分析問題，尋找創新的解決方案，勇敢地採取行動，並發展批判性思維能力。這種思考方式使我們更有能力應對生活和職業中的各種挑戰，並找到有效的解決方案。

堅固的價值觀

獨立思考對建立堅固的價值觀和道德原則確實具有重要作用。

首先，獨立思考使我們有機會自主決定自己的價值觀。而不是盲從或受制於他人的觀點，我們可以自己思考並形成自己的道德原則。這意味著我們能夠基於自己的信仰、經驗和理解，確定什麼是對錯。這種自主性讓我們的價值觀更真實，更符合我們的內在信仰。

其次，獨立思考有助於我們保持一致性。當我們清楚自己的價值觀並對其堅持時，我們更容易在各種情況下保持一致。這種一致性是我們在人際關係中建立信任和尊重的關鍵，因為它顯示了我們的真誠和可靠性。獨立思考也有助於我們在面對倫理和道德困境時做出正確的決策。當我們具備獨立思考的能力時，我們能夠獨立評估每種選擇的道德後果，並選擇最符合我們價值觀的行動方針。這種能力有助於我們避免陷入道德困境，並確保我們的行為始終與我們的價值觀一致。

最後，獨立思考也有助於我們對自己和他人負責。當我們能夠清楚自己的價值觀並根據它們行事時，我們不容易受到外部壓力或誘惑

的影響。我們的行為基於我們深思熟慮的原則，這使我們能夠對我們的行為負責，無論是向自己還是向社會負責。獨立思考有助於我們建立堅固的價值觀和道德原則，並在生活中保持真誠和一致性。這種自主性使我們能夠更好地應對道德困境，並確保我們的行為與我們內心的信仰一致。這是建立個人品格和道德責任的重要基石。

 ## 促進創新

　　獨立思考確實在促進創新方面發揮了關鍵作用。當我們具備獨立思考的能力時，我們更傾向於質疑現狀，挑戰傳統觀念，並探索新的想法和方法。獨立思考鼓勵我們提出新的觀點和想法。當我們不受限於傳統的思維模式時，我們更有可能突破思維的界限，提出創新的概念。這種自由思考的環境可以激發我們的創造力，產生新的解決方案。獨立思考有助於我們挑戰現有的方法和流程。當我們能夠獨立思考時，我們能夠識別出改進的機會，並提出更高效的方式來達成目標。這種改進不僅能夠提高個人的工作效率，還可以為企業和組織帶來競爭優勢。獨立思考也有助於發現新的產品、服務或解決方案。當我們敢於挑戰現狀並思考不同的方法時，就有機會創造出滿足人們需求的新產品或服務。這種創新不僅滿足了市場的需求，還可以為創新者帶來經濟價值。獨立思考有助於社會的進步。當個人和組織能夠獨立思考並提出新的觀點和解決方案時，這推動了社會的發展和改進。它可以帶來科技的突破、社會制度的改革以及文化的變革。獨立思考是促進創

新的重要驅動因素。它鼓勵我們挑戰傳統思維，提出新的想法，改進流程，並創造新的價值。這對個人、企業和整個社會都具有深遠的影響，不斷地推動進步和發展。

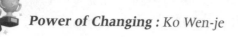 自信和獨立性

　　自信和獨立性確實是獨立思考的自然結果，它們在個人和職業生活中都扮演著關鍵的角色。首先，獨立思考有助於培養自信。當我們能夠獨立思考並做出明智的決策時，我們對自己的能力和判斷力更有信心。這種自信感使我們能夠更好地應對挑戰，並更自信地追求我們的目標。獨立思考強調自主性。當我們不再依賴於他人的意見或決策時，我們變得更加獨立，更能夠自主行動。這種獨立性使我們不容易受到外界的干擾或控制，我們能夠按照自己的節奏和方向前進。此外，獨立思考有助於我們面對不確定性和挑戰。當我們能夠獨立思考並自主解決問題時，我們更有能力應對困難和挫折，而不易感到沮喪或無助。這種堅韌性是在生活中遇到挑戰時非常寶貴的資產自信和獨立性也有助於個人的職業生涯。在工作中，自信的人更有可能脫穎而出，擔任領導角色，並提出有建設性的想法。同時，獨立思考的能力使我們更有能力應對職場中的變化和挑戰，這對事業發展至關重要。獨立思考有助於培養自信和獨立性，這兩者在個人和職業生活中都是極為重要的資產。它們使我們更有信心地追求目標，更能夠自主行動，更能夠應對挑戰，並在職場中脫穎而出。

 # 人際關係

　　獨立思考對人際關係的建立和維護確實有積極的影響。它有助於建立健康、平等和有共鳴的人際關係。當我們具備獨立思考的能力時，我們更有信心地表達自己的看法、需求和感受。這種開放和坦誠的溝通方式有助於建立信任，使人們更瞭解我們。獨立思考使我們更能夠尊重他人的意見。當我們具備獨立思考的能力時，我們更能夠理解和尊重他人的觀點，即使它們不同於我們自己的觀點。這種尊重有助於避免衝突和誤解，並促進良好的人際關係。此外，獨立思考有助於更好地解決衝突。當衝突發生時，我們能夠獨立思考並找到解決方案，而不是依賴他人的指導。這種解決衝突的能力可以幫助我們在關係中保持積極、和諧的氛圍。最後，獨立思考有助於建立共鳴。當我們能夠獨立思考並理解自己和他人的需求時，我們更容易建立深入的、有共鳴的關係。這種共鳴使我們能夠更好地支持他人，並構建有意義的連接。獨立思考對建立健康的人際關係至關重要。它促使我們表達自己的觀點，尊重他人的意見，更好地解決衝突，並建立有共鳴的關係。這種溝通和協作的方式有助於我們在人際關係中建立信任，提高溝通效能，並創建積極的互動。

　　綜上所述，獨立思考是非常重要的生活技能，它能夠增強我們的自主性、智慧和自信，並有助於個人成長和成功。無論是在個人生活、職業生涯還是社會參與方面，獨立思考都是一個不可或缺的關鍵因素。因此，我們應該積極培養，以實現更有意義、更有成就的人生。

③ 堅持原則，不受外界壓力的影響

柯文哲一直堅持公正和正義，他不會因為外界的壓力而改變自己的立場。柯文哲的成功經驗不僅體現在他的政治生涯上，同時也體現在他的人生哲學中。他一直強調著獨立思考能力的重要性，並且堅持自己的原則和信仰。他的成功經驗告訴我們，只有在堅持自己的信仰和原則的同時，才能獲得真正的成功。

柯文哲在政治和擔任市長的成功經驗，還告訴我們要關注和尊重市民的需求和期望。他一直堅持著以市民為中心的理念，始終關注和尊重市民的需求和期望。以市民的需求和期望為出發點，尋找更好的解決方案，以便更好地為市民服務。

他一直堅持著對公共事務的責任和使命，並且勇於承擔挑戰和責任。他的成功經驗告訴我們，在面對挑戰和責任時，要勇於承擔，勇於挑戰，以便更好地應對困難和挑戰。

柯文哲同時也是一位非常大膽直言的人，他勇於表達自己的觀點，無論是對個人還是對政治和社會事件。他的直言不諱使他在政治和公共服務領域中具有高度的透明度和公信力。

堅持原則在人生中具有極其重要的地位，它是個人品格和價值體

系的基石，對個人和社會的發展都有深遠的影響。以下是更詳細的探討：

 ## 建立個人品格

　　建立個人品格是每個人生命中的一項重大挑戰，也是一個不斷發展和完善的過程。堅持原則是這個過程中的一個重要部分，它需要個人擁有明確的價值觀和道德原則，並在各種情況下忠實地踐行這些原則。一個堅持原則的個人通常有著清晰的道德指南，這些指南指引著他們的行為和決策。這樣的個人知道什麼是對錯，並將其作為一個不可妥協的準則。這樣的道德指南可以包括誠實、正直、慈善、公平和忠誠等價值觀，它們共同塑造了一個人的品格。誠實是堅持原則的重要部分。誠實不僅意味著不說謊，還包括在所有情況下傾向真實和公正的陳述事實。這種誠實不僅建立了個人的可信度，還有助於維護人際關係的信任和穩定。正直也是一個重要的品格特質，它要求個人在面對道德和倫理挑戰時堅守自己的原則，而不是妥協或屈服於外部壓力。正直使個人更加堅韌，能夠應對各種誘惑和困難。此外，忠誠也是堅持原則的一個關鍵方面。忠誠意味著對自己的價值觀和對身邊人的承諾的堅守。這種忠誠可以建立穩固的人際關係，並鞏固個人的品格。總的來說，堅持原則是一個重要的品格特質，它有助於個人建立清晰的價值觀和道德原則，並在日常生活中忠實地踐行這些原則。這種個人品格不僅影響了自己的自我認識和自尊心，還能為自己建立一

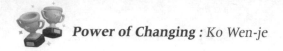

個值得信賴和尊敬的形象。

 ## 建立自尊心

　　自尊心是個人內在價值和自我價值的核心所在，它在許多方面影響著我們的生活和日常行為。當我們堅守自己的原則時，我們不僅保護了自己的自尊心，還鞏固了自己的自信和心理健康。堅持原則意味著不輕易妥協核心價值觀和道德準則。這種堅持使我們避免了對自己的妥協，確保我們不會違背自己的信仰。這種一貫性有助於我們在日常生活中保持自己的尊嚴，不輕易屈服於外部壓力或誘惑。有一個強烈的自尊心使我們更自信。當我們堅持自己的原則並認為自己是正直和忠誠的人時，我們會感到自信，這種自信會在我們的行為和互動中顯現出來。這種自信使我們更能夠應對生活中的各種挑戰，並追求個人和職業目標。此外，堅持原則也有助於保持心理健康。當我們在生活中感到困惑或面臨倫理選擇時，堅守原則可以為我們提供方向。這種清晰的道德指南有助於減輕壓力和焦慮，並促進心理平衡。堅持原則並建立自尊心是個人成長的重要組成部分。它們有助於保護我們的自尊心，提高自信，保持心理健康，並在生活中做出明智的決策。這種品質有助於我們建立強大的內在世界，才能更好地應對各種生活挑戰，並實現個人成就。

引導決策

在生活中，我們經常面臨複雜的選擇和決策，這些決策可能會對我們的未來產生深遠的影響。堅持原則就提供了一個可靠的框架，幫助我們應對這些挑戰。清晰的價值觀和道德原則為我們的決策提供了指導，讓我們能夠更好地理解什麼是對的，什麼是錯的。這種指導有助於我們避免輕率或衝動的決策。當我們擁有堅實的價值觀時，我們不太可能受到暫時的情感或外部壓力的影響，而是能夠保持冷靜，深思熟慮地分析每個選擇的長期影響。堅持原則還有助於我們在道德困境中做出正確的決策。當我們面臨需要做出倫理選擇的情況時，我們的原則可以成為我們的道德指南。這種道德指南幫助我們確保我們的決策符合我們內心的倫理標準，並維護了我們的品格。此外，堅持原則有助於我們在個人和職業目標方面做出明智的選擇。我們的價值觀和道德準則可以幫助我們確定我們的目標和追求，並確保我們的決策符合我們的價值體系。這樣的一致性有助於我們實現個人和職業生涯中的長期成功。而堅持原則，以其為指導做出決策，是一個有益的行為方式，它有助於我們在生活中做出明智、符合內心信仰的選擇。

避免後悔

生活中常常充滿了各種誘惑和短期滿足的機會，這些機會可能引誘我們走上錯誤的道路。然而，當我們堅守原則時，我們更能夠避免這些誘惑，並做出符合自己最高價值觀的選擇。這種自律和決心幫助

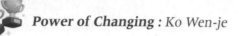

我們遠離可能帶來後悔的行為。避免後悔的行為還意味著我們在面臨重要決策時能夠冷靜和理性。堅守原則使我們不容易受到外部壓力的影響，這意味著我們可以在做出決策之前深思熟慮，考慮長遠的後果，而不是只關注眼前的誘惑。此外，堅持原則有助於我們建立良好的自我控制能力。當我們能夠拒絕那些與我們的價值觀不一致的機會時，我們鍛煉了自己的意志力，這對於達成目標和實現成功至關重要。追求短期滿足可能導致不健康的生活方式和不良的決策，而堅守原則有助於我們遠離這些有害行為，保持身心的健康。最重要的是，堅持原則讓我們的生活更加有意義。當我們做出符合我們內心信仰的選擇時，我們更容易找到生活的目的和滿足感，而不是追求空洞的滿足。總之，堅持原則有助於我們避免後悔的行為，保護我們的長期利益和心理健康。這種品質使我們能夠冷靜地面對誘惑，做出明智的決策，並在生活中找到真正的意義和滿足感。

🎤 社會影響

堅持原則對社會和文化的進步確實具有深遠的影響，它鞏固了正義和倫理的基石，並為社會變革和道德進步奠定了基礎。社會影響不僅體現在個人的行為和選擇上，還反映在整個社會的價值觀和文化中。當有人敢於堅守正義和倡導變革時，他們成為社會進步的推動者。他們的勇氣和堅定性激勵著其他人，使更多人願意站出來，捍衛人權、平等和社會公正。這種社會影響通常體現在個人和團體對重大問題的

參與和投入上。當有人不受外界壓力影響，堅守自己的價值觀，他們可能會在社會運動、慈善組織、政治運動或其他領域中發揮重要作用。他們的參與和領導能力激勵著其他人參與，形成了一個強大的社會變革力量。堅持原則還有助於提高社會的道德標準。當人們在道德和倫理問題上堅持自己的價值觀時，他們成為良好的榜樣，影響他人的行為和態度。這種道德引導有助於建立一個更加公正和負責任的社會，提高對個人權利和社會問題的關注。此外，堅持原則也有助於建立社會的信任和合作基礎。當人們知道他們可以依靠他人堅守原則，他們更容易建立信任，並在社會中形成更深入、更有共鳴的關係。這種信任和合作有助於解決社會上的各種挑戰，並實現共同的目標。堅持原則對社會和文化的進步至關重要。它藉由激勵個人參與、提高道德標準、建立信任和促進合作，推動社會朝著更加公平和價值觀更高的方向發展。這種勇氣和堅定性對於推動社會變革和提高道德標準是不可或缺的。

　　堅持原則是建立個人品格、保持自尊心、做出明智決策、避免後悔以及推動社會進步的關鍵。它不僅是個人成長的基礎，還是建立更公正和道德的社會的基石。因此，我們應該重視和努力培養這一重要品質。

4 直言不諱，勇於表達自己的看法

柯文哲是一個非常直言不諱的人，他勇於表達自己的觀點，無論是對個人還是對政治和社會事件。他的直言不諱使他在政治和公共服務領域中具有高度的透明度和公信力。

柯文哲一直以來都以勇於表達自己的看法而著稱，他的直言不諱使他在政治界顯得格外真實和坦率。有一個案例可以突顯他在這方面的特點。

某次，柯文哲參加一個市政府的公開會議，會議的主題是關於城市交通和交通政策的討論。在會議中，一位與會者提出了一個大膽而有爭議性的建議，認為應該對某個熱門的市區道路實行限行措施，以減少交通擁堵和改善空氣品質。

柯文哲立即發表了自己的看法，他認為這個建議雖然有其合理性，但可能會對市民造成不便，特別是對於那些依賴該道路通行的人。他提出了一系列反對和疑慮，並表達了他對於該建議可能產生的負面影響的擔憂。

這種坦率和直接的表達方式引起了會議的關注，也激起了與會者之間的深入討論。柯文哲不僅表達了自己的看法，還提供了具體的論

據和分析,以支持他的立場。最終,這次會議進行了一次有建設性的辯論,各方都能夠更好地理解問題的複雜性和不同觀點。

柯文哲的這種直言不諱的風格讓他在政治中顯得真誠和可信,他不怕提出難以接受的觀點,同時也展現了對問題的深思熟慮。這個案例突顯了他在表達意見方面的勇氣,並展示了他致力於建立公開、坦誠的政治對話和辯論氛圍。

柯文哲的直言不諱,告訴我們幾個重要的道理:

1. 勇於表達看法: 柯文哲的行為彰顯了重要的原則,即領袖應該勇於表達自己的看法,不怕提出有爭議的觀點。這種勇氣有助於促進公開討論和辯論,並確保不同觀點得到充分考慮。

2. 具體論據和分析: 柯文哲不僅是直言不諱,還提供了具體的論據和分析來支持他的立場。這個故事強調了對於持有看法的理解和深思熟慮的重要性,這有助於建立更有建設性的辯論和對話。

3. 公開的政治討論: 這個故事強調了公開政治討論的價值,即在開放的氛圍中討論重要問題,這有助於民主過程和政策制定的透明度。柯文哲的直言不諱促使會議成為有建設性的辯論場所,而不僅僅是一個表面的對話。

在領導和參與政治過程時,勇氣、誠實和深思熟慮是重要的品質。通過這些品質,我們可以建立更健康、更具建設性的政治文化,並確保各種觀點都能夠得到充分聽取和討論,以實現更好的決策和政策。

勇於表達自己的看法在個人和社會層面具有多重要性,探討如下:

🎙 促進誠實溝通

　　直言不諱是實現誠實溝通的關鍵。在個人和專業生活中，誠實的溝通是建立健康和持久關係的基礎。當人們敢於坦誠地表達自己的看法和感受時，他們營造了一個真誠和開放的交流環境。這種環境鼓勵人們更深入地理解彼此，共用想法，並解決潛在的衝突。當誠實溝通成為一種普遍的實踐時，它有助於解決問題並改進關係。許多問題和誤解源於不清晰或不坦誠的溝通。直言不諱可以幫助人們更好地理解彼此的需求、期望和關注，從而找到共同的解決方案。在專業環境中，直言不諱有助於提高工作效率和效能。員工和同事能夠坦誠地提供反饋，分享問題，並共同合作解決挑戰。這種開放和誠實的溝通有助於團隊的協作，提高工作成果。另一方面，避免直言不諱可能導致資訊的隱瞞或篩選，這可能對關係造成損害。當人們感到他們不能坦誠地表達自己的看法時，他們可能會感到不被尊重，從而降低他們的參與度和參與感。促進誠實溝通對於個人和專業生活都至關重要。直言不諱是實現誠實溝通的關鍵要素，它有助於建立更真實、有意義和健康的關係，解決問題，改進工作效能，並促進共識的達成。

🎙 個人成長

　　勇於表達自己的看法確實對個人成長具有積極的影響。勇於表達自己的看法代表你不僅僅是一個傾聽者，還是一個積極參與對話的參與者。這種參與需要你思考和理解自己的信仰、價值觀和觀點。當你

勇敢地分享這些內在的信仰時，你不僅讓別人瞭解你，也讓自己更加瞭解自己。這種自我反思和自我瞭解是個人成長的基石。當你不斷思考自己的信仰和價值觀時，你可能會提出更深刻的問題，例如「為什麼我這麼想？」或「我是否需要重新評估這些觀點？」這種自我反思有助於拓寬你的視野，促使你成為一個更有智慧和洞察力的人。勇於表達自己的看法還鼓勵你不斷學習和發展。當你分享你的觀點時，你可能會受到反饋，這有助於擴展你的知識和理解。此外，這也可能引發更多的學習機會，因為你可能會受到其他人觀點的啟發，導致進一步的研究和學習。最重要的是，勇於表達自己的看法有助於你保持自己的真實性。當你能夠坦誠地表達自己，無論是在個人生活還是職業生活中，你建立了一個與真實的自己保持一致的環境。這種一致性有助於維護個人的自尊心和自信，使你更能夠應對生活中的各種挑戰。勇於表達自己的看法不僅有助於他人瞭解你，也是個人成長和發展的重要媒介。

建立信任

建立信任是人際關係中非常重要的一個方面，而直言不諱是建立這種信任的重要因素。在個人生活中，建立信任是健康、穩固的關係的基石。當你勇於坦誠地表達自己的看法和感受時，你傳遞了一個重要的資訊：你是一個誠實和可靠的人。這種誠實建立了一種信任的氛圍，使你的朋友、家人和伴侶更容易信任你，並與你分享他們自己的

想法和感受。在職業生活中，信任是團隊合作和領導的基礎。當你能夠坦誠地表達自己的意見和看法時，你在團隊中建立了一種信任的氛圍。同事和下屬知道他們可以依靠你提供真實的資訊，這有助於更好地合作，提高工作效率。進一步地，建立信任有助於解決衝突。當人們知道他們可以坦誠地表達不同的觀點，而不必擔心後果，衝突變得更容易管理。因為信任的存在，大家更容易接受建設性的反饋，這有助於找到解決方案。此外，信任還有助於減少誤解和猜測。當人們不敢直言不諱時，可能會產生誤解，誤以為對方的意圖或態度與實際情況不符。直言不諱有助於澄清這些誤解，建立更清晰的溝通。建立信任是一個持久而有益的過程，而直言不諱是實現這一目標的一個重要步驟。這種坦誠和誠實的態度在個人生活和職業生活中都有助於建立健康的人際關係，推動團隊的協作，並改善溝通和解決問題的效率。

避免內心的壓抑

　　避免內心的壓抑對於心理健康非常重要，而直言不諱可以是達到這一目標的有效方式。當你不敢表達自己的看法和情感時，你可能會抑制自己的情感，尤其是負面的情感，例如憤怒、不滿或沮喪。這些情感如果無法得到適當的表達和處理，可能會在內心積壓，形成情感的累積。這種情感的累積會對心理健康造成負面影響，它可能導致壓力的增加，情緒不穩定，以及身體健康問題，如失眠、頭痛和免疫系統功能下降。此外，長期忍受內心的壓抑情感也可能導致焦慮和抑鬱

等心理健康問題。直言不諱有助於避免這種情況的發生，因為它鼓勵你坦誠地表達自己的情感和看法。當你有機會表達你的情感時，你能夠釋放那些負面情感，而不是讓它們積壓。這種情感的釋放可以減輕壓力，改善情緒健康，並促使你更好地應對生活中的挑戰。而當你能夠坦誠地與他人分享你的情感時，你可能會得到支持和理解，這有助於緩解內心的壓抑感。知道有人聽取你的聲音，關心你的感受，可以改善自尊心和情感連結，進一步促進心理健康。避免內心的壓抑對於維護心理健康至關重要，而直言不諱是實現這一目標的重要手段。這種坦誠和開放的態度有助於釋放情感，減輕壓力，改善情緒健康，並增強個人連結，提高生活品質。

 ## 推動社會變革

勇於直言不諱的行為確實有助於推動社會變革，改革通常需要有人願意站出來，挑戰現有的體制、價值觀或不公平。這樣的挑戰者通常是那些勇於直言不諱，敢於表達自己觀點的人。他們能夠提出關鍵性的問題，揭示社會問題，並促使人們重新思考現有的做法。這種勇氣和堅定性能夠引起社會的關注。當有人勇敢地站出來，講述他們的故事或表達對不公平的不滿時，這引起了媒體、政府和公眾的關注。這種關注通常是推動變革的第一步，因為它將問題置於大眾的視野中。勇於直言不諱的人能夠啟發和激勵其他人。當人們看到有人勇敢地站出來，他們可能會受到鼓舞，也願意參與變革運動。這種影響力可以

擴散到整個社會，推動更大的變革和進步。在歷史上，許多重大的社會變革都是由勇於直言不諱的個人和團體所引領的。例如，民權運動的領袖馬丁·路德·金就是一個勇敢直言不諱的示範，他的言行啟發了數百萬人參與抗議運動，推動了種族平等的變革。而勇於直言不諱的行為對於社會變革至關重要。它能夠引起關注，激勵他人參與，並推動改變，從而實現社會的進步和發展。這種直言不諱的勇氣和堅定性有助於我們更好地應對問題，改善生活品質，並實現更大的公平和正義。

提高自尊心

提高自尊心是直言不諱的一個重要結果，自尊心是一個人對自己價值和重要性的感知。當你勇於表達自己的看法並受到他人的尊重和支持時，這對你的自尊心具有積極影響。以下是一些方式：

🎙 **被重視和聽取：**當你勇敢地表達自己的看法時，你傳達了一個資訊，即你的觀點和聲音是重要的。當他人尊重並聆聽你的觀點時，你會感到被重視，這有助於提高你對自己價值的認同。

🎙 **自信的增強：**當你的意見得到他人的支持和認可時，你的自信心也會增強。這種自信使你更能夠應對生活中的挑戰，並更具積極的態度。

🎙 **建立積極的自我形象：**當你表現出勇於直言不諱的特質，你建立了一個積極的自我形象。你知道自己有價值，並且可以對周圍的環境

產生積極的影響，這有助於提高自尊心。

🔨 **自我接受：**直言不諱有助於你接受自己的真實性，包括自己的強項和弱點。這種自我接受是建立積極自尊心的關鍵，因為你不再試圖隱藏或偽裝自己，而是接受自己的完整。

🔨 **建立成功：**自尊心的提高通常與更多的自信和積極性相關聯，能助你在各個方面取得成功。當你相信自己有能力達成目標時，你更有可能追求夢想並實現成就。

　　直言不諱有助於提高自尊心，因為它建立了一個能夠受到尊重和支持的自我形象。這種自尊心對於心理健康和個人成長非常重要，使你更能夠積極地面對生活中的各種挑戰。

🎤 改進決策

　　勇於表達自己的看法對於改進決策過程和達成更好的結果至關重要，以下是更詳細的描述：

🐝 **多元化的觀點：**當團隊成員勇於表達各自的看法時，可以引入多元化的觀點和角度。不同的觀點有助於全面考慮問題，從多個角度來看待挑戰，這有助於減少盲點並提高決策的品質。

🐝 **挑戰假設：**勇於直言不諱的成員可能會提出挑戰現有的假設或固有的思維方式。這有助於團隊避免陷入慣性思維，並鼓勵反思和創新。

🐝 **激發創造力：**開放的討論和多樣性的意見能夠激發創造力。團隊成

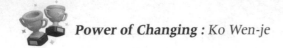

員可能會提出新的想法和解決方案，這些想法可能不會在傳統的、少有挑戰的環境中出現。

🎗 **提高問題解決能力：**勇於表達不同意見的成員有助於團隊更好地分析問題並找到解決方案。這種多角度的分析有助於確保所做的決策更全面和具有可行性。

🎗 **建立共識：**直言不諱的討論通常會促進更深入的討論和對話，最終可能達成共識。即使意見不一致，也可以通過這種開放的討論找到妥協或共同的立場。

🎗 **增強團隊凝聚力：**團隊成員感受到他們的觀點受到重視並被聽取，通常會增強他們的參與感和凝聚力。這對於建立一支協作和有生氣的團隊非常重要。

　　直言不諱，勇於表達自己的看法，不僅對個人成長和心理健康有益，還對社會和團隊的協作和進步具有積極的影響。這種品質能夠促進誠實的溝通、建立信任、推動社會改革，並有助於更好地理解和解決各種問題。

5 以人為本，關注民生問題

柯文哲的政策和決策始終著眼於人民的需求和利益，他努力為人民創造更好的生活環境和條件。他積極推動的城市更新計畫就是為了改善市民的居住環境和提高生活品質。

柯文哲對於社會公正和人權的重視上是非常注重的，他認為一個社會的進步和發展，必須建立在公正和人權的基礎上。在他擔任臺北市市長期間，他推動了「性別友善城市」政策，旨在建立一個平等、尊重和包容的城市環境。他還推動了「同志婚姻」政策，支持同性戀者的婚姻權利，為性別平等和人權保障做出了積極貢獻。

以及一個優秀的領袖和公共服務者，需要具備開放思維和學習能力。他在面對新的挑戰和問題時，始終保持著開放的思維和學習的態度，積極學習和借鑒他人的經驗和思想。他在推動城市更新計畫和STEM教育政策等方面，不斷地學習和探索新的思路和方法，為政府和市民帶來了更多的創新和發展。在他對於民主和法治的重視上。他始終堅持民主和法治的原則，推動政府的透明和公開，讓市民更好地參與到政府的決策和管理中來。他還積極推動政府的改革和創新，建立更為高效、公正的政府機制，為民主和法治的實現做出了貢獻。

而一個優秀的政治家和公共服務工作者需要具備多方面的素質和

能力，包括關注民生問題、創新思維、良好人際關係、危機處理能力、高度的責任感和使命感、環境保護和永續發展意識、創新科技應用、社會公正和人權的重視、開放思維和學習能力、民主和法治的堅持等。只有具備這些素質和能力，才能夠成為一個優秀的領袖和公共服務者，為社會進步和發展作出更大的貢獻。

　　而以人為本，關注民生問題的重要性在於確保社會的健康和繁榮，並提高每個人的生活品質是非常重要的。以下是更詳細的描述：

提高生活品質

　　提高生活品質是以人為本的一個重要目標。以人為本意味著將個體的需求、幸福和福祉置於社會政策和發展計畫的核心位置。這種方法強調了個體的價值，並旨在改善人們的生活品質，不僅僅是物質層面，還包括情感、社交和心理健康方面的綜合發展。在實踐中，提高生活品質的方式包括：

- **教育機會：** 提供高品質的教育機會是以人為本的一部分。教育不僅能夠提供知識和技能，還能激發個體的潛力，促進自我實現。通過提供平等的教育機會，社會可以確保每個人都有機會追求自己的教育和職業目標。

- **健康照顧：** 確保人們有適當的醫療和健康照顧是提高生活品質的重要因素。健康的個體更能參與社會活動，實現自己的夢想，並為社會做出貢獻。

🦴 **住房和基礎設施：**提供適當的住房和基礎設施有助於改善人們的生活條件。良好的住房環境可以提供安全感，促進家庭穩定，並提供良好的生活品質。

🦴 **食品安全和營養：**確保人們有足夠的營養和食品安全是關注民生的一部分。良好的營養有助於健康，並確保充分發展。

🦴 **心理健康和社交支持：**以人為本的方法也關注心理健康和社交支持。這包括提供心理健康服務，減少社交孤立，促進人際關係和社區參與。

以人為本的方法旨在提高人們的生活品質，不僅關注物質需求，還包括精神和情感層面。通過確保每個人都有平等的機會，社會可以實現更大的公平和幸福，從而實現社會的繁榮和穩定。

🎙️ 社會穩定和和諧

社會穩定和和諧是一個社會的核心價值和目標。以下是對關注民生問題對實現社會穩定和和諧的重要性的更詳細描述：

🦴 **滿足基本需求：**關注民生問題確保人們的基本需求得到滿足，包括食品、住房、教育、健康照顧等。當人們擁有這些基本需求時，他們更有可能擁有穩定的生活，不會因基本需求未得到滿足而感到焦慮或不滿。

🦴 **社會參與：**當人們不必為基本需求而擔憂時，他們才有可能積極參

與社會。這包括參與選舉、社區活動、志願服務和政府事務。積極參與社會有助於建立民主和加強社會凝聚力。

🔊 **減少社會不平等：** 關注民生問題有助於減少社會不平等。當資源和機會更加平等分配時，社會更具公平性，人們更有機會實現自己的潛力。這有助於減少社會分裂和對抗。

🔊 **減少社會動盪：** 當人們感受到他們的需求得到滿足並享有公平待遇時，社會動盪的風險更小。人們不太可能走上極端的道路或參與激進活動，因為他們感到社會體制是公正的。

🔊 **建立社會凝聚力：** 關注民生問題有助於建立社會凝聚力。當人們發現到社會關心他們的福祉，他們更有可能與其他成員一起共事，共同實現共同的目標。這有助於維護社會的和諧和穩定。

關注民生問題是確保社會穩定和和諧的重要因素。通過確保人們的基本需求得到滿足，減少社會不平等，並促進積極的社會參與，社會可以實現更大的和諧和穩定，從而實現共同的目標和價值觀。

🎤 提高教育水準

提高教育水準對社會和個體都具有重要的意義。以下是對這一概念的更詳細描述：

🔊 **個體發展：** 教育是個體發展的關鍵。它提供了知識、技能和機會，讓個體能夠充分發揮潛力。這不僅包括學術技能，還包括軟實力，

如解決問題、創造力和人際交往能力。高品質的教育機會有助於個體實現自己的夢想，追求職業目標，並提高生活品質。

🐾 **提高社會素質：**教育提高社會的整體素質。受過良好教育的公民更有可能參與社會和經濟活動，並做出有益於社會的貢獻。這有助於提高社會的生產力和競爭力。

🐾 **經濟成長：**教育被認為是經濟成長的引擎。受過教育的勞動力更具技能，更容易適應新技術和市場變化。這有助於提高國家的生產力，推動經濟發展。

🐾 **減少社會不平等：**提供平等的教育機會可以減少社會不平等，能確保每個人都有機會獲得高品質的教育，無論其背景或經濟地位如何，有助於建立更具公平性的社會。

🐾 **知識傳承：**教育有助於知識的傳承和保護。通過教育，先前的知識和文化價值觀可以被保存並傳遞給下一代。這有助於保護和豐富一個社會的文化遺產。

🐾 **創新和競爭力：**受過教育的人更有可能提出新的想法、創造新的產品和服務，並推動社會和經濟創新。這有助於提高國家的競爭力。

　　提高教育水準是以人為本的一個關鍵方面，它有助於個體的發展、社會的繁榮和國家的競爭力。通過投資於教育，社會可以實現更大的公平、成長和創新，從而為未來建設一個更好的世界打下基礎。

改善健康照護

　　改善健康照護是關注民生問題的一個重要方面，具有多方面的重要性。以下是對這一概念的更詳細描述：

預防疾病：提供適當的醫療和健康照顧有助於預防疾病。早期的健康檢查和預防措施可以幫助檢測和處理潛在的健康問題，從而減少疾病的發生率。

提高生活期望：適當的健康照顧可以提高人們的生活期望。它有助於早期診斷和治療，從而降低了致命疾病的風險，並延長了人們的壽命。

改善生活品質：適當的醫療和健康照護可以改善生活品質。它可以減輕患者的痛苦，提供支援和照顧，以應對長期疾病或殘疾。

減少醫療負擔：關注民生問題包括減少醫療負擔。通過提供負擔得起的醫療保健選項，人們可以獲得必要的治療，而不會遭受財務上的困擾。

社會和經濟影響：健康照護的改善對社會和經濟有積極影響。健康的工作人員更能夠參與工作和社會活動，提高生產力。此外，減少醫療負擔也可以減少家庭的經濟壓力。

社會公平：提供適當的醫療和健康照護確保社會公平。這意味著不論個人的經濟狀況或背景如何，每個人都有平等的機會獲得高品質的醫療服務。

而改善健康照護是以人為本的一個重要課題，它有助於提高生活品質、預防疾病、延長生命、減少醫療負擔並確保社會公平，有益於建立更加健康、幸福和繁榮的社會。

推動經濟成長

推動經濟成長是關注民生問題的一個重要方面，這對國家的繁榮和發展具有積極的影響。以下是對這一概念的更詳細描述：

🎙 **提高生產力：**有健康、受過教育的人口通常更具生產力。他們擁有技能和知識，可以更有效地參與工作和經濟活動。這有助於提高國家的整體生產力，推動經濟成長。

🎙 **創造就業機會：**關注民生問題可以促進就業機會的創造。投資於教育和健康照顧部門可以提供更多的工作機會，從而減少失業率，改善家庭經濟狀況。

🎙 **吸引外部投資：**一個擁有健康且受過教育的勞動力可以吸引外部投資。投資者更有可能在一個具有高素質人力資源的國家投資，這有助於國家獲得外部資本和技術轉移。

🎙 **提高競爭力：**有高素質的人力資源可以提高國家的競爭力。這意味著國家能夠在國際市場上更具競爭力，生產高品質的產品和服務。

🎙 **增加國內需求：**有健康且受過教育的人口通常擁有更高的收入水準，這意味著他們有更多的購買力，可以促進國內需求的成長。這有助

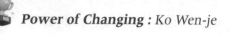

於推動經濟的穩定成長。

 提高創新能力：受過教育的人口通常更具創新能力。他們有可能提出新的想法、技術和解決方案，這對經濟的發展非常重要。

　　關注民生問題有助於建立一個強大的人力資源基礎，進而推動國家的經濟成長。這有助於提高生活水準、減少貧困，並為社會的發展打下堅實的基礎。

減少社會不平等

　　減少社會不平等是關注民生問題的一個關鍵目標，它對社會的穩定和繁榮具有重要意義。以下是對這一概念的更詳細描述：

平等的機會：通過提供機會均等的教育和職業發展，可以確保每個人都有平等的機會實現自己的潛力，就能減少因社會背景或種族等因素而產生的不平等。

社會流動性：關注民生問題可以提高社會流動性，使人們更容易從一個社會階層晉升到另一個社會階層，有益於減少社會的僵化性，使更多人有機會實現經濟和社會成功。

減少貧困：關注民生問題可以幫助減少貧困。通過提供社會安全網和經濟支援，可以改善弱勢群體的生活條件，減輕他們的經濟壓力。

提高社會和諧：社會不平等通常伴隨著社會不穩定和不滿。減少不平等有助於提高社會的和諧，降低社會緊張局勢和衝突的風險。

經濟成長的可持續性： 高度不平等的社會可能會影響經濟成長的可持續性。社會不平等可能導致資源不均衡分配，從而影響整個經濟的穩定性。

社會公正： 減少社會不平等有助於實現社會公正。這意味著每個人都有平等的權利和機會，無論其背景如何。

減少社會不平等是關注民生問題的一個核心目標，它有助於建立更平等和公正的社會，提高人們的生活品質，促進社會的和諧和穩定。這對國家的整體發展和進步具有積極的影響。

🎤 可持續發展

以人為本的發展模式確實有助於實現可持續發展目標，並促進社會、經濟和環境的均衡發展。以下是對這一概念的更詳細描述：

環境保護： 以人為本的發展強調環境的可持續性。這包括減少對自然資源的過度開採，降低排放，並採取措施來保護生態系統。這有助於維護地球的生態平衡，確保未來世代能夠繼續享有健康的環境。

資源管理： 以人為本的發展模式重視資源的可持續管理。這包括水、土地、能源等資源的有效使用，以確保它們能夠長期滿足人們的需求。

社會福祉： 以人為本的發展強調人的福祉。這包括提供高品質的教

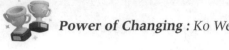

育、健康照護、基本住房等服務，以確保人們擁有健康、快樂的生活。

🐾 **減少不平等：**以人為本的發展模式有助於減少社會不平等。它強調提供平等的機會，確保所有人都能夠分享發展的好處，無論其背景如何。

🐾 **經濟穩定：**以人為本的發展模式有助於經濟的穩定和可持續成長。它鼓勵創造就業機會，提高人們的收入水準，並減少經濟不穩定性。

🐾 **可持續消費和生產：**以人為本的發展模式鼓勵可持續的消費和生產模式。這包括減少浪費、提高資源利用率，以及推動綠色技術和環保產業的發展。

🐾 **國際協作：**實現以人為本的發展模式需要國際協作。國際社會可以共同努力，分享最佳實踐，共同解決全球性挑戰，如氣候變化、糧食安全和貧困問題。

　　以人為本的發展模式有助於實現可持續發展目標，確保社會、經濟和環境的持續改善，並為未來世代創造更好的生活條件。這是一種綜合性的發展方法，旨在平衡不同利益，實現全面的可持續性。關注民生問題是建立一個健康、繁榮和和諧社會的關鍵。這不僅有助於提高生活品質，還有助於實現社會公正、經濟成長和可持續發展。確保每個人都能受益於社會進步，是實現更好世界的重要一步。

6 善於與人溝通，具有良好的人際關係

　　柯文哲是一個善於與人溝通的人，他與各種不同背景和立場的人都能夠建立良好的關係。他的良好人際關係能力使得他在政治和公共服務領域中得到了廣泛的支援和信任。領袖是需要具備有效的溝通和協作能力。柯文哲在他的職業生涯中展現了這些素質和能力。作為一名優秀的醫生和學者，他能夠與同事和病人保持良好的溝通和協作關係，為病人提供更好的醫療服務和支援。在他擔任臺北市市長期間，他積極與市民和政府相互溝通和協作，推動多項政策和計畫，為城市的發展和改進提供了有力的支援和保障。

　　例如，在他推動的「鳥籠公投」政策中，他積極與市民溝通和協作，鼓勵市民參與政府的決策和管理，使得政府和市民之間的關係更加密切和良好。他還積極與商界和社區領袖溝通和協作，推動城市的創新和發展，為城市的發展和進步注入新的動力和活力。他的溝通和協作能力讓他在政治和公共服務領域中更加有影響力和領導力。

　　除了具備有效的溝通和協作能力外，領袖和公共服務者還需要具備高度的決策能力和執行能力。柯文哲在他的職業生涯中展現了這些素質和能力。作為一名優秀的醫生和學者，他能夠做出正確的醫學診斷和治療方案，為病人提供最佳的醫療服務和支援。在他擔任臺北市

市長期間，他能夠做出正確的政策決策和計畫，並有效地實施和執行這些計畫和政策。例如，他推動的「同志婚姻」政策和「性別友善城市」政策，有效地保障了同性戀者的權益和尊嚴，為城市的發展和進步注入了新的活力和動力。

在政治和公共服務領域中，領袖和公共服務者需要具備多方面的素質和能力，包括良好的人際關係、創新思維、危機處理能力、高度的責任感和使命感、環境保護和永續發展意識、創新科技應用、社會公正和人權的重視、開放思維和學習能力、民主和法治的堅持、高度的專業知識和能力、高度的道德操守和責任感、遠見和戰略思維、高度的敏感度和反應能力、有效的溝通和協作能力、高度的決策能力和執行能力等等。只有具備這些素質和能力，才能夠成為一個優秀的領袖和公共服務者，為社會進步和發展做出更大的貢獻。

善於與人溝通並擁有良好的人際關係是個人和職業生活中非常重要的技能和特質。以下是這些方面的詳細描述：

有效溝通

有效溝通是個人和職業生活中至關重要的技能。以下是有關有效溝通的重要性：

* **建立成功的關係：**有效溝通是建立成功人際關係的關鍵。當你能夠清晰地表達自己的觀點並聆聽他人時，就能夠建立信任和共鳴，這在友誼、家庭和職場關係中都至關重要。透過溝通，你可以更好地

理解他人的需求和期望，並找到共同的立場。

避免誤解和衝突：不良的溝通通常是誤解和衝突的根本原因。當資訊不清晰或被誤解時，可能會導致不必要的爭執和不滿。良好的溝通幫助確保資訊被傳達並理解正確，從而減少誤解和衝突的風險。

提高領導能力：在領導角色中，良好的溝通是至關重要的。領導者需要能夠清晰地傳達他們的願景和目標，並有效地指導團隊。此外，領導者應該聆聽團隊成員的反饋和需求，以建立積極的工作環境。

促進合作和團隊工作：在團隊中，有效溝通是成功的基礎。成員之間應該能夠分享資訊、意見和建議，以實現共同的目標。良好的溝通有助於促進合作，並確保每個團隊成員都知道他們的角色和貢獻。

建立信任：信任是健康關係的基礎。當你能夠誠實地表達自己的想法並履行承諾時，你建立了信任。這種信任在個人生活中與朋友和家人以及職業生活中與同事和客戶之間都至關重要。

提高自我意識：通過主動參與溝通，你可以更深入地理解自己的想法和情感。這種自我意識有助於個人成長和改進，並使你更好地應對各種情況。

　　有效溝通是一項不斷發展的技能，它對於個人和職業成功至關重要。透過練習和不斷改進溝通技能，你可以建立更好的關係，解決問題，並實現更多的目標。

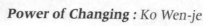 **建立關係**

建立關係是我們生活中一個重要的人際互動方面，以下是建立關係的更多描述：

🎙 **建立深厚的友誼：** 關係中的互相尊重、支持和理解有助於建立深厚的友誼。當你願意聆聽朋友的需求和感受，同時也能夠在他們需要時提供支援，你將建立一種堅固的友誼，這種友誼能夠持久且令人滿足。

🎙 **家庭關係：** 在家庭中，建立良好的人際關係對於家庭的和諧至關重要。互相尊重和支持的家庭成員更容易共同應對挑戰，並共用生活的美好時光。這有助於建立一個溫馨的家庭環境。

🎙 **職場合作：** 在職場中，建立積極的人際關係是成功的關鍵。能夠與同事建立合作夥伴關係，共同實現公司的目標，有助於提高工作滿意度和生產力。此外，有強大的職場關係也可以提供職業發展的機會。

🎙 **支持系統：** 良好的人際關係可以成為你的支援系統。當你面臨挑戰、壓力或困難時，有信任的朋友和家人可以提供情感上的支援，幫助你度過難關。這種支援可以增強你的抗壓能力。

🎙 **共用快樂：** 人際關係不僅在困難時有價值，也在分享喜悅和快樂時有重要作用。有親密的人際關係可以讓你與他人一起慶祝成功和特殊時刻，這種分享能使快樂倍添價值。

解決衝突：良好的關係通常能夠更容易地處理衝突。當你與他人建立了良好的信任和理解，你可以更有效地解決爭端，找到共識並維持關係的穩定。

幸福感：研究顯示，良好的人際關係對於個人幸福感和整體生活滿意度具有重要影響。有人際關係的支援和連結可以加深你的情感幸福感。

建立良好的人際關係有助於在個人生活和職業生涯中建立更有意義的連結，提高生活品質，並在各個層面上實現成功和幸福。

 # 團隊合作

團隊合作是職場中至關重要的元素，以下是有關這一主題的更多內容：

實現共同目標：團隊合作是實現共同目標的有效方式。當團隊成員能夠互相支持、分享資源和專業知識時，他們更有可能成功完成任務和項目。

充分利用多樣性：團隊成員通常具有不同的技能、經驗和觀點。良好的人際關係可以促進多樣性的充分利用，從而創造更全面的解決方案和創意的想法。

提高溝通效率：良好的人際關係有助於改善團隊內外的溝通。當成員之間的溝通順暢時，資訊傳達更加明確，誤解減少，從而提高工

作效率。

🎙️ **建立信任：** 團隊合作建立在信任的基礎上。成員之間的信任有助於減少競爭，增加協作，並確保每個人都能夠放心地貢獻和提出想法。

🎙️ **共同學習：** 團隊合作促進共同學習的機會。成員之間可以分享知識、技能和經驗，從而提高整個團隊的專業素質。

🎙️ **減輕工作壓力：** 在一個支持性的團隊環境中工作可以減輕個人工作壓力。成員之間的相互支持和分工合作有助於分擔工作負擔，使工作變得更輕鬆。

🎙️ **增加滿意度：** 良好的團隊合作有助於提高工作滿意度。在一個有益的團隊中工作，成員更有可能感到受到重視，並更願意投入工作。

🎙️ **解決問題：** 團隊合作的多元觀點和集體思維有助於更好地解決問題。成員可以一起分析挑戰，共同找到解決方案。

　　團隊合作是實現職場成功和生產力的關鍵因素之一。良好的人際關係和合作精神有助於創造一個有活力的工作環境，使團隊能夠充分發揮其潛力並實現共同目標。

🎙️ 解決衝突

　　解決衝突是維護健康人際關係一大關鍵，以下是有關這一主題的更多內容：

❧ **建設性對話：** 良好的人際關係有助於建立建設性的對話。當關係中的人感到他們被尊重和理解時，他們更容易以開放的態度參與對話，探討問題並提出解決方案。

❧ **衝突解決技能：** 良好的人際關係通常涉及衝突解決技能的發展。這包括學會冷靜、尊重對方的觀點、有效溝通以及尋找共同的地方。這些技能有助於在衝突時保持冷靜和理智，以找到解決方案。

❧ **促進理解：** 解決衝突的過程可以促進更深入的理解。通過討論分歧，人們更容易理解對方的立場和需求，從而建立更強大的關係。

❧ **維護關係：** 良好的衝突解決有助於維護關係的穩定性。當人們能夠解決問題，而不是將衝突留存在那裡時，他們更有可能保持長期的關係。

❧ **避免積壓：** 解決衝突有助於避免情感和情緒的積壓。當衝突得以解決時，人們通常會感到釋放和解脫，這有助於減輕壓力和焦慮。

❧ **建立信任：** 有效解決衝突可以增強關係中的信任。當人們看到衝突得到合理解決且互相尊重時，他們更有信心信任對方。

❧ **找到共識：** 衝突解決過程有助於找到共識。通過討論和協商，人們可以找到彼此都能接受的解決方案，從而達成共識。

總之，解決衝突是建立和維護良好人際關係的重要技能。這有助於建立更強大的關係，避免不必要的矛盾和分歧，並確保人際關係保持穩定和健康。

🎤 職業發展

職業發展和人際關係之間存在著緊密的聯繫，以下是有關這一主題的更多內容：

🐾 **建立職場聯繫：**良好的人際關係在職場中有助於建立關鍵聯繫。透過與同事、上級、下屬和其他專業人士建立積極的關係，您可以獲得有關行業、領域和職業機會的重要資訊。

🐾 **職場合作：**良好的人際關係有助於促進職場合作。能夠有效地與同事合作，共同達成共同目標，是職業成功的重要部分。

🐾 **學習和專業發展：**通過與同事和行業內的其他專業人士建立聯繫，您可以學到新知識，瞭解最新趨勢，並繼續專業發展。這有助於提高您的競爭力，使您在職場上更具價值。

🐾 **晉升機會：**良好的人際關係可以為您提供晉升和升遷的機會。當您在職場中建立聲譽並贏得同事和上級的信任時，您更有可能被選中擔任重要職位。

🐾 **職業建議和支持：**良好的人際關係使您能夠獲得職業建議和支持。您可以向專業人士尋求建議，瞭解職業生涯中的最佳實踐，並得到在困難時的支持。

🐾 **解決衝突：**在職場中，解決衝突是不可避免的。良好的人際關係可以幫助您以建設性的方式解決衝突，而不損害您的職業聲譽。

🐾 **創建支持系統：**良好的人際關係可以幫助您建立職業支援系統。這

些支持系統包括專業導師、同事、朋友和其他職場聯繫，他們可以提供建議、指導和支援。

　　一段良好的人際關係在職業發展中扮演著關鍵角色。它們有助於建立職場聯繫，提供支援和機會，並有助於您在職業生涯中取得成功。

 ## 心理健康

　　心理健康和人際關係之間的關聯非常重要，以下是一些更多相關描述：

🎤 **情感支持：**良好的人際關係可以提供情感支援，讓人們有人可以分享自己的喜悅、擔憂和挑戰。這種支持有助於緩解情感壓力，使人更能應對生活中的困難情況。

🎤 **減輕壓力：**有支持系統的人通常更能夠應對壓力。當您感到壓力時，有人可以與之分享，聆聽您的問題，並提供鼓勵和建議，這對緩解壓力非常有幫助。

🎤 **減少孤獨感：**孤獨感可以對心理健康造成嚴重影響。良好的人際關係可以幫助減少孤獨感，提供陪伴和連結，使人感到更加受歡迎和接受。

🎤 **自我價值感：**良好的人際關係有助於提高自我價值感。當您感受到被接受和受歡迎時，更能提升自我認同感、自我肯定，這對心理健康非常重要。

🎙 **幸福感：**研究表明人際關係對幸福感和生活滿意度有積極影響。與親友建立深厚的關係，可以帶來更多的喜悅和幸福感。

🎙 **社交支持：**良好的人際關係提供了社交支援的來源。這種支援可以在困難時提供幫助，使人更能應對生活中的挑戰。

　　良好的人際關係對心理健康非常重要。它們提供情感支援、減輕壓力、減少孤獨感，並有助於提高幸福感和自我價值感。因此，投資於建立和維護健康的人際關係是維護心理健康的重要一環。

🎙 領導能力

　　領導能力和人際關係之間的聯繫非常關鍵，以下是一些更多相關描述：

🎙 **建立信任：**良好的人際關係是建立信任的基礎。領導者需要在其團隊中贏得信任，這有助於建立一個穩固的工作關係，並促進合作。

🎙 **激勵和鼓勵：**領導者需要能夠激勵和鼓勵團隊成員，以實現共同目標。這通常需要建立一種積極的和支援性的工作環境，這取決於領導者的人際技能。

🎙 **有效溝通：**領導者必須能夠清晰地表達他們的想法和指導，並聆聽團隊成員的反饋。良好的人際關係有助於改善溝通，減少誤解和不確定性。

🎙 **協調和合作：**領導者通常需要協調不同團隊成員之間的工作，以實

現共同的目標。能夠促進合作和協調是一個領導者的關鍵能力,這需要良好的人際社交。

🎖 **解決問題：** 領導者經常面臨挑戰和問題,並需要有效地解決它們。這可能涉及協商、冷靜處理衝突或找到創新的解決方案,這都需要優秀的人際關係力。

🎖 **建立團隊文化：** 領導者對團隊文化的塑造和維護至關重要。能夠建立一種支援性、合作和積極的文化,而需要在人際關係方面的敏感性和技能。

　　良好的人際關係是領導成功的重要因素。它們有助於建立信任、激勵團隊、促進有效溝通,並提高領導者的效能。因此,領導者通常會努力發展和改善他們的人際關係技能,以實現更大的成功。

做事專注，不被外界干擾

柯文哲擔任台北市市長期間，強颱蘇迪勒颱風的狂風暴雨侵襲了台北市，導致大面積的淹水和損害。強烈颱風引起了市民的恐慌，媒體的關注，以及各種政治和社會壓力。

儘管外界的壓力和干擾不斷襲來，柯文哲表現出了極大的專注和冷靜。他立即組織了應變小組，與城市的相關機構合作，協調救援和復建工作。他積極與市民交流，提供必要的資訊和安慰，讓市民感到安心。

柯文哲在危機中的專注和冷靜不僅有助於有效地應對災害，還為市民和政府提供了一個穩定的領導者形象。他把自己的注意力集中在最重要的事情上，不受外部的干擾而影響自我的決策。

由此我們了解到：

1. 重要性的專注：柯文哲的例子強調，專注於解決問題和應對危機是非常重要的。無論外界有多麼大的干擾和壓力，將注意力專注在關鍵事務上有助於有效解決問題。

2. 冷靜的思考：在壓力情況下，冷靜和理性的思考是關鍵。柯文哲的冷靜反應了在危機時保持冷靜和清晰思考的重要性，這有助於做

出明智的決策。

　　3. 領導者的形象：柯文哲的專注和冷靜在危機中不僅有助於解決問題，還維護了領導者的形象。領導者應該在困難時展現穩定性和自信，以鼓勵信任和合作。

　　柯文哲的專注和冷靜提醒我們，在挑戰和危機面前，保持冷靜、專注和理性的態度是取得成功的重要要素。這些品質不僅有助於解決問題，還有助於塑造優秀的領導者形象。

　　做事專注，不被外界干擾，有助於提高效率、品質和心理健康。以下是做事專注的重要關鍵點：

提高工作效率

　　專注力對提高工作效率的重要性無法忽視。以下是一些關於提高工作效率的更多觀點，包括專注的優點：

　　減少生產時間：專注於一項工作，通常可以減少生產所需的時間。當我們不再被分散的注意力所困擾，能夠更迅速地完成任務，這意味著我們有更多的時間處理其他工作或享受休息時間。

　　提高工作品質：專注力有助於提高工作的品質。當我們能夠深入思考並處理細節時，通常能夠更好地解決問題，避免錯誤，並產生更具價值的成果。

　　減少錯誤：分散的注意力容易導致錯誤。專注有助於減少錯誤的發

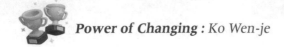

生,從而節省了時間和資源,因為我們不必花時間修正錯誤。

🔹 **提高自信心**:當我們能夠專注並完成工作時,會增加我們的自信心。這種成功鼓勵我們尋求更多挑戰,並相信自己可以應對各種任務。

🔹 **減少壓力**:分散的注意力常常伴隨著壓力和焦慮。專注能幫助我們處理工作而不感到壓力,因為我們能夠有效地應對挑戰。

🔹 **提高創造力**:專注不僅適用於重複性任務,還有助於提高創造力。當我們能夠專注於某個問題或專案時,更容易產生新的想法和解決方案。

🔹 **提高生活品質**:專注不僅適用於工作,還適用於日常生活。在與家人、朋友或愛好中的專注可以改善人際關係,並提高生活品質。

　　專注是提高工作效率和生活品質的關鍵。通過培養專注力,我們能夠更好地應對挑戰,取得更多成功,並享受更加豐富的生活。

🎤 減少錯誤

　　確實,專注對於減少錯誤和提高工作的準確性至關重要。以下是更多有關專注如何幫助減少錯誤的一些觀點:

🔹 **減少分散注意力**:專注可以幫助您減少分散注意力的情況。當您專注於一項任務時,不容易受到其他事物的干擾,就能降低犯錯的機率。

提高細節注意力：在專注的狀態下，您更傾向於仔細檢查工作中的細節。這有助於捕捉那些容易被忽略的錯誤，從而確保工作的正確性和完整性。

增強反應速度：專注讓您能夠更迅速地識別錯誤並立即採取行動。這有助於在錯誤傳播之前迅速改正，減少損害。

提高自我監控能力：有專注力的人更傾向於自我監控，即時察覺到自己的錯誤並進行更正，可防止錯誤被忽視或被推遲處理。

提高自信：專注有助於提高工作的品質，從而增加了個人的自信心。當您知道自己能夠專注並減少錯誤時，會更有信心應對挑戰和責任。

增強專業表現：在許多職業中，錯誤可能對人們的生活或財務造成嚴重影響。專注有助於提高專業表現，確保工作的品質，並維護個人和組織的聲譽。

專注是一種強大的工具，可以減少錯誤，提高工作效率，並增加工作的價值。通過培養專注力，您可以更好地應對挑戰，確保工作和生活的品質。

提高學習效果

專注對學習和知識吸收的重要性不容忽視。以下是一些關於專注如何提高學習效果的具體觀點：

🐚 **深度理解：**專注使您能夠更深入地理解學習材料。這意味著不僅僅是記住事實，還能夠理解概念的背後原理，這種理解更持久且更易於應用。

🐚 **提高記憶力：**當您專注學習時，大腦會更有效地將資訊存儲在長期記憶中。這使您更容易在需要時擷取和運用所學。

🐚 **減少學習時間：**專注學習可以提高學習效率，因此您只需要花較少的時間就能掌握一個主題或技能。這節省了寶貴的時間，可以用於其他重要事務。

🐚 **提高專注力：**專注是一種訓練，可以逐漸提高您的專注力。隨著時間的推移，您將能夠更長時間地保持專注，有助於更多學習機會。

🐚 **應對挑戰：**學習中總會遇到困難或挫折。專注有助於培養堅韌的心態，使您能夠堅持克服困難，並更好地應對挑戰。

🐚 **提高成就感：**成功的學習體驗和掌握新知識可以提高您的成就感和自信心。這種積極的反饋可以激勵您繼續學習。

專注是提高學習效果的關鍵要素，它有助於您更好地掌握知識，更快地進步，並在學習過程中獲得更多滿足感。無論您是在學術、職業還是個人生活中學習，專注都是取得成功的不可或缺的技能。

 **提高創造力**

專注對創造力的重要性不可低估。以下是一些有關專注如何提高創造力的具體觀點：

- **深入思考：** 專注意味著您能夠更深入地思考問題，探索不同的觀點和解決方案。這有助於擴展思維，找到創意的靈感。

- **減少干擾：** 專注時，您會減少外界干擾和分散注意力的因素。這使您能夠更多地專注於創意工作，而不因干擾而中斷。

- **提高問題解決能力：** 專注有助於改進問題解決技能。當您能夠深入分析問題並集中精力尋找解決方案時，就更容易克服挑戰。

- **連結不同的概念：** 在專注狀態下，您更能夠將不同領域的概念和想法相連接，創造出新的思維連結。這種跨領域思考有助於創造獨特的解決方案。

- **創建環境：** 專注需要一個有利於創造性思維的環境。在這樣的環境中，您可以自由地發揮創意，不受壓力或時間限制的約束。

- **持之以恆：** 專注有助於培養持之以恆的創造性習慣。通過定期專注於創意工作，您可以逐漸提高創造力，並在長期內取得更多成就。

專注是激發創造力的重要工具，有助於生成新想法、解決問題，並在創意領域取得卓越成就。不論您是一名藝術家、設計師、創業家還是其他創意領域的從業者，專注都是實現創造力必不可少的技能。

減少壓力

專注確實可以幫助減輕壓力和焦慮。以下是一些關於專注如何減少壓力的方式：

減少分心： 專注意味著減少分心，不輕易被外界干擾所困擾。這樣可以降低感到壓力的可能性，因為您能夠更好地掌控情況。

提高自我效能感： 當您專注並成功完成任務時，您的自我效能感會增強。這種感覺有助於降低壓力，因為您相信自己可以應對挑戰。

改善時間管理： 專注有助於改善時間管理技巧。當您能夠有目的地專注於任務時，您更容易高效地完成工作，減少時間壓力。

提高自我控制： 專注是自我控制的一部分。當您能夠控制自己的專注力，不受外界誘惑，您可以更好地應對壓力觸發。

提高問題解決能力： 專注有助於更好地分析問題並找到解決方案。這樣可以減輕由未解決的問題引起的壓力。

提高情感管理能力： 專注還有助於提高情感管理能力，因為您能夠更好地處理情緒，不會被情感壓倒。

專注是一種應對壓力的有效策略。它可以幫助您更好地應對挑戰，降低壓力水準，並提高生活品質。無論您處於個人生活還是職業生活中，專注都是一個強大的工具，可以幫助您應對各種壓力源。

提高自信

專注有助於提高自信，並且自信是成功的關鍵因素之一。以下是一些關於專注如何提高自信的方式：

成就感：當您專注並成功完成工作或達成目標時，您會感到自豪和有成就感。這種成就感可以積極地影響您的自信，使您相信自己能夠應對挑戰。

自我效能感：專注也有助於提高自我效能感，即對自己能力的信心。當您專注於一個任務並成功地完成它時，您會更有信心應對類似的任務。

自我價值感：專注和成功有助於增強您的自我價值感。您會感到自己是有價值的，這種感覺對自信心至關重要。

自信的循環：成功的專注和自信之間存在一個正向循環。當您更加專注，更成功，您的自信會提高，這又會激勵您更加專注，創造更多成功。

應對挑戰：自信使您更能夠應對挑戰和新機會。當您相信自己的能力時，您更傾向於接受挑戰，並勇敢面對困難。

專注和自信之間存在緊密的聯繫。通過專注於目標，並成功地實現它們，您可以建立和增強自信，這對於實現個人和職業目標至關重要。自信是一個強大的資源，可以幫助您克服障礙，並更好地應對生活中的各種挑戰。

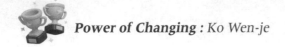

培養時間管理技能

提到的時間管理技能是專注的重要組成部分，而且這兩者互相支援。以下是有關專注如何有助於時間管理的一些重要方面：

優先處理任務：專注幫助您識別和優先處理最重要的任務。這意味著您可以在首要事項上花更多的時間和精力，並確保這些任務在時間表上得到適當的安排。

減少分心：分心和拖延是時間管理的敵人。當您能夠專注於工作時，您更容易避免分心和拖延，這有助於提高效率。

有效的計畫：專注有助於更有效地計畫您的工作日。您可以制定清晰的目標，並集中精力實現這些目標，而不是浪費時間在無關緊要的事情上。

時間塊：專注有助於實施時間塊，這是將工作劃分為特定時間段，然後專注於每個時間段的一個任務。這種方法可以提高效率，減少切換任務的時間浪費。

目標設定：專注有助於更清晰地設定目標。當您知道自己正在專注於什麼，就更容易制定具體的目標，並為實現這些目標設定時間表。

減少工作壓力：專注有助於減少工作壓力。當您能夠專注於工作，而不是感到時間不足或無法應付工作時，工作壓力減少，您可以更輕鬆地應對挑戰。

專注是一項關鍵的技能，有助於提高時間管理能力。通過專注於

重要任務，減少分心，並有效地計畫您的時間，就能更好地管理您的日常工作，提高效率，並有更多的時間來實現您的目標。

 # 提高工作滿意度

專注能夠顯著提高工作滿意度。具體體現如下好處：

🎤 **成就感**：當您專注並成功地完成工作時，會產生成就感。這種成就感是工作滿意度的一個重要組成部分，它讓您感到自己在工作中是有價值的。

🎤 **減少工作壓力**：專注工作有助於減輕工作壓力。分心和擔心會導致工作壓力增加，而專注則有助於減少這些負面情緒，使您更能夠享受工作。

🎤 **提高效率**：專注有助於提高工作效率。當您能夠專注於工作時，通常能夠更快地完成任務，這意味著您有更多的時間來處理其他事情或享受休閒時間。

🎤 **品質保證**：專注有助於提高工作的品質。您可以更深入地思考和處理任務，確保工作的準確性和品質，這可以讓您更自豪地對待自己的工作。

🎤 **增加自信心**：專注並成功地完成任務會增加自信心。當您感到自己在工作中表現出色時，您會對自己的能力更有信心，這有助於提高工作滿意度。

提升職業發展：專注工作可以幫助您在職業生涯中取得更多的成功。高效率和高品質的工作表現通常會引起上司或老闆的注意，能為您帶來晉升和職業發展的機會。

專注是提高工作滿意度的關鍵因素之一。通過專注於工作，您能夠更好地應對工作壓力，提高工作效率，提高工作品質，增加自信心，這些都有助於更愉快地度過工作日，並在職業生涯中取得更多的成功。

8 不斷學習，持續提升自己的能力

柯文哲認為學習是一個不斷提升自己能力的過程，他始終保持學習的熱情，並且不斷學習新的知識和技能。他的不斷學習能力使得他在政治和公共服務領域中具有更高的素質和能力。他廣泛涉獵不同領域的知識和技能，並將這些知識和技能應用到自己的生活和工作中，從而提高了自己的生活品質和工作效率。他的學習方式和方法，不僅對自己的工作和生活有著積極的影響，同時也對他的家人、朋友和同事產生了積極的影響，也為整個社會帶來了積極的推動作用。他通過自己的實踐和經驗，激勵更多人積極學習、不斷進步，從而為社會和人民做出更大的貢獻。他的學習態度和方法，融合了東方和西方的學習理念，具有很高的啟發性和參考價值。他的成功經驗表明，學習不僅是一個個體的行為，同時也是整個社會進步的動力之一。

除了學習新的知識和技能，柯文哲還注重學習如何與人相處和溝通。他深刻理解到，良好的人際關係和溝通能力是領袖和公職人員成功的重要條件之一。因此，他注重與人交流和學習，不斷提高自己的溝通和協作能力，從而更好地為人民服務。他的溝通能力和協作能力，不僅幫助他在政治和公共服務領域中更好地履行職責，同時也幫助他

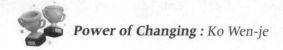

建立良好的人際關係和團隊合作關係。

柯文哲的追求學習和成長的態度，在政治、工作和生活等多個領域中得到了體現。他的不斷學習能力和學習態度，不僅幫助他提高了自己在政治和公共服務領域中的素質和能力，同時也讓他在生活中更加豐富多彩。他的成功經驗啟發了更多人，激勵他們積極學習、不斷進步，為社會和人民做出更大的貢獻。

不斷學習和提升自己的能力在現代社會中至關重要，它有助於個人和職業的成功，以及更豐富的生活體驗。而不斷學習和提升自己的能力有一些關鍵點：

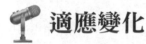 ## 適應變化

不斷學習和提升自己的能力對於適應變化至關重要。以下是一些有關這一重要性的更多詳細資訊：

🎙 **保持競爭力**：在現代世界中，技術和市場環境不斷變化。不斷學習新技能和知識可以使您保持競爭力，並確保您在工作市場上有更多的機會。

🎙 **適應性**：不斷學習和提升自己的能力增加了您的適應性。您能夠更輕鬆地適應新的工作環境，新的工作流程，以及新的挑戰和機會。

🎙 **擴大機會**：透過不斷學習，您可以擴大自己的機會範圍。您可能會發現自己對不同的職業或行業有興趣，並且有機會探索新的職業方

向。

🎙 **自信心：**不斷學習可以增強您的自信心。當您感到自己具有新的技能和知識時，您會更有信心應對各種挑戰，並追求更高的目標。

🎙 **自主性：**不斷學習使您更具自主性。您不再依賴他人提供的資訊或機會，而是能夠主動追求您想要的機會。

🎙 **增加價值：**持續學習和提升自己的能力可以使您成為更有價值的資產。無論是在工作中還是在個人生活中，這都有助於您更好地實現自己的潛力。

　　不斷學習和提升自己的能力是一個持續的過程，它使個人更能夠應對變化、擴展機會範圍，增加自信心，並取得更多的成就。這對於個人和職業生涯的成功都具有關鍵性的影響。

🎙 保持競爭力

　　保持競爭力是自由人生的最佳狀態，而不斷學習和提升自己的能力是實現這一目標的關鍵。以下是一些有關保持競爭力的更多資訊：

🎙 **不斷學習：**現代世界不斷變化，特別是科技領域。持續學習新技能和知識，跟隨行業趨勢，確保您的知識保持最新，以應對變化。

🎙 **創新思維：**不斷學習有助於培養創新思維。新的知識和經驗可能會激發新的想法，幫助您找到解決問題的新途徑，或者創建新的產品和服務。

職業發展：不斷學習可以提高您的職業發展機會。新的技能和知識可以使您在職場上更有價值，有可能晉升或轉向更有前途的職業方向。

適應性：隨著技術和市場的變化，具備不斷學習的能力使您更具適應性。這意味著您可以更輕鬆地應對變化，找到新的機會，而不是受制於變革。

自信心：擁有新的技能和知識會增強您的自信心。當您知道自己具備必要的工具和資源時，您更有信心應對挑戰並追求更高的目標。

　　不斷學習和提升自己的能力是實現個人和職業成功的關鍵之一。它有助於保持競爭力，適應變化，並繼續成長和發展。

職業發展

　　不斷學習和提升技能更有益於職業發展。以下是一些關於職業發展的更多資訊：

專業發展：參加培訓課程、研討會或獲得相關的專業認證是提升職業技能的有效途徑。這些努力可以使您成為行業內的專家，增加在特定領域的價值。

學習新技術：隨著科技的不斷發展，學習新技術和工具是非常重要的。這可能包括學習數據分析、人工智慧、數位營銷等等。這些技能在當今的職場非常受歡迎。

🎙 **高級學位**：追求碩士學位或博士學位可以為您的職業發展帶來更大的機會。這些學位通常可以打開更高層次的職位和更高的薪資。

🎙 **學習新工具**：學習如何使用新的軟件和工具，例如專業的圖形設計軟件、專案管理工具或數據分析工具，可以提高您的效率，同時也可以在職場中更有競爭力。

🎙 **建立人脈**：在職業發展中建立和維護人脈非常重要。參加行業活動、社交聚會、專業組織或線上社交媒體平臺，這些都是擴展人脈的有效方式。

　　不斷學習和提升技能可以為您的職業發展打開門戶，為升職和薪資成長創造更多的機會，有助於您在競爭激烈的職場中脫穎而出。

🎙 個人成長

　　不斷學習和提升能力更是直接能提升個人成長，以下是更多關於個人成長的資訊：

🎙 **自我認識**：學習是一個自我認識的過程。通過學習新事物，能更好地瞭解自己的興趣、價值觀和目標，有益於更明確地知道自己想要什麼，以及如何實現它。

🎙 **挑戰舒適區**：學習和成長通常需要走出舒適區。嘗試新的事物、面對挑戰、克服困難都有助於您變得更堅韌、自信並發展更多技能。

🎙 **解決問題**：學習提供瞭解決問題的工具和思維方式。當您習慣性地

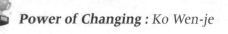

處理問題,您變得更具應對挑戰的能力,這對個人生活和職業都有益處。

改進溝通:學習新的語言、溝通技巧和表達能力有助於更好地與他人溝通,這對人際關係和職業發展非常重要。

擴大視野:學習可以擴大您的視野,使您更深入地瞭解不同文化、觀點和思想。這有助於促進開放的心態,培養文化多樣性和包容性。

追求夢想:學習提供了實現夢想的工具。無論是追求職業目標、創業、還是實現個人抱負,學習都是實現這些目標的必要步驟。

個人成長是一個動態的過程,它涉及到不斷學習、挑戰自己、提高技能、改善溝通並實現潛力。這是一個豐富而有意義的過程,可以豐富您的生活並為您的未來鋪平道路。

增加自信

不斷學習和提升自己更是增加自信的關鍵,以下是更多關於增加自信的資訊:

知識和經驗:通過學習新的事物和不斷提升自己的技能,您獲得了更多的知識和經驗,當您瞭解某一主題或領域,就會更有信心地在相關領域中表現出色。

挑戰和成就感:學習和成長通常涉及克服挑戰和取得成就。每克服一次挑戰都會增加自信,因為您知道自己有能力應對各種情況。

自我價值感：不斷學習和提升自己有助於提高自我價值感。當您感到自己有價值並能夠做出積極貢獻時，自信心也會隨之提升。

自信的積極循環：自信是一個正向循環。當您感到自信，您更有動力去追求目標和挑戰，這又會增加更多的自信，並在未來的成就中反覆出現。

應對壓力：自信有助於應對壓力和不確定性。當您相信自己有能力解決問題，就更能夠在壓力下保持冷靜和應對困難。

社交互動：自信有助於改善社交互動。當您對自己和自己的能力充滿信心時，就更容易建立積極的人際關係，並有益於提高生活品質。

　　不斷學習和提升自己是增加自信的有效途徑。這種自信不僅有助於個人生活中的成功，還能夠積極影響您的職業生涯和人際關係。它是一種寶貴的資源，可以幫助您實現更多的目標並迎接更多的機會。

 # 開發創新

　　學習新知識和技能對於開發創新至關重要。以下是更多的相關資訊：

多元化的視角：通過學習新的領域和技能，能夠獲得多元化的知識，並將不同領域的觀點融入創新過程中。這種跨學科的方法有助於發現新的連接和機會。

問題解決：學習新的知識和技能可以提升解決問題的能力。當您具

備多種工具和方法來應對挑戰時，就更有可能找到創新的解決方案。

🐝 **探索新市場**：學習新知識和技能有助於探索新市場和機會。這有助於企業發現新的目標受眾，推出新產品或服務，並實現業務成長。

🐝 **持續改進**：不斷學習和提升自己意味著對變革和改進持開放態度。這對於持續改進產品、服務和流程非常重要，有助於保持競爭力。

🐝 **鼓勵創造力**：學習新的技能和知識可以激發創造力。它挑戰了舊的思考模式，鼓勵新的想法和經驗。

🐝 **提高競爭力**：在現代社會中，競爭激烈。持續學習和創新使您更具競爭力，無論是在職業生涯還是個人生活中。

　　學習新知識和技能是開發創新的關鍵。它不僅擴展了您的思維，還提供了新的工具，有助於在不斷變化的環境中找到新的機會，實現個人和組織的成長。這是一個不斷發展的過程，可以不斷啟發您的潛力。

擴展人際網絡

　　學習新知識和技能還有一個重要的附加好處就是能擴展人際網絡。以下是更多有關這方面的資訊：

🐝 **知識共用**：參與學習機會不僅是為了獲取知識，還可以與其他參與者分享您自己的見解和經驗。這種知識共用不僅有助於您自己的學

習，還可以豐富其他人的知識。

專業發展： 學習機會通常是專業發展的一部分。參與相同領域的專業人士的學習活動有助於建立關係，與同行交流並瞭解最新趨勢和最佳實踐。

職業機會： 通過參與學習機會，您可以接觸到各式各樣的人，包括潛在的雇主、合作夥伴和導師。這有助於發現職業機會，例如工作機會、專案參與或業務合作。

互惠關係： 在學習過程中建立的人際關係可以成為互惠的。您可以互相幫助，共同解決難題，並提供支持，從而實現共同的目標。

參與學習機會可以為您提供更廣泛的人際網絡，這對於個人和職業發展都非常有益。這些聯繫可以產生許多正面影響，包括知識共用、專業發展、職業機會和互惠關係，同時豐富了您的社會生活。

享受更豐富的生活

學習對於豐富個人生活的影響是非常重要的，以下是更多相關資訊：

興趣愛好： 學習新的技能或知識可以深化對興趣愛好的熱情。不論是學習一種樂器、烹飪、攝影還是藝術，這種學習可以為生活增添樂趣，讓您更深入地體驗您喜歡的事物。

身心健康： 學習也可以涉及身體和心理健康。參與運動、冥想、瑜

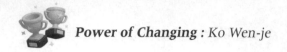

伽等學習活動有益於身體健康，減輕壓力，提高生命品質。

🥢 **旅行和文化體驗：**學習新文化、語言或地理知識可以豐富旅行體驗。當您瞭解不同的文化和地方，旅行變得更加有趣和有意義。

🥢 **創造力和自我實現：**學習可以激發創造力，讓您更有可能追求創作、寫作、藝術和其他具有表現力的形式。這有助於實現自我實現。

🥢 **社交互動：**學習也可以成為社交互動的一個平臺。參加課程、工作坊或俱樂部活動時，有機會遇到志趣相投的人，這有助於建立有意義的社交聯繫。

🥢 **生活目標：**學習有助於定義生活目標和願景。通過學習和自我提升，可以更清楚地知道自己想要什麼，並積極追求這些目標。

總的來說，不斷學習和提升自己的能力不僅有益於職業發展，還能豐富個人生活，使其更加充實和有意義。無論是追求新的技能、擴展興趣愛好還是關心身心健康，學習都是實現豐富生活的重要途徑。

⑨ 真誠待人，不做作，不虛偽

柯文哲以真誠、不做作和不虛偽的待人方式而聞名，在擔任台北市市長期間，參觀了一家社會福利機構，這個機構照顧著長期病患的病人。他被陪同參觀的工作人員引導到一位老年的床邊，這位病患的健康狀況非常不好，無法說話，並處於極度的疼痛中。柯文哲走近病人的床前，看到老人的眼神充滿痛苦和無奈。

相對於只是簡單地表達同情，柯文哲走上前去，蹲下來，輕輕地握住了這位病患的手。雖然病人無法說話，但他的眼睛裡充滿了感激和溫暖。柯文哲並沒有說很多話，但他的行動傳達了他對這位老人的關心和關愛。

這個小小的、真誠的舉動深深感動了在場的工作人員和病人家屬。他們看到柯文哲不僅僅是一位政治家，更是一位關心市民的人，他的真誠和同理心讓人印象深刻。

由此我們看到了柯文哲的真誠待人，他不做作，不虛偽，用行動展現對他人的關心和同理心。這種真誠的態度不僅讓他贏得了市民的尊重和信任，還體現了一位領袖應該具備的人性和同理心，這有助於建立更和諧、更有共鳴的社會關係。

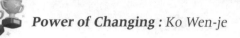

真誠待人，不做作，不虛偽是建立健康人際關係和個人信譽的關鍵。以下是描述這一重要性的幾個關鍵點：

建立信任

真誠對建立信任至關重要。以下是更多有關建立信任的資訊：

建立深層連接： 真誠的行為有助於建立深層次的人際連接。真正關心他人，並展現出您的真實自我時，這種連接會變得更加深厚和持久。

增加效率： 在工作環境中，真誠有助於提高工作效率。當同事之間相互信任並能夠坦誠地溝通時，工作流程就變得更加順暢，問題得到更迅速的解決。

解決衝突： 真誠也有助於解決衝突。當人們能夠坦誠地表達他們的需求和擔憂，而不害怕受到懲罰或批評時，衝突會變得更容易解決，而不會升級到不可收拾。

建立良好的口碑： 真誠的行為有助於建立良好的個人和專業口碑。人們更傾向於與那些真誠、值得信賴的人建立合作關係，這可以在長遠中帶來機會和成功。

促進健康的人際關係： 在個人生活中，真誠有助於建立健康的人際關係。這包括家庭、朋友和戀愛關係。當人們能夠坦誠地表達他們的感受和需求時，關係變得更加穩固。

贏得忠誠：真誠也有助於贏得他人的忠誠。當您展示出真誠和誠實的品格時，人們更傾向於忠實地支持您。

　　真誠是建立成功的關係、提高效率、解決問題和贏得忠誠的重要因素。它不僅有助於個人和團隊的成功，還有益於創建更和諧和有愛心的社會環境。

 # 維護誠實和一致性

　　真誠主要體現在維護誠實和一致性。以下是更多有關這一主題的資訊：

建立可信度：真誠意味著您言行一致，讓人們知道他們可以信任您。這種可信度對於建立長期穩固的關係至關重要，無論是在個人生活還是職業生活中。

減少混淆和誤解：當您表現出真誠，不隱藏資訊或有隱藏的動機時，彼此交流會變得更加清晰。這有助於減少混淆和誤解，確保資訊被準確地傳達和理解。

提高自尊心：真誠有助於提高自尊心。當您不需要做作或隱藏真相時，您會感到更自信，這種自信有助於增強自尊心。

建立堅固的價值觀：真誠促使您更深入地思考自己的價值觀和信仰，並確保您的行為和言論與之一致。這有助於建立堅固的個人品格。

減少壓力： 不需要維持虛偽的形象可以減少壓力。當您可以坦誠地表達自己的觀點和感受時，就不需要花費額外的精力來維護虛偽的外表。

促進自我成長： 真誠意味著不害怕面對自己的弱點或錯誤。這有助於促進自我成長，因為您能夠正視自己的不足，並採取積極的行動來改進。

維護誠實和一致性有助於建立可信任的形象，提高自尊心，減少壓力，並有助於個人成長。這種真誠的行為不僅對個人生活有益，還有助於建立健康的人際關係和事業成功。

減少誤解

減少誤解是真誠和坦誠的一個關鍵優勢。以下是更多關於這一點的資訊：

促進有效溝通： 真誠的交流有助於確保資訊被正確理解。當人們知道對方在說什麼，並且相信他們是坦誠的，他們更有可能進行開放和有意義的對話。

增加共鳴和共識： 真誠的表達和坦誠的反饋有助於建立共鳴，使人們更容易達成共識。這是在團隊工作和人際關係中特別重要的，因為它有助於解決分歧並找到共同的解決方案。

建立健康的人際關係： 虛偽和做作可能會破壞人際關係。相反，真

誠和坦誠有助於建立更健康、更持久的關係，因為人們感受到對方的真實性。

🎙 **促進問題解決：** 在解決衝突和問題時，真誠和坦誠的溝通是至關重要的。它有助於明確問題，找到解決方案，並確保所有相關方都參與並理解。

🎙 **強化信任：** 真誠建立信任的基礎。當人們知道對方是坦誠的，他們更有可能信任對方，建立長期穩固的信任關係至關重要。

　　真誠和坦誠的溝通有助於減少誤解，增加共鳴，建立健康的人際關係，促進問題解決，並建立信任。這種溝通風格不僅有助於個人，還有助於團隊和組織在不同情境中更好地達成目標。

🎙 建立親密關係

　　真誠是建立親密關係的基石。以下是一些進一步說明這一點的方式：

🎙 **建立信任和安全感：** 當人們感到可以真誠地表達自己，而不必擔心被評判或批評時，他們更容易建立信任和感到安全。這種信任是親密關係的必要條件。

🎙 **深化理解：** 真誠的交流有助於理解彼此更深入。這包括分享內心的感受、需求和願望，以便對方更好地瞭解你。這種深層次的理解有助於建立更親密的連接。

解決衝突：親密關係中不可避免地會出現衝突。然而，真誠的對話使衝突更容易解決，因為雙方可以坦誠地討論問題，找到共識，並共同努力解決。

分享喜悅和挑戰：真誠也意味著分享生活中的喜悅和挑戰。這種分享創建了共鳴，使兩個人更加靠近，無論是在歡樂時刻還是在困難時刻。

增進親密感：真誠的情感表達可以加強親密感。這包括表達愛、感激和關心。當這些情感被真誠地表達時，它們能夠更深刻地影響關係。

真誠是建立親密關係、深化連接、解決衝突和分享生活中點滴的關鍵。它有助於兩個人之間建立更深層次的情感聯繫，使關係更具親密性、堅固性和滿足感。

增強自尊心

真誠確實可以增強自尊心，並對心理健康產生積極影響。以下是進一步的說明：

接受自己：真誠鼓勵你接受自己的真實面貌，包括優點和缺點。這種接受有助於建立對自己的正面自我價值感。

克服自卑感：當你能夠坦誠地表達自己，無論是在個人關係中還是在職場上，你會更有自信，減少自卑感。

🎙 **不受外界評價影響**：真誠的人不會過分關注外界的評價或期望。他們更注重內在的自我價值，這種內在價值感有助於保持自尊心穩定。

🎙 **建立健康的自我形象**：待人真誠能幫助你建立更正確的自我形象，而不是依賴於虛假的自我呈現，這有助於塑造健康的自我價值感。

🎙 **減少焦慮和壓力**：當你能夠真實地表達自己，你不需要擔心被揭示或揭露，就能減少內心的焦慮和壓力，有利於心理健康。

　　真誠的態度有助於建立積極的自我價值感，並幫助克服自卑感和焦慮。這種自信和積極性對於心理健康和個人成長至關重要。

🎙 **尊重他人**

　　尊重他人是一個重要的價值觀，而真誠是實現這種尊重的一種方式。以下是進一步的說明：

🎙 **建立信任**：真誠幫助建立信任，因為當你坦誠地對待他人時，他們更容易相信你。這種信任是建立良好關係的基礎。

🎙 **提高溝通品質**：真誠的溝通有助於改善溝通品質。當你真實地表達自己的觀點和感受時，通常會更清晰地傳達資訊，減少誤解。

🎙 **建立深入的關係**：真誠是建立深入、有意義的人際關係的關鍵。當你能夠坦誠地表達自己，你更容易與他人建立深刻的連接。

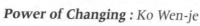

🔹 **解決問題：** 在解決衝突或問題時，真誠的態度有助於達成共識和解決方案。這種解決衝突的方式更有助於維護關係。

🔹 **避免誤解：** 虛偽和做作可能會導致誤解和不必要的猜測。真誠幫助避免這種情況，因為你不需要隱藏真相或過度裝飾。

　　真誠是建立尊重他人和健康人際關係的重要因素。它有助於提高溝通品質、建立信任，並促進彼此關係更深入。在個人和職業生活中，這種價值觀都具有重要的影響力。

建立良好的職業形象

　　建立良好的職業形象是職業生涯中至關重要的一部分，而真誠和誠實在其中扮演著重要的角色。以下是更進一步的說明：

🔹 **信任與可信度：** 職業形象的基礎之一是信任和可信度。當您以真誠和誠實的方式處理業務事務時，您建立了信任，使人們更願意與您合作並信任您的專業能力。

🔹 **職業操守：** 真誠和誠實有助於確保您的職業操守得到維護。這意味著您在工作中不做虛偽或不道德的事情，這在長遠中可以維護您的良好職業聲譽。

🔹 **建立良好的關係：** 職業生涯中的成功往往依賴於與同事、上司、下屬和合作夥伴之間的關係。真誠有助於建立積極的關係，這些關係可以在您的職業生涯中發揮重要作用。

🐝 **問題解決和危機管理：**真誠和誠實有助於處理問題和危機，因為它們促使您坦誠地面對困難並尋求解決方案。這有助於維護良好的職業形象，即使在困難時期也是如此。

🐝 **長期職業發展：**職業生涯是一個長期的過程，而真誠和誠實有助於長期職業發展。建立可信任的職業形象有益於職位的晉升，並在行業中建立良好的聲譽。

　　真誠和誠實在建立良好的職業形象方面扮演關鍵角色，有助於維護信任、良好的職業操守和成功的職業生涯。這些價值觀有助於在職業世界中建立積極的聲譽，有益於個人的長期職業發展。

10 保持危機感，才能及時發現並解決問題

柯文哲是一位具有高度危機感的領導者。他總是能夠敏銳地捕捉到即將出現的問題，並在問題真正爆發之前採取行動。這種能力使他在許多危機情境中都能夠迅速做出判斷，並採取適當的策略來解決問題。這種危機感可能源於他的醫生背景。作為一名外科醫生，他習慣在高壓下工作，並在緊急情況下做出迅速而準確的決策，COVID-19疫情期間，他及時採取措施，有效防控了疫情的蔓延。這種經驗使他在面對政治或社會問題時，也能夠冷靜地分析情況，並迅速找到解決之道。

此外，他非常注重團隊合作。他認為，只有團隊成員之間有良好的溝通和合作，才能夠迅速地發現和解決問題，還能彼此良性競爭。因此，他經常鼓勵他的團隊成員提出意見和建議，並在必要時採納他們的意見。所以他是一位即時發現問題並迅速解決問題的領導者。他的危機意識、冷靜的判斷力和團隊合作精神，都使他在許多困難的情境中都能夠展現出卓越的領導力。

具有危機感，能夠及時發現問題並解決問題是在個人和職業生活中非常重要的特質。以下是描述這一重要性的幾個關鍵點：

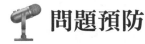 問題預防

危機感是為了能做到問題預防。以下是關於問題預防的幾個重點：

提前識別風險： 具有危機感的人傾向於提前識別可能導致問題的風險和機會。這使他們能夠更早地識別潛在的問題並採取行動。

制定預防計畫： 一旦識別了潛在問題，具有危機意識的人會制定預防計畫，以減少風險。包括制定策略、建立控制措施，並確保所有可能的情況都已考慮到。

減少未來問題的成本： 通過問題預防，人們可以避免未來問題可能帶來的成本。預防措施通常比解決問題的成本低，因此可以節省時間和資源。

提高工作和生活品質： 預防問題有助於確保工作和生活的順利進行。這可以幫助個人更好地平衡工作和生活，減少不必要的壓力和緊張。

建立可靠性： 在職業生活中，預防問題可以建立個人的可靠性。具有危機感的人更傾向於履行承諾，並確保事情按計畫進行。

問題預防是一種有前瞻性的行為，有助於減少未來可能出現的困難，提高生活和工作的效率和品質。這是一個非常重要的技能，可以在各個層面上帶來許多好處。

提高效率

危機感確實有助於提高效率。以下是一些有關提升效率的關鍵點:

時間管理:具有危機感的人傾向於更好地管理他們的時間。他們明白時間的重要性,因此會制定計畫,設定優先順序,以確保工作按時完成。

流程優化:危機感可以促使人們檢視工作流程,尋找改進的機會。這可能包括自動化重複性任務,簡化流程或使用更有效的工具和技術。

提前準備:具有危機感的人通常會提前準備,以應對可能發生的問題。這可以減少在工作中的突發狀況,提高應對能力。

適當分配資源:危機感有助於確保資源(時間、金錢、人力資源等)得到適當分配,以確保工作高效率地進行。

壓力管理:危機感可以推動人們更好地應對壓力,並找到有效的方法來處理工作壓力。這有助於保持高效率,同時維護身心健康。

保持危機感有助於人們更有組織地處理工作,更有效率地達成目標。這種效率不僅對個人職業生涯有益,還對組織的成功和成長有積極影響。

快速應對

保持危機感能確保遇事能快速應對,以下是進一步的說明:

🦋 **迅速制定行動計畫：**具有危機感的人通常能夠在面臨挑戰時快速制定有效的應對計畫。他們明白時間的價值，因此會盡快行動，以防止問題擴大。

🦋 **有效的決策：**危機感有助於提高冷靜和理性的決策能力。當其他人可能陷入恐慌或情感化的反應時，具有危機感的人傾向於根據事實和邏輯做出決策。

🦋 **減少損失：**快速應對有助於減少損失。在危機情況下，及早採取措施可以限制損失，並提供更多的機會來挽救情況。

🦋 **保護聲譽：**在職業生活中，快速應對有助於保護個人或組織的聲譽。能夠有效地應對危機可以降低負面影響，維護良好的聲譽。

🦋 **增加信任：**快速應對和有效解決問題可以增加他人對你的信任。當人們知道你能夠在困難時站出來，他們更有可能信任你的領導和判斷。

快速應對是一種關鍵的生存技能，無論是在個人生活還是職業生活中，它有助於最小化損失，維護信任，並確保問題得到迅速解決。

🎤 建立信任

建立信任在職業生活中是至關重要的，尤其對於領導者。以下是有關建立信任和危機感之間關係的一些關鍵點：

🦋 **積極的領導示範：**具有危機感的領導者不僅僅是指示方向，還會積

極參與解決問題。他們以身作則,展示出解決困難的決心和能力,這鼓勵團隊成員跟隨並相信他們的領導。

透明度和坦誠:在危機時,坦誠的溝通至關重要。領導者應該坦然面對問題,與團隊分享資訊,並提供透明的解釋。這種坦誠有助於建立信任,因為團隊成員感受到他們得到了正確和真實的資訊。

決策和行動:危機感有助於領導者迅速做出必要的決策和行動,而不是拖延或遲疑。當領導者能夠有效應對危機並採取積極措施時,團隊成員更有信心跟隨他們。

信任的累積:領導者在長期內建立信任,而不僅僅是在危機時。通過持之以恆的一貫表現,他們能夠贏得團隊成員的信任,這使得在困難時更容易獲得支援。

反思和改進:危機後,領導者應該反思和學習,以改進未來的應對能力。這表現出謙卑和對個人和團隊的承擔感,進一步增加信任。

危機感和建立信任是相互關聯的。領導者通過有效的危機應對,積極的態度和坦誠的溝通,以贏得眾人的信任感,並在困難時展現領導力。這有助於團隊更好地應對挑戰,達成共同目標。

職業發展

危機感確實在職業發展中發揮了重要作用,以下是進一步的說明:

卓越的表現：具有危機感的人在危機時通常能夠保持冷靜，迅速做出明智的決策並有效地解決問題。這種卓越的表現不僅在工作中受到認可，還有助於建立職業聲譽。

升職和晉升機會：在危機處理中表現出色的人通常被視為有潛力的領導者。這種危機管理的技能和領導素質可以為升職和晉升創造機會，因為企業需要能夠應對挑戰的領導者。

多元技能：具有危機感的人通常具備多元技能，因為他們需要應對各種不同的情況和問題。這種多元技能對於擔任不同職位或角色時非常有價值，有助於職業生涯的多樣性。

專業成長：危機感推動個人不斷學習和提升技能，以更好地應對挑戰。這種持續的專業成長有助於職業發展，提升個人價值。

職業滿足度：成功應對危機和挑戰可以為個人帶來職業滿足感。能夠克服困難並實現目標通常會帶來滿足感，這有助於個人在職業生涯中感到有成就感。

危機感不僅是解決問題的關鍵，還有助於個人的職業發展。它通常與卓越的表現、領導能力、多元技能和專業成長相關聯，使個人更有競爭力。

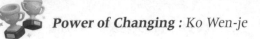

改進品質

危機感在改進品質方面扮演了關鍵角色，以下是進一步的說明：

早期檢測和修正：具有危機感的團隊或公司傾向於在問題出現初期就進行檢測和修正。這意味著他們可以迅速識別並解決可能導致品質問題的因素，而不必等到問題惡化。

減少不良率：通過及時的危機管理，企業可以減少產品或服務的缺陷與不良率。這有助於提供符合客戶期望的高品質產品，增加客戶滿意度。

節省成本：危機感有助於防止品質問題導致額外成本。修復問題的成本通常比預防問題要高得多。透過迅速處理問題，企業可以節省不少資源。

提高聲譽：提供高品質的產品或服務有助於建立企業的良好聲譽。客戶和利益相關者比較會信任和支援那些能夠提供可靠品質的企業。

持續改進：危機感鼓勵公司實施持續改進的文化。它們不僅解決問題，還致力於找到更好的方法來執行任務，從而不斷提高品質。

危機感在品質控制和提高產品或服務品質方面發揮了關鍵作用。它有助於減少缺陷率、節省成本、提高聲譽，並推動組織實現持續改進，以滿足客戶需求並在市場中脫穎而出。

 提高創新

危機感可以成為創新的催化劑，以下是進一步的說明：

激勵思考新方式：當面臨危機時，人們傾向於重新評估現有的方法和流程。這種重新評估可以激勵創新思維，促使人們尋找更有效、更高效的方式來處理問題或挑戰。

探索新解決方案：危機感鼓勵人們不斷尋找新的解決方案。他們可能會嘗試新的方法，採取不同的策略，這可能導致出人意料的解決方案，從而改進現有的狀況。

促進變革：危機感有時是一個組織或行業實現變革的動力。它能夠推動組織從傳統的業務模式轉向更具競爭力和創新性的方向。

鼓勵跨功能合作：面對危機，不同領域的專業人士可能需要合作找到解決方案。這種跨功能合作通常有助於匯集不同的觀點和專業知識，促進創新。

提供競爭優勢：在市場競爭激烈的情況下，創新是獲得競爭優勢的關鍵。危機感使企業能夠不斷找到新的方式來滿足客戶需求，從而保持競爭力。

危機感不僅有助於應對問題及時反應，還能夠促進創新和改變。它鼓勵人們思考新的方式，探索新的解決方案，並實現競爭優勢，以應對不斷變化的環境和挑戰。

第四篇

改革：施政與挑戰

POWER OF CHANGING
Ko Wen-je

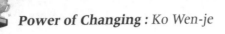

① 對抗既有政治體系的挑戰

柯文哲參選總統的一大挑戰是對抗既有的政治體系。

🔨 **打破政治勢力：**柯文哲主張打破既有的政治勢力，他認為現行的政治體制存在問題，需要進行改革。他以非傳統政治家的身份參選，意味著他不受傳統政治勢力的束縛，並以此為基礎，向選民傳達他對政治改革的承諾。

🔨 **改革政治體制：**柯文哲強調政治體制的改革，以實現更好的民主和公正。他提倡推動政治體制的透明度、效能和公開競爭，並減少權力集中和貪汙現象。他的參選使得政治改革成為社會關注的焦點，挑戰了既有政治體系的不足和問題。

🔨 **強調民主參與：**柯文哲強調民主參與的重要性，鼓勵選民積極參與政治選舉和公共事務。他的參選活動旨在喚起選民對政治的關注，促使他們積極參與選舉過程，並推動民主價值觀在台灣社會的發展。

🔨 **突破地方利益：**柯文哲力求突破地方利益的框架，主張政策制定應以全國利益為重。他提倡跨越地方利益的合作和共識，以推動更大範圍的改革和發展。這是對既有政治體系的挑戰，因為地方利益常

常影響政策制定和執行。

　　柯文哲參選總統的挑戰是對抗既有政治體系的權力結構和利益格局。他的參選活動旨在推動政治改革、突破地方利益、增強民主參與，以實現更好的民主和公正。他的嶄新形象和政治理念使得他成為對既有政治體系的挑戰者。柯文哲獨立思考和直言不諱的風格使他與傳統政治家有所不同。他以身作則，強調政治家應該為民眾服務，而不是追求個人或政黨的利益。這種嶄新的形象和政治理念吸引了許多年輕選民和對現行政治體系持懷疑態度者的支持。

　　柯文哲在參選總統期間也採取了一些具體策略來挑戰既有政治體系。他利用社交媒體和網路平臺，與選民互動，直接傳達他的政見和政策，跳過傳統媒體的篩選和解讀，獲得更大的曝光度。此外，他積極參與各種公開辯論和座談會，展現他的政策知識和思考能力。

　　他的競選活動也強調民主參與和公眾參與。他鼓勵年輕人和社會各界參與政治，提出他們的意見和需求，並承諾聆聽和回應。他積極與選民互動，走訪各地，舉辦公民論壇和座談會，傾聽他們的關切和建議，並將這些反饋納入他的政策制定中。

　　總的來說，柯文哲參選總統的挑戰不僅是對既有政治體系的權力結構和利益格局，也體現了對傳統政治運作方式的質疑和追求改革的精神。他的嶄新形象、政治理念和參選策略讓選民看到了不同的選擇，激發了對政治改革和新興政治力量的關注和支持。

2 與競爭對手的辯論和對抗

柯文哲在參選總統期間與競爭對手有過許多唇槍舌戰的辯論，這些辯論和對抗成為他與其他候選人競爭的重要場合。

🔨 **政策辯論：**柯文哲著重在政策辯論中展示他的專業知識和解決問題的能力。他以事實和數據為基礎，提出具體的政策方案，並試圖說明這些方案對台灣社會和經濟的影響。他強調自己的專業背景和行政經驗，以增加其政策建議的可信度。

🔨 **批評對手：**柯文哲在辯論和對抗中也不時批評競爭對手的政策和觀點。他使用事實和邏輯來反駁對手的立場，並提出自己的對策。力求以理性和客觀的方式進行批評，並在批評中強調自己的政策優勢。

🔨 **選民情感共鳴：**柯文哲在辯論和對抗中也努力與選民建立情感共鳴。他強調自己的關懷和理解，並試圖表達對選民關切的議題的關注。他運用親和力和幽默感來吸引選民的注意，並訴諸情感來獲得選民的共鳴和支持。

🔨 **自我定位：**柯文哲在辯論和對抗中也努力定位自己的形象和政治理念。他強調自己的獨立思考和行動，並與傳統政治體系做出區隔。他強調他是一個不受政治勢力影響的候選人，並主張政治改革和民

主參與。

　　柯文哲在與競爭對手的對抗中展示了他的政策知識、解決問題的能力、批評對手的技巧，以及與選民建立情感共鳴的能力。他的辯論表現有助於塑造他的形象，吸引選民的注意力，並提升他在選民心中的可信度和支持度。這些辯論和對抗的場合提供了一個公開的平臺，讓柯文哲能夠展示他的政治才能，與其他候選人進行直接對話和辯論，並獲得更多選民的支持。

　　柯文哲在參選總統期間的辯論和對抗是他展示政治立場和批評對手的重要機會。透過政策辯論，他強調了自己的專業知識和解決問題的能力，並以事實和數據為依據提出具體的政策方案。他不僅反駁對手的立場，還試圖建立與選民的情感共鳴，表達對社會議題的關心。柯文哲也利用這些機會定位自己的政治形象，強調獨立思考和政治改革的重要性。透過辯論和對抗，柯文哲成功吸引了選民的注意，提升了自己在選民心中的信任度和支持度，並為自己創造了與其他候選人進行直接對話和辯論的公開平台。

3　民意調查和選民互動的重要性

柯文哲參選總統期間，民意調查和選民互動起到了重要的作用。

🎙️ **意見收集：**民意調查和選民互動是瞭解選民意見和關切的重要途徑。透過民意調查，能夠獲得關於選民對政策議題、社會問題和選舉期望的直接反饋。這些調查結果提供了寶貴的資訊，能幫助柯文哲瞭解選民的需求，並調整自己的政策和宣傳策略，以更好地符合選民的期望。

🎙️ **動員支持者：**民意調查和選民互動也有助於動員支持者。柯文哲可以通過選民互動的方式，與支持者建立聯繫並傳達他的政策和理念。這不僅可以激發支持者的熱情，還能夠獲得他們的支持和幫助，例如志願者的招募和組織活動的籌備。選民互動還可以提高選民對柯文哲的知曉度，促使更多人加入他的支持者行列。

🎙️ **傳播訊息：**民意調查和選民互動也是傳播訊息的重要管道。柯文哲可以利用這些場合向選民傳達他的政策和政見，說明他的施政理念，並回應選民的問題和疑慮。這些互動的過程有助於建立柯文哲的形象，增加他的知名度，並向選民展示他對解決社會問題和改善民眾生活的承諾。

🐝 **建立信任和連結：**民意調查和選民互動有助於建立選民對柯文哲的信任和連結。通過直接接觸和回應選民的問題，柯文哲可以表現出他關注選民需求的態度和決心。這種互動有助於打破候選人和選民之間的隔閡，建立起真實的連結和共鳴。這樣的連結和信任有助於提升選民對柯文哲的信任度和忠誠度，使得選民更有可能投票支持他。

🐝 **改變公眾觀點：**柯文哲可以利用選民互動的場合來解釋和辯護他的政策，澄清誤解，並爭取更多人的支持。這對於那些對柯文哲持有疑慮或不確定態度的選民來說尤為重要。透過選民互動，他有機會回答疑問，提供更多資訊，並說服選民相信他的政策和領導能力。

🐝 **政治動態的反應：**民意調查和選民互動也提供了對政治動態的及時反應。可以透過調查結果和選民互動的反饋來瞭解選民對他的支持程度、對手的表現以及競選策略的效果。這些反饋有助於柯文哲及時調整選舉策略，針對變化的情勢做出適當的應對，以確保競選的成功。

　　民意調查和選民互動在柯文哲參選總統期間扮演了重要角色。它們不僅提供了對選民意見和關切的寶貴資訊，還有助於動員支持者、傳播政策訊息、建立信任和連結，改變公眾觀點，以及掌握政治動態。

　　藍白合二度政黨協商，於2023年11月15日在位於內湖的馬英九基金會舉行，並由前總統馬英九出任見證人，最新結果兩方談出共識，由國民黨、民眾黨與前總統馬英九，各推薦一位民調統計專家，檢視

評估各界在11月7日至17日間公布的民調,以及藍白提供的內參民調結果後,決定2024總統候選人組合。而《美麗島電子報》於當天也公布最新民調結果,據《美麗島電子報》公布的最新第73波民調顯示,在三腳督部分,民進黨總統參選人賴清德33.8%、侯友宜為29.9%、柯文哲相較之前下滑,來到19.9%。

11月23日藍白合確定破局後,2024總統大選《聯合報》公布最新民調,賴蕭以31%領先、侯康則以29%緊追在後、柯盈以21%排第三。其他民調方面,《中時新聞網》「賴蕭配」的28.3%、「侯康配」28.2%、「柯盈配」則為24.3%。《鏡新聞》賴30.5%、侯28.7%、柯22.1%;《TVBS》賴34%、侯31%、柯23%。相較今年6月的《TVBS民調中心》調查結果,民眾黨參選人柯文哲支持度為33%為第一;民進黨參選人賴清德支持度則為30%位居第二;國民黨總統參選人侯友宜支持度則僅為23%,落居末位,另有14%受訪者沒有表示意見。可見經過了近半年的時間,局勢已大大地不同了。

TVBS最新民調・年齡區分	柯文哲	賴清德	侯友宜
20~29	58%	17%	12%
30~39	55%	28%	12%
40~49	36%	29%	23%
50~59	27%	29%	34%
60+	13%	38%	27%

資料來源:TVBS 2023 年 6 月 18 日

4 　政策實踐和改革措施

柯文哲擔任臺北市市長期間，展開了一系列的施政措施，同時也面臨了一些挑戰。

施政措施

🎤 **城市改造**：柯文哲提出了許多城市改造計畫，包括道路拓寬、步行區設置、綠化美化、傳統市場改建等，旨在提升城市的品質和環境。他推動了眾多都市更新計畫，改善了老舊社區的環境和居住條件。

🎤 **交通改善**：柯文哲重視交通問題，推動了多項交通改善計畫，包括加強公共交通系統、推廣自行車道、改善交通瓶頸等，以減少交通擁堵和改善交通效率。

🎤 **社會福利**：柯文哲關注社會弱勢群體，提出多項社會福利政策，例如擴大幼兒園教育、推動長照服務、改善醫療環境等，以提高市民的生活品質和福祉。

🎤 **基礎建設**：柯文哲重視基礎建設的建設和維護，投入資源進行道路、排水、綠地等基礎設施的改善和修繕，提升城市的整體功能和品質。

🎙️ 挑戰

🐾 **執行效率：**柯文哲的施政風格偏向實事求是，但有時也因其風格和作風而面臨執行效率的挑戰。有些政策執行上遇到了困難和阻礙，可能因為相關部門的合作問題、資金限制等。

🐾 **與中央政府合作：**作為市長，柯文哲需要與中央政府合作，但有時因為政黨關係、政策立場等因素，可能產生合作上的摩擦和衝突，進而影響柯文哲施政的推動。

🐾 **市政與政治因素：**柯文哲的市政作為往往受到政治因素的干擾，例如選舉期間的競爭和攻擊、政黨派系間的爭議。

🐾 **與利益團體的衝突：**柯文哲在施政過程中可能遭遇與利益團體的衝突。在進行城市改造和都市更新計畫時，可能受到部分居民、商家或相關產業的反對，這可能造成施政困難和推動的阻力。

🐾 **預算壓力：**柯文哲提出的施政措施需要龐大的資金支持，但預算限制可能成為施政的挑戰。柯文哲必須在有限的預算範圍內進行施政，平衡各項需求，確保資源的適切配置。

🐾 **媒體和輿論壓力：**作為市長，柯文哲的施政舉措和表現常受到媒體和輿論的關注。他需要應對媒體報導和評論，回應公眾的關切和批評，並維護自己的形象和聲譽。

　　柯文哲在擔任臺北市市長期間，推出了許多施政措施，這些挑戰

和改變可以看出他的實踐和改革的可能性，而在總統這個大位上必須要有更大的魄力來做改革，由小看大，柯文哲是很有可能會實踐政策和改革措施。

與政黨、利益團體和官僚體系的衝突

在柯文哲擔任臺北市市長期間，他的施政過程中確實面臨了政黨、利益團體和官僚體系的衝突，以下說明之。

🔍 **政黨衝突：**柯文哲擔任市長期間，他所屬的政治團隊「台灣民眾黨」與其他政黨之間存在一定的政治衝突。政黨間的意識形態差異、政策立場分歧，以及選舉競爭等因素都可能導致政黨間的衝突。在施政過程中，可能需要面對其他政黨對其施政措施的批評和阻撓，這可能影響到他的施政計畫的推動。

🔍 **利益團體衝突：**柯文哲在進行城市改造和都市更新等政策時，不可避免地會觸及一些利益團體的利益。這些利益團體可能包括地方居民、商家、建築業者等，他們可能因為政策的執行而受到影響或面臨損失。這將導致利益團體與柯文哲的施政方針產生衝突，並對其提出質疑和抗議。柯文哲需要在利益團體的壓力下平衡各方的利益，並尋找解決方案。

🔍 **官僚體系衝突：**柯文哲作為市長需要與市府內部的官僚體系合作，但在執行施政措施時可能面臨官僚體系的阻力。官僚體系具有一定的權力結構和利益考量，可能會對柯文哲的新政策或改革提出保守的態度或反對意見。柯文哲需要適應並克服官僚體系的阻力，並確

保施政措施的順利執行。

在面對政黨、利益團體和官僚體系的衝突時，柯文哲可能需要運用政治手腕、溝通協商的能力，並找到平衡各方利益的解決方案。這需要他與各方保持良好的溝通和對話，聆聽各方的意見和關切，並尋求共識和妥協。

在面對政黨衝突時，柯文哲需要與其他政黨的領導人和代表進行對話，共同尋找合作的空間，並找出彼此的共同利益，以推動共同的施政目標。他可能需要透過政策妥協和協商，以確保政策能夠獲得足夠的支持和通過。對於利益團體衝突，柯文哲可以進行公開的對話和聽證會，讓利益團體能夠表達意見和關切。同時，他需要進行詳細的研究和評估，以找到解決衝突的方法，平衡各方利益，並尋求可行的妥協方案。

在官僚體系衝突方面，柯文哲可以透過建立良好的工作關係和溝通管道，與官僚體系的相關人士合作。他可以與相關部門和機構的負責人進行會議和討論，理解官僚體系的運作方式，並找到適合的方法，使施政措施能夠在官僚體系內得到有效實施。

柯文哲在市長任期的施政過程中，面對政黨、利益團體和官僚體系的衝突是不可避免的。他需要運用政治智慧、溝通能力和協商技巧，以求得各方的合作和妥協，以確保施政措施能夠順利實施並符合市民的利益。這需要柯文哲具備良好的領導力和決策能力，並能夠適應且解決不同利益和觀點之間的衝突。

6　面對城市問題和民眾需求的處理

在柯文哲的市長任期中,他面對了許多城市問題和民眾需求,並採取了一系列的處理措施。

🍂 **交通問題:**柯文哲致力於改善臺北市的交通環境。他推動了多項交通改善措施,包括增設自行車道、改善公共交通系統、推動捷運擴建、鼓勵步行和騎乘自行車等。他也著重發展智慧交通系統,以提高交通效率和減少塞車現象。

🍂 **空氣品質問題:**柯文哲對改善臺北市的空氣品質非常關注。他推動了空氣污染防制措施,包括限制柴油車輛進入市區、推廣電動車和共用交通工具、推動綠化計畫等,以減少污染物的排放和改善空氣品質。

🍂 **城市環境與美化:**柯文哲提倡改善城市環境的美觀和品質。他進行了多項都市更新計畫,重新規劃城市空間,改善老舊社區和公共設施。他也推動了街頭藝術、公園綠地和植栽計畫,以提升城市的視覺形象和居民的生活品質。

🍂 **社會福利與弱勢關懷:**柯文哲關心弱勢群體的需求,推動了多項社會福利政策,包括提供低收入家庭的補助和社會福利資源的整合,

改善弱勢群體的生活條件。他也致力於改善長照服務和老年人的福利待遇，以照顧老年人的需求。

🔨 **教育改革：**柯文哲提倡多元化的教育模式，鼓勵學生發展多元的才能和興趣。他也重視學校環境和師資培訓，提升教育品質和學生的學習環境。他推動了校園環境改善計畫，提升學校的設施和綠化水準，創造更優良的學習環境。此外，他也支持教師培訓計畫，提升教師專業素養，以提供更好的教育品質。

🔨 **城市治理與透明度：**柯文哲重視城市治理的透明度和效能。他推動了政府資訊公開制度，提供市民更多的政府資訊和參與機會。他也注重政府行政的效能，簡化行政程序，提高公共服務的效率。此外，他鼓勵市民參與政策制定和城市發展計畫，以確保政策的公平性和民眾的利益。

🔨 **經濟發展與創新：**柯文哲致力於推動創業支援計畫，提供創業者資金和資源支援，鼓勵創新和創業。他也積極吸引國際企業和投資，推動產業升級和城市的國際化。

　　柯文哲在市長任期內面對了許多城市問題和民眾需求，他透過各種政策舉措和施政計畫來解決這些問題。他重視城市的交通、環境、社會福利、教育、城市治理、經濟發展等方面的改善，並尋求與不同利益相關方的合作和協商。他的目標是建立一個宜居、環保、公平和創新的城市，以提升市民的生活品質和城市競爭力。

7 政策成果和城市改變的評估

柯文哲擔任臺北市市長期間對政治和社會產生了一定的影響力，主要體現在政策成果和城市改變方面。

政策成果

城市發展與改善：柯文哲在城市發展和改善方面推動了多項政策。例如，他積極推進了大眾交通系統的建設和改善，擴建自行車道網絡，推動捷運月票1280元吃到飽，提升公共交通的便利性和可及性。他也推動了城市綠化計畫，增加公園和綠地面積，提升市民的休閒品質。

社會福利與長照體系：柯文哲提出了以長照為核心的社會福利政策，致力於照顧弱勢群體和長者的需求。提供更完善的長期照護服務，改善了弱勢群體的生活環境。柯文哲自上任以來，興建與規劃中的社宅基地總共有42處，其中除明倫社宅外，還包括南港東明社宅、萬華青年社宅、北投新奇岩社宅、文山木柵社宅、內湖瑞光社宅、六張犁社宅等等。

教育改革：柯文哲推動了一系列教育改革措施，例如推行大一統

測、減輕學生背負的課業壓力，強調素養教育的重要性。他也提出
了以STEAM教育為基礎的科學教育計畫，鼓勵學生培養創新思維
和科學能力。他推動了「數位學習及無紙化教室」計畫，讓學生可
以更加輕鬆地學習和進行教學。力推「台北酷課雲」線上課程，硬
體上打造快速網路學習環境，結合智慧型觸控螢幕互動，進而實現
網路人權，打造E化的校園教育。也推行「台北市國民中小學校園
整修計畫」，以便改善校園環境和提高學生的學習品質。

城市改變

- **都市更新與再生**：柯文哲推動了多項都市更新計畫，例如：五大市
  場改建工程，改善了老舊社區的環境和居住條件。他著力於改造遺
  棄和老舊建築，推出西區門戶計畫，拆除忠孝橋、調整忠孝西路路
  型、建置北門廣場，以北門為中心改造老城區，促進都市再生，提
  升了城市的整體形象和品質。

- **空間規劃與交通改善**：柯文哲重視空間規劃和交通問題，提出了一
  系列相應政策。他推動了擴建自行車道、提升步行友好環境，並加
  強公共交通系統的發展和運營。這些舉措改善了城市交通擁堵問
  題，促進了城市可持續發展。

- **環境保護與永續發展**：柯文哲對環境保護和永續發展也有所貢獻。
  他積極推動節能減碳措施，鼓勵市民節能減排，推行綠色建築和能
  源效率改善計畫。他亦提倡垃圾減量和回收利用，推動了廚餘回收

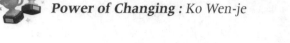

和資源回收的相關政策。這些舉措有助於減少環境污染、保護自然資源，並促進城市的可持續發展。

🔖 **社會參與與政治文化：**柯文哲的執政風格和政策做法也影響了政治文化和公共參與。他倡導市民參與政治事務，鼓勵市民自主治理和社區自治。他重視公共意見的聽取，舉辦各種形式的公民參與活動，讓市民能夠參與到政策制定和城市管理的過程。這樣的做法有助於增強市民對政治的關注和參與，提高政府的透明度和責任感。

　　值得注意的是，評估柯文哲對政策成果和城市改變的影響力需要綜合考慮多個因素，包括政策執行的成效、持續性、社會影響以及相關的社會、經濟和政治環境等。不同的觀點和意見可能存在著差異，因此評估結果也可能有所不同。同時，政策成果和城市改變的評估也需要時間的累積和後續的跟進觀察。

8 對政治文化和公共參與的影響

柯文哲在擔任臺北市市長期間對政治文化和公共參與產生了一定的影響：

🖊 **政治文化開放與創新：**柯文哲的執政風格和言行方式突破了傳統政治文化的限制，他以直率和不拘小節的形象示人，引領了一種新的政治風格。這種開放和創新的政治文化對台灣政治產生了一定的影響，激發了市民對於政治的關注和參與。

🖊 **強調公民參與：**柯文哲倡導公民參與政治事務，強調市民的權利和責任。他提倡社區自治，支持市民自主決策和自主治理，並鼓勵市民通過各種參與機制和平臺表達意見、參與政策制定。這種強調公民參與的態度擴大了市民的參與空間，促進了政府與市民之間的互動和溝通。

🖊 **建立公開透明的政府：**柯文哲提倡政府的公開透明，鼓勵政府機構和官員與市民分享資訊、公開政策和決策過程。他積極推動政府數位化轉型，建立線上平臺提供政府資訊和服務，增加政府的可視性和可信度。這種公開透明的政府風格有助於提高市民對政府的信任度，並促進市民的參與和監督。

🐝 **擴大青年參與空間：**柯文哲重視年輕一代的聲音和參與。他積極推動青年參與政治和公共事務的機會，鼓勵年輕人參與政策制定和社會事務，並提供相應的平臺和資源支援。這種關注和支持青年參與的舉措有助於培養年輕一代的公民意識和參與精神，推動政治文化的轉型和升級。

柯文哲的執政對政治文化和公共參與產生了持續的影響。他的政策和做法強調市民的權益和參與，改變了台灣政治的傳統模式，並激發了更多市民關注政治和參與公共事務的熱情。這種影響可以從以下方面進一步詳述：

🐝 **激發公民意識：**柯文哲的政策和言行引起了廣大市民對政治的關注，激發了公民意識的覺醒。他的直率和不拘小節的形象，以及對公共事務的積極參與，鼓勵了更多人開始思考和討論社會問題，並積極參與公共討論和行動。

🐝 **加強政府與市民之間的互動：**柯文哲強調公民參與和政府的開放透明，促進了政府與市民之間的互動和溝通。他提供多種參與機制和平臺，如公民意見徵集、線上投票和公開座談會等，讓市民能夠更直接地參與政策制定和城市管理的過程中。這種互動促進了政府的民主化，增加了市民對政府的參與感和歸屬感。

🐝 **推動政治文化的轉型：**柯文哲的政策和做法對政治文化產生了一定的轉型作用。他以實事求是和解決問題為導向，將政治從僵化的派系鬥爭轉向解決問題的實際行動。這種轉型鼓勵了政治家更加關注

民生，注重解決問題，並在政策制定和執行上更加注重效果和實際成效。

🎙 **激發政治討論和批評：**柯文哲的政策和做法常常引起公眾的討論和批評。他提出的一些具有爭議性的政策，例如都更計畫和交通改革，引起了不同意見的辯論。這種討論和批評促使公眾更加關注政府的政策和行動，並提出不同的觀點和建議，推動了政治討論的多元化和深入化。

🎙 **鼓勵年輕人參與政治：**柯文哲的年輕形象和開放風格對年輕一代產生了吸引力。他積極推動青年參與政治和公共事務的機會，鼓勵年輕人發表意見、參與選舉和政治活動。這種鼓勵和支持激發了年輕人對政治的興趣和參與，為年輕一代的政治參與提供了更多的空間和平臺。

　　柯文哲在擔任臺北市市長期間對政治文化和公共參與產生了積極的影響。他的政策和做法鼓勵了公民參與、政府開放透明，並激發了政治討論和年輕人的參與。這種影響對台灣政治文化的轉型和公民參與的促進都具有重要的意義。然而，評估這種影響的完整性和長期效果需要考慮多個因素，包括持續性、社會變遷和後續政策的發展等。

⑨ 市民的評價

柯文哲在擔任臺北市長期間，市民對他的評價有著不同的觀點和意見。

🎤 正面評價

🦋 **執行力和效率：**許多市民認為柯文哲在推動政策執行和城市發展方面表現出了強烈的執行力和效率。他積極推動各種建設計畫，如捷運擴建、道路改善和都更計畫等，並迅速落實相應的政策措施。

🦋 **管理城市問題：**柯文哲致力於解決城市面臨的各種問題，例如交通擁堵、環境污染和都市更新等。他提出了一系列的解決方案，如推動交通改革、推行綠化措施和改善都市環境等，這些措施獲得了一定的市民支持和肯定。

🦋 **突破傳統政治：**柯文哲以其直率和不拘小節的風格突破了傳統政治的框架，使政治更加接地氣和貼近市民。他的言行方式引起了廣泛關注，激發了市民對政治的興趣和參與。

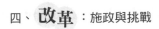

🎙 負面評價

🎤 **政策成效和持續性：**部分市民認為柯文哲的政策成效存在一定的問題，並質疑某些政策的持續性和可行性。例如，都更計畫引發了一些爭議和抗議，有人擔心城市的整體面貌和社區的連結性可能會受到影響。

🎤 **溝通和協商：**柯文哲在與利益相關方溝通和協商方面受到了一些批評。有人認為他的風格過於直接和強硬，缺乏與不同利益群體的有效溝通和協商，可能導致決策的片面性和缺乏民意的納入。

🎤 **政治人物形象：**柯文哲在擔任市長期間的某些言行和行為受到了批評，一些市民認為他的形象過於極端和不穩定。這可能影響了柯文哲的形象和聲譽，有人擔心這種形象可能對政府的形象和治理能力產生負面影響。

🎤 **處理危機和災害管理：**在面對一些突發事件和災害時，柯文哲的應對和處理方式受到了質疑。有人認為他在災害管理和危機應對方面的能力和決策能力有所欠缺，導致災害後的重建和救援工作存在一些問題。

🎤 **民生問題處理：**有些市民認為柯文哲在處理民生問題方面表現不足。他的一些政策執行可能沒有充分考慮到市民的實際需求，造成了一些不便和困擾。例如，一些市民對於交通改革措施表示不滿，認為交通擁堵和交通安全問題並沒有獲得有效解決。

以下是主要的不滿點：

1. **捷運建設：**有批評指出，柯文哲在八年的任內沒有完成任何一條完整的捷運路線，而且對於捷運建設的批評也讓柯文哲感到不滿。

2. **紅線劃定：**為了改善交通，柯文哲的政府在五年間畫了278公里的紅線，主要在巷弄中。但有議員指出，這並沒有改善交通狀況，反而可能使情況變得更糟，例如，摩托車為了避免被罰款而停在防火巷內，可能造成更危險的狀況。

3. **道路品質和挖掘頻率：**柯文哲上任後，有市民抱怨道路坑洞太多且挖掘太頻繁。前市長的「路平專案」被終止，而新的道路管線暨資訊中心成立來管理道路品質，但仍有很多市民對道路狀況感到不滿。

4. **交通擁堵改善政策：**有議員批評柯文哲的交通擁堵改善政策無效，即使有新的開罰違停等政策，交通仍然很糟糕。

以上各點展示了柯文哲在擔任市長期間，有些交通措施並未達到市民的期望，導致了不少不滿的聲音。需要強調的是，市民對柯文哲的評價是多元的，不同意見的存在是正常的。柯文哲的執政風格和政策舉措既受到支持，也受到質疑。評價柯文哲對政治和社會的影響力，需要綜合考慮他的政策成果、城市改變、公共參與以及市民的評價和反思，並綜觀整體效果和長期影響。

第五篇

挑戰：回顧與展望

POWER OF
CHANGING
Ko Wen-je

1 媒體對柯文哲的報導和評論

柯文哲作為一位政治人物，在擔任臺北市長期間面對了不少批評和挫折。媒體對柯文哲的報導和評論也起到了重要的影響。

批評和挫折

柯文哲的政策和決策不可避免地引起了一些批評和挫折。一些批評主要集中在政策執行的成效和可行性上。例如，都更計畫引發了一些社區抗議和爭議，有人擔心這些計畫可能破壞社區的連結性和文化價值。此外，柯文哲在應對災害和危機管理方面也受到了一些批評，認為他的決策能力和應對能力有待改善。

媒體報導

媒體對柯文哲的報導和評論在塑造公眾對他的觀感和形象方面起到了重要作用。不同媒體對柯文哲的立場和觀點各不相同，因此報導和評論也存在多樣性。有些媒體持正面評價，稱讚他的執行力和改革意識；而其他媒體則更強調他的缺點和挑戰。

🎙 處理批評的方式

　　柯文哲對於批評的態度和回應方式也受到了關注。有時他會直接回應批評，以自己的觀點和理念進行辯護。然而，這種直率和強硬的回應方式有時也引起了更多爭議和討論。有人認為他應更加冷靜和理性地處理批評，更好地溝通和協商。

　　在面對批評和挫折時，政治人物需要具備應變能力和反思能力。他們應該虛心聆聽不同意見，從中吸取經驗教訓，並做出適當的調整和改進。同時，媒體的報導和評論也是政治人物所面臨的一個現實挑戰，其在柯文哲的政治生涯中扮演著重要的角色：

🎙 **媒體立場多樣性：** 媒體對柯文哲的報導和評論存在多樣性，不同媒體機構和記者對他的政策和行為持有不同的立場和觀點。有些媒體對柯文哲持正面評價，稱讚他的改革意識和執行力，並強調他對城市發展的貢獻。而其他媒體則更偏向批評，指出他的政策執行存在問題，或者對他的形象和言行進行質疑。

🎙 **媒體報導的焦點：** 媒體報導柯文哲的時候，常常著重於他的重大政策舉措、重要言論、重要事件和行為。報導的焦點通常是對柯文哲政策和行動的評價和分析，這可能對公眾的觀點和評價產生一定的影響。

🎙 **形象塑造和公眾觀感：** 媒體報導和評論對柯文哲的形象和公眾觀感具有重要影響力。正面的報導和評價有助於提升他的形象，增加公眾對他的支持和信任度。然而，負面的報導和評論可能會對他的形

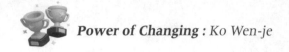
象產生負面影響，減少公眾對他的支持和認同度。

🐾 **回應媒體評論：**柯文哲通常會回應媒體對他的評論和報導。他會在新聞發布會、社交媒體或其他場合回應媒體的報導，解釋他的政策意圖，澄清誤解，或者提出反駁。這種回應有助於他在公眾中維護自己的形象和立場。

在面對媒體的報導和評論時，柯文哲需要具備應對的能力和策略。他需要保持冷靜，對不同觀點保持開放的態度並進行適度的反思。以下是面對媒體評論時可以採取的策略：

🐾 **提供資訊和解釋：**柯文哲可以主動提供更多的資訊和解釋，以增加公眾對政策的瞭解。例如利用新聞發布會、專訪或社交媒體等平臺，解釋政策目標、執行策略和預期成效，以增加公眾對政策的理解度。

🐾 **採取積極的溝通策略：**積極與媒體進行溝通，回答問題、解釋立場，並提供更多的資訊。透過定期的記者會、專訪和其他形式的對話，與媒體建立良好的溝通關係，提供更多的資訊和透明度。

🐾 **接受批評並改進：**接受批評，從中吸取教訓並進行改進。對公眾表達對於批評的重視，並承諾努力改善政策執行和問題解決的方式。這樣的回應有助於顯示其對公眾意見的重視。

🐾 **使用社交媒體平臺：**可以利用社交媒體平臺主動發聲，直接與公眾互動。透過這種方式傳達自己的想法、回答疑問，並直接與公眾進行對話，增加公眾對他的瞭解和信任。

🐾 **與利益相關方進行溝通和協商：**柯文哲可以積極與利益相關方進行

溝通和協商，尋求他們的意見和建議。這樣做有助於建立共識和解決問題，並減少對政策的批評和質疑。

在面對媒體評論和報導時，柯文哲需要保持冷靜和理性，並積極回應公眾關注的問題。他的回應態度和策略將影響大眾對他的評價與支持度。

2 政敵的攻擊和負面宣傳的應對

柯文哲在擔任臺北市長期間不可避免要面對政敵的攻擊和負面宣傳，他針對這些挑戰採取了多種應對策略：

🏅 **積極回應**：柯文哲通常會積極回應政敵的攻擊，並以事實和數據來支持自己的立場。他會在媒體上發表聲明，召開記者會，或利用社交媒體平臺回應批評，向公眾解釋事實真相。

🏅 **保持冷靜和理性**：柯文哲在面對攻擊時通常保持冷靜和理性，不輕易被情緒左右。他會避免陷入口水戰，而是專注於解決問題和推動自己的政策。

🏅 **公開透明**：柯文哲主張公開透明的政府運作，他致力於提供資訊和數據給公眾，以證明他的政策和施政成果。這種公開透明的態度可以讓大眾更好地理解和評價他的工作。

🏅 **打造支持者網絡**：柯文哲努力與支持者建立緊密的聯繫，包括與市民的對話、參與公民團體和社區活動等。他的支持者網絡能夠提供聲援和支援，對抗政敵的攻擊和負面宣傳。

🏅 **強調政策成果**：柯文哲會著重宣傳自己在臺北市的政策成果，如改善交通、推動環保、提升市民福利等方面的成就。這樣可以轉移焦

點，讓大眾更關注他的實際工作，而不是政敵的攻擊。

尋求合作和對話：柯文哲願意與不同政治立場的人合作，包括與政敵對話。他強調合作和共識的重要性，並尋求解決問題的共同基礎。這種開放的態度有助於化解衝突並營造更和諧的政治環境。

　　柯文哲在面對政敵的攻擊和負面宣傳時，採取了一系列應對策略。他不僅回應攻擊，提供事實和數據支援自己的立場，還保持冷靜和理性，避免情緒化的反應。柯文哲也通過公開透明的方式向公眾提供資訊和數據，以證明自己的政策成果。此外，他積極與支持者建立聯繫，倚賴他們的支持來對抗攻擊和負面宣傳。同時，柯文哲強調政策成果，將焦點放在他在臺北市所實現的改變和成就上。他也願意尋求合作和對話，強調共識和解決問題的重要性。這些應對策略幫助柯文哲在面對政敵的攻擊時維護自己的形象，推動自己的政策和施政目標，並與民眾保持良好的關係。

3　民意的變遷和政治支持的波動

柯文哲的民意變遷和政治支持波動可以追溯到他擔任臺北市長期間的各種政策和事件，以下是一些關鍵因素：

施政成效：柯文哲的政策成效對於他的民意和政治支持起著重要影響。當他能夠有效地解決市民關心的問題，改善城市環境和提升市民生活品質時，民眾對他的支持度就會提升。然而，如果出現政策執行不力或引發爭議的情況，他的民意和支持也可能下滑。

政治言論和形象：柯文哲的言論和形象對於民意和政治支持的波動也有影響。他直言不諱的風格和不當言論可能引起爭議，導致部分民眾對他產生疑慮或不滿。然而，柯文哲也因為直率和親民形象而吸引了一部分支持者。

選舉和政治競爭：選舉期間和政治競爭的因素也會對柯文哲的民意和政治支持造成波動。競選期間的宣傳活動、候選人之間的辯論以及其他候選人的攻擊都可能影響柯文哲的形象和支持度。

社會事件和議題：社會事件和議題對民意和政治支持的波動有重要影響。當柯文哲在重大事件中展現領導能力和解決問題的能力時，他的支持度可能上升。然而，某些敏感的社會議題，例如土地開發、

城市改造或公共工程，也可能引發爭議和不滿，影響他的支持度。

　　需要注意的是，民意和政治支持的波動是常態，特別是在政治人物擔任重要職位期間。柯文哲作為一位政治人物，他的民意和政治支持會受到多種因素的影響，並隨著時間和情勢的變化而波動。因此，瞭解這些波動背後的原因和趨勢是理解柯文哲的政治影響力和支持基礎的重要一環。

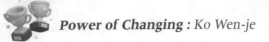
4　市長任期的總結和回顧

柯 文哲擔任臺北市長期間可以總結和回顧如下：

🔖 **城市改變與建設**：柯文哲致力於推動臺北市的城市改變和建設。他在任期內實施了多項重要的都市計畫，包括市區道路改造、捷運擴建、公共空間改善等，為市民提供更好的交通和生活環境。他著重於推動可持續發展和環境保護，例如推廣自行車道、提倡節能減碳等，讓臺北市成為一個更宜居和環保的城市。

🔖 **社會政策和福利改革**：柯文哲在社會政策和福利改革方面也有一系列的努力。他推出了「醫療長照」政策，提供長期照護服務給需要的市民。他也推動了「友善城市」計畫，關注弱勢族群和老年人的需求，提供更友善和無障礙的環境。此外，柯文哲還積極推動文化藝術活動，提升市民的文化素養和藝術享受。打造南港北流、士林北藝、信義松菸，成為台北新地標。

🔖 **反貪與廉政建設**：柯文哲重視反貪和廉政建設，在他的任期內加強了市府的監察和反貪機制如「廉政委員會」，打擊貪汙和不當行為。他強調廉潔治理和透明度，推動政府的公開透明。

民眾參與和政治文化改革：柯文哲注重民眾參與和政治文化改革。他推動了「市民代表」制度，讓市民有更多的參與和發聲機會。他也與市民保持密切的溝通和對話，透過社交媒體和公開座談等方式，聆聽民意並回應市民的需求。

政治挑戰和批評：然而，柯文哲在市長任期內也面臨了一些政治挑戰和批評。他的施政措施和言論經常引發爭議，受到不同政治立場的批評。柯文哲的直率和風格有時會被批評為過於冷漠或不妥當，使得他在與政治對手和媒體的交鋒中面臨壓力和批評。他的一些政策措施也引起了部分市民的不滿，例如土地開發和都市計畫的爭議，以及一些計畫執行不順利的情況。

　　有相當一部分支持者認為柯文哲在改變臺北市的城市面貌和推動社會進步方面做出了重要的貢獻。他的倡導可持續發展、重視社會弱勢群體和推動政府透明度的立場，得到了一些市民的支援和肯定。柯文哲的市長任期有其正面和負面的評價。無論如何，他的任期對臺北市的發展和政治環境都有一定的影響，並在某種程度上激發了對於城市治理和政治改革的討論和關注。

5 柯文哲對政治的信念和承諾

柯文哲作為一位政治人物，擁有自己的信念和承諾。以下是柯文哲在政治上的信念和承諾的一些例子：

🔨 **廉潔與反貪：**柯文哲強調廉潔治理和反貪腐的重要性。他承諾打擊貪汙和不當行為，加強政府監察和透明度，確保政府的資源和權力不被濫用。他很豪地直言：「我們允許外面的人來台北市翻箱倒櫃」。

🔨 **社會公義：**柯文哲關注社會公義和弱勢群體的權益。他承諾推動福利改革，提供更好的社會保障和福利服務，並關注弱勢族群的需求，確保每個市民都能享受到公平和正義的待遇。

🔨 **可持續發展：**柯文哲重視環境保護和可持續發展。他承諾推動綠色環保政策，包括推廣節能減碳、發展綠色交通系統、保護自然生態等，為未來世代建立一個可持續的城市環境。

🔨 **公民參與和民主價值：**柯文哲強調公民參與和民主價值的重要性。他承諾推動政治文化改革，增加市民的參與度和發聲機會，建立更民主、開放和透明的政府體制。

🔨 **城市發展與創新：**柯文哲關注城市發展和創新。他承諾推動城市改

變和建設，包括交通改善、都市更新、科技創新等，為城市帶來更多機會和發展空間。

- **政府效能**：強調提升政府效能和服務品質。他承諾改革行政體制，減少官僚主義和繁文縟節，使政府能更加高效、靈活地服務市民。

- **治理創新**：柯文哲倡導政治和治理的創新。他承諾引入新的管理方法和思維，運用科技和數據分析等工具，提升政府的決策能力和執行效果。

- **人本主義**：柯文哲主張以人為本的政策和施政方針，關注市民的需求和福祉，並將市民的利益放在首位，以提供更好的公共服務。

- **國際交流與合作**：重視國際間的交流與合作，積極推動臺北市與其他城市的交流與合作，吸取國際最佳實踐，促進城市的互惠互利發展。其任內已與六個城市分別締結友好城市盟約，包含：2015 年與紐西蘭首都威靈頓締結夥伴市；五個姊妹市分別為 2016 年厄瓜多首都基多、2018 年聖露西亞首都卡斯翠、2019 年貝里斯首都貝爾墨潘、2020 年捷克首都布拉格及祕魯共和國首都利馬市。

- **革新政治文化**：柯文哲呼籲革新政治文化和推動政治改革。他承諾推動政治體制的變革，加強民主治理和公民參與，以建立更公正、開放和透明的政治環境。

這些信念和承諾反映了柯文哲在政治上的價值觀和目標，並指導他的施政方針和行動。然而，評價一位政治人物的信念和承諾還需要綜合考慮其實際行動和成果，以及公眾的評價和反應。

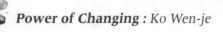
6　對臺灣政治發展的影響和展望

柯文哲作為臺北市長和政治人物，在臺灣政治發展上有一定
的影響力。

 ## 影響方面

🎤 **政治文化改革：**柯文哲提出了許多關於政治文化改革的觀點和主
張，強調公民參與、透明度和反貪腐等議題。他的言行和作為激發
了對政治體制的討論和反思，推動了臺灣政治文化向更開放、民主
和公正的方向發展。

🎤 **市民政治參與：**柯文哲提倡市民政治參與的理念，鼓勵市民積極參
與公共事務，發聲表達意見，並透過不同形式的對話和溝通與政府
合作。他的做法鼓勵了公民社會的發展，使臺灣的政治更加多元、
開放和民主。

🎤 **城市治理與創新：**柯文哲在臺北市的施政中提出了許多關於城市治
理和創新的理念和政策。他強調科技應用和數據分析，推動城市的
可持續發展和智慧城市建設。這些做法對其他城市的治理和發展也
有一定的啟示和影響。

 展望方面

　　柯文哲的影響力可能會持續延伸和發展，特別是在以下幾個方面：

政治改革和制度建設：柯文哲在政治改革和制度建設方面的觀點和實踐，可能對臺灣的政治體制和選舉制度產生影響。他提倡政治文化的改變和公民參與的重要性，可促進相應的政治改革。

社會運動和公民意識：柯文哲的市民參與理念和實踐可能會鼓勵更多的社會運動和公民行動。他的影響可能激發更多的公民意識和對社會議題的關注，推動臺灣社會進一步的發展和變革。

城市發展和可持續性：柯文哲在臺北市的城市發展和可持續性方面的政策措施和理念，可能對其他城市產生示範效應。他的作為可能推動臺灣各地更注重城市發展的品質、環境保護和社會可持續性，並引導城市建設走向更可持續的方向。

政治參與和市民意識：柯文哲強調市民政治參與的重要性，鼓勵市民參與公共事務。這種觀念的影響可能導致更多人積極參與政治，增強市民意識和政治參與度，推動臺灣社會朝著更加民主和開放的方向發展。

城市治理和創新：柯文哲倡導的城市治理和創新理念，可能在臺灣各地得到推廣和應用。其他城市政府可能借鑒柯文哲的經驗，加強城市治理的效能，並導入新的科技和創新手段，提升城市的發展品質和競爭力。

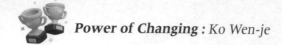

　　柯文哲作為一位具有影響力的政治人物,他的信念、承諾和政策措施都對臺灣政治發展產生一定的影響。他提倡政治文化的改革、市民參與的重要性以及城市治理和創新,如參與預算、公民事務委員會、青年事務委員會等,都有助於推動臺灣社會向更加開放、民主、可持續的方向發展。然而,具體的影響還是需觀察其施政成果和公眾反應,以及臺灣政治和社會的整體發展趨勢。

7　柯文哲的領導特質和管理風格

政治人物的領導風格和影響力是非常重要的，因為他們可以對社會和國家產生深遠的影響。政治人物的領導風格可以影響政策的制定和實施，以及社會的發展方向。一個好的政治領袖可以激勵人們，帶領他們走向更好的未來，促進社會的進步和發展。政治人物的影響力也可以影響民眾的信仰和價值觀，引導他們朝著正確的方向努力，促進社會的和諧和穩定。

政治領袖的領導風格可以有很多種，例如權威、民主、服務、願景等等。不同的領導風格對於不同的情況和人群都有不同的適用性。一個好的政治領袖應該能夠根據情況和需要靈活運用各種領導風格，以達到最好的效果。

政治領袖的影響力也可以通過各種方式實現，例如演講、行動、政策等等。一個好的政治領袖應該能夠有效地利用這些方式，將自己的想法和價值觀傳達給民眾，促進社會的發展和進步。

而政治人物的領導風格和影響力對於社會和國家的發展有著非常重要的作用。一個好的政治領袖應該能夠運用不同的領導風格和方式，將自己的想法和價值觀傳達給民眾，引導他們走向更好的未來。柯文哲的領導特質和管理風格具有以下一些特點：

直言不諱：柯文哲以直率和坦誠著稱，他在發言和行動中不慣於遮掩或掩飾。他善於以直接的方式表達自己的觀點和立場，並勇於挑戰既有的體制和傳統。

創新思維：柯文哲在城市治理和政策制定中展現了創新思維。他傾向於尋找新的解決方案和方法，並將科技和數據應用於政府運作和城市管理，以提升效能和品質。

實踐導向：柯文哲注重實踐和執行。他不僅有理念和計畫，還努力將其付諸實際行動，積極推動改革和政策的實現。他以實際成效為依歸，重視解決問題和改善民眾生活。

市民參與：柯文哲強調市民參與的重要性。他鼓勵市民參與公共事務，聆聽他們的聲音和意見，並促進政府與市民的互動和合作。他支持開放式的對話和座談會，以建立更加民主和包容的決策過程。

不拘一格：柯文哲的管理風格不拘一格，不受傳統政治思維和框架的限制。他願意嘗試新的方式和方法，並善於跨界合作和整合資源，以達到最佳的效果和成果。

這些特質和風格使柯文哲在領導臺北市的過程中展現出獨特的風采，同時也引起了廣泛的討論和評價。然而，不同人對他的領導風格和管理方法有著不同的看法，評價的正反兩面也隨著觀點和立場的不同而有所差異。

8 對臺灣政治和社會的改變和啟示

柯文哲對臺灣政治和社會的改變和啟示可以歸納如下：

🔖 **公民參與的重要性**：柯文哲強調市民參與政治事務的重要性，鼓勵公民行動和社會參與。他的言行和作為激發了更多人關注公共事務，並積極參與政治和社會議題的討論和行動。這推動了臺灣政治和社會的民主化和多元化。

🔖 **政治體制的改革**：柯文哲提出了一系列有關政治體制改革的觀點和主張，包括選舉制度改革、政黨制度改革和反貪腐等。他的倡議推動了對政治體制的討論和反思，促進了政治制度的進步和改革。

🔖 **城市治理的創新**：柯文哲在臺北市的施政中強調了城市治理的創新和科技應用。他推動了智慧城市建設和城市治理的現代化，將科技和數據應用於城市管理，提升了政府效能和服務品質。這為臺灣其他城市提供了借鑒和學習的機會。

🔖 **反對既有體制的勇氣**：柯文哲以其直言不諱和勇於挑戰既有體制的態度而聞名。他在選舉和施政過程中顯示出反對既有政治勢力和體制的勇氣和決心。這激勵了更多人勇於發聲，敢於對既有體制進行

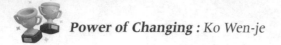

反思和改變。

公共事務專業化的重視：柯文哲作為一位醫生出身的政治人物，注重公共事務的專業性和科學性。他在施政中強調科學和專業知識的應用，提倡以事實和數據為依據做出決策。這呼籲政治人物在決策過程中注重專業性和客觀性。

媒體與政治關係：柯文哲與媒體的互動方式不同於以往的政治人物，他善於運用社群媒體和直播等工具直接與市民溝通。這種新型的媒體互動方式提高了政治訊息的傳遞效率，也改變了政治與媒體之間的互動關係。

建立政治新風氣：柯文哲在競選和任期間所展現的個人風格和獨特魅力，激發了更多人對政治的關注和參與。他打破了傳統政治人物的形象，突顯了政治人物可以擁有多樣的面貌和風格，這有助於建立一個更加開放和多元的政治風氣。

社會議題的關注：柯文哲對於社會議題的關注和推動也帶來了改變和啟示。他對於城市環境、交通、老人照護等議題的關注，引起了更多人對這些議題的關注和討論，並促進了相關政策的推動和改善。

反貪腐和政府透明化：柯文哲強調反貪腐和政府透明化的重要性，並推動相關的政策措施。他的倡導使得反貪腐成為公眾關注的焦點，促使政府更加重視透明度和廉潔治理，提高政府的公信力和形象。

柯文哲的改變和啟示對臺灣政治和社會的影響是多方面的。他的領導風格和政策措施激勵了公民參與、政治改革和城市發展，同時也推動了政治文化的變革和社會議題的關注。這些影響將繼續在臺灣政治發展的過程中產生深遠的影響。

9 對公共參與和市民意識的影響

柯文哲對公共參與和市民意識的影響可以歸納如下：

增強公民意識： 柯文哲的施政風格強調市民參與和公民意識的重要性。他鼓勵市民積極參與政治討論和公共事務，並提倡開放、透明、負責任的政府運作。這種激勵和倡導有助於增強公民的意識和參與意願，使更多人關注社會議題並主動參與公共事務。

促進公共參與： 柯文哲的施政措施強調民眾的參與和意見反饋。他推動了各種形式的公民參與機制，例如社區會議、公眾論壇和線上平臺，讓市民有機會表達意見、參與政策制定和監督政府行為。這樣的參與機制提高了公眾參與的便利性和透明度，使市民能夠更直接地參與決策過程。

拓寬參與範疇： 柯文哲的施政措施拓寬了市民參與的範疇，不僅限於政治議題，還包括城市規劃、環境保護、文化藝術等多個領域。他鼓勵市民關心身邊的事務，並提供多元化的參與機會，使更多人參與到公共事務中，發揮自己的影響力和貢獻。

強調市民力量： 柯文哲著重強調市民的力量和作用，並呼籲市民發揮主動性和創造力。他強調市民是社會進步的關鍵力量，鼓勵市民

自我組織、提出建議和行動，共同改善社會環境和解決問題。這種強調市民力量的觀點有助於帶動市民的積極性和參與熱情。

柯文哲對公共參與和市民意識的影響體現在激發市民的參與意願、拓寬參與範疇、強調市民力量等方面。他的施政措施和倡導推動了臺灣社會的公共參與意識，讓市民更積極地參與公共事務，並發揮影響力。首先，公共參與的增加使政策制定更具代表性，政府能更好地聽取和反映市民的聲音和需求，減少決策的失誤和偏差。其次，市民的參與和意見反饋促進政府的透明度，有助於防止腐敗和不當行為的發生。同時，市民的參與也擴大了社會議題的討論範圍，促進了社會問題的解決和社會進步。

10 影響力和成就的總結

柯文哲的影響力和成就可以總結如下：

🎖 **政治風格與改革精神：**柯文哲以直率、不拘小節的風格，深受年輕世代和部分市民的喜愛。他強調以市民需求為導向，推動政府改革和解決社會問題。他的政治風格和改革精神對臺灣政治帶來新的風貌，鼓舞了更多人參與公共事務，並對政治文化產生深遠的影響。

🎖 **城市發展和城市改變：**柯文哲任內推動了多項城市發展計畫和改變，包括都市更新、交通改善、綠化計畫等。他致力於打造更宜居、可持續發展的城市環境，提升了臺北市的形象和生活品質。這些城市改變和發展成果在一定程度上改善了市民的生活，並對臺灣的城市發展產生了示範和影響。

🎖 **推動公共參與和市民意識：**柯文哲強調市民參與和公共參與的重要性，鼓勵市民積極參與政治討論和公共事務。他推動了各種形式的公民參與機制，提高了市民對政府決策的參與度和認同感。這種推動公共參與和市民意識的努力，為民主發展和社會進步帶來了重要的影響。

🐌 **社會議題和公共政策的關注：**柯文哲關注社會議題，積極參與和推動相關的公共政策。他關注環境保護、都市更新、長照服務等議題，並推出一系列相應的政策措施。他的關注和行動引起了社會對這些議題的重視和討論，並對相關政策的制定和實施產生了重要影響。

🐌 **政治參與和年輕世代的關注：**柯文哲的政治風格吸引了年輕世代的關注和參與。他的形象和言行激發了年輕人對政治的興趣，並促使他們更積極地參與選舉和公共事務。他在臺北市長選舉中逆勢當選也鼓舞了年輕人參與政治的勇氣和信心，對年輕世代的政治參與產生了積極的影響。

🐌 **國際形象與城市推廣：**柯文哲的領導和城市發展計畫使臺北市在國際間獲得了更多的關注和肯定。他參與國際會議、舉辦國際活動如2017台北世大運，積極推廣臺北市的形象。這使臺北市成為一個受歡迎的旅遊和商業目的地，也成功讓世界看到台灣。

🐌 **公共財政和政府效率：**柯文哲在臺北市政府的財政管理方面也有一定的成就。他努力提高政府效率，減少浪費和不必要的開支，以提供更多的公共服務。他推動的財政改革措施，如精簡行政結構、改進預算管理等，對臺北市的公共財政有所改善。

🐌 **政治議題的引領和影響：**柯文哲在其任期內提出了一些具有爭議性的政治議題，如臺灣地位、兩岸關係等。他的言論和行動引起了社會對這些議題的關注和討論，推動了相關的政治對話和辯論，對臺灣政治的發展和民主進程有一定的影響。

🏆 **公共交通和城市環境：**柯文哲在臺北市推動了公共交通的改善和發展，包括擴充捷運線路、提升公車服務等。他致力於改善交通擁擠問題，減少對汽車的依賴，提倡綠色出行。同時，他也推動了城市環境的改善，加強綠化和生態保護，提高居民的生活品質。

🏆 **社會福利和長照服務：**柯文哲重視社會福利和長照服務，致力於提供更好的照顧和支援給弱勢群體和長者。他推動了長照政策的發展，增加長照據點和提供多元化的服務。在其市長任內，台北市擁有了 540 個社區照顧關懷據點，涵蓋率高達 78.9%，還建立了 50 家日照中心。同時敬老卡的發行量達到了 44.8 萬張，持卡人每月可享受 480 元的折扣，可用於大眾運輸、博物館或運動中心，鼓勵長輩外出活動。他的努力改善了弱勢群體和長者的生活環境。

🏆 **整體治理和政府效能：**柯文哲注重整體治理和政府效能的提升，致力於建立更為透明、高效的政府運作。他推動了政府組織的改革和現代化，提升了政府機構的效能和服務水準。他也鼓勵政府部門與民間團體和市民合作，共同解決問題和推動政策。

🏆 **政黨政治的變革：**柯文哲的興起和成功，對臺灣的政黨政治產生了影響。當年他以獨立候選人的身份當選臺北市長，打破了傳統政黨的格局，對臺灣的政治體制提出了挑戰。他的成功鼓舞了其他獨立候選人和非主流政治勢力，推動了政黨政治的變革和多元化。

🏆 **兩岸關係和國際角色：**柯文哲在兩岸關係上持有相對獨立和實用的立場，強調兩岸交流與合作的重要性。他推動了臺北市與中國城市

的交流，促進了兩岸關係的和平發展。同時，他也加強了臺北市在
國際舞臺上的角色，提升了臺灣的國際能見度和形象。

🐾 **政治風氣和反貪腐：**柯文哲在市長任期內強調廉潔和反貪腐，推動
政治風氣的改善。他嚴厲打擊貪汙和不當行為，提高了政府的透明
度和廉潔度。他的一系列作為對臺灣的反貪腐運動和政府廉政建設
起到了積極的影響。

🐾 **政治對話和協商：**柯文哲在任期內積極推動政治對話和協商，嘗試
解決社會上的爭議和衝突。他與各界人士、利益團體進行溝通和對
話，促進相互理解和共識的形成。他的努力在一定程度上改善了政
治對立和衝突，為臺灣的政治穩定和發展作出了貢獻。

🐾 **政策創新和實踐：**柯文哲在市長任期內推出了多項政策創新和實
踐，包括推動社區治理、提升文化藝術發展、加強教育資源等。他
的政策措施對臺北市的社會發展和公共服務產生了影響，並在一定
程度上引領了臺灣的政策方向。

　　柯文哲的影響力和成就在許多方面都有所體現。他的政治理念和
政策措施對臺灣政治、城市發展、公共參與等方面產生了影響，同時
也引領了許多議題被關注和討論。

11 柯文哲的政治遺產和持續影響

柯文哲的政治遺產和持續影響可以從以下幾個方面來看：

市民參與和政治意識：柯文哲強調市民參與和公共參與的重要性，鼓勵市民積極參與政治討論和公共事務。他的政治風格和改革精神激發了更多人關心政治，並對公民意識的提高產生了影響。他的呼籲和實踐對臺灣政治文化產生了深遠的影響，使公民參與成為政治討論的重要一環。

政府效能和公共服務：柯文哲推動了政府效能的提升，優化公共服務的提供。他的努力使政府更加注重效率和服務品質，提高了市民對政府的期望和要求。這種關注和改善公共服務的精神將持續影響臺灣的政府運作和公共管理。

政治對話和協商：柯文哲積極推動政治對話和協商，嘗試解決社會上的爭議和衝突。他的做法提供了一個開放、包容的政治空間，促進了各界人士的溝通和合作。這種政治對話和協商的模式將對臺灣的政治發展和社會和諧起到持續的影響。

城市發展和環境保護：柯文哲注重城市發展與環境保護的平衡，提倡可持續發展和綠色生活。他的城市改變和環保政策成果將繼續影

響臺北市和其他城市的發展方向，推動更環保和宜居的城市環境。

政治格局和政黨競爭： 柯文哲以獨立候選人的身份當選臺北市長，打破了傳統政黨的格局，對臺灣的政黨政治產生了影響。他的成功鼓舞了其他獨立候選人和非主流政治勢力，推動了政黨政治的多元化和變革。

公共財政和財政改革： 柯文哲在臺北市政府期間提出了財政改革措施，以提高財政效能和節省開支。他致力於減少浪費和不必要的支出，改善財政狀況。這種關注公共財政和財政改革的精神將持續影響臺灣政府的財政政策和執行。

國際交流與城市推廣： 柯文哲重視國際交流與城市推廣，努力提升臺北市的國際形象和地位。參與國際會議、舉辦國際活動等行動，推動臺北市在國際間的知名度和吸引力，有助於促進臺灣的國際交流與合作。

基礎設施建設和城市規劃： 柯文哲在臺北市推動了一系列基礎設施建設和城市規劃計畫。他致力於提升臺北市的交通網絡、公共空間和城市功能，以提升市民的生活品質和城市競爭力。這些基礎設施建設和城市規劃將持續影響臺北市的發展和城市環境。

健康與福利政策： 柯文哲重視健康與福利政策，致力於提供更好的醫療和社會福利服務。他推動了長照制度的發展、提升醫療資源等措施，提高了市民的健康和福祉水準。這種對健康與福利的關注將持續影響臺灣的社會政策和福利制度。

💫 **整體治理和政府透明度：**柯文哲重視整體治理和政府透明度，致力於建立更為有效和透明的政府。他推動政府組織的改革和現代化，提高政府機構的效能和服務水準。

💫 **數位化和科技創新：**柯文哲提倡數位化和科技創新，致力於推動臺北市的智慧城市建設和科技產業發展。他推行數位政府和數位服務的發展，提升市民的生活便利性和行政效能。他的努力將持續推動臺灣的數位轉型和科技創新。

💫 **綠能和永續發展：**柯文哲重視綠能和永續發展，致力於推動臺北市的能源轉型和環境保護。他推動太陽能和風能的應用，減少對石化燃料的依賴，促進綠色能源的發展。他的環保政策和永續發展理念將對臺灣的能源政策和環境保護產生持續的影響。

💫 **政治風氣和民主價值：**柯文哲在政治舞臺上強調政治清廉和民主價值，倡導政治風氣的改善。他提倡公開透明的政治運作，反對貪汙腐敗和權力濫用。

💫 **年輕世代和社會參與：**柯文哲在臺北市政府期間特別關注年輕世代和社會參與，鼓勵年輕人積極參與公共事務和政治運動。他的政策措施和呼籲將持續激發年輕人的參與熱情和社會責任感，推動年輕世代在政治和社會領域的發展。

💫 **政治家形象和領導風格：**柯文哲的政治家形象和領導風格對臺灣的政治文化和政治行為產生了影響。他的直率言行和反傳統的作風使他成為受關注的政治人物，並對臺灣的政治風格和政治領導產生持

續影響。

🎙 **社會議題和多元價值：**柯文哲在政治言行中強調尊重和包容不同的價值觀和意見，關注社會議題和少數群體權益。他的言行反映了對多元價值的尊重和推動，鼓勵社會對話和理解。他的做法將持續影響臺灣社會對於多元價值和社會議題的討論和關注。

🎙 **市政經驗和行政管理：**柯文哲在擔任臺北市長期間累積了豐富的市政經驗和行政管理能力。他的執政經驗和管理手段將成為後續政府的參考和借鑒，對臺灣的行政管理和政策實踐產生持續的影響。

🎙 **政黨體制和政治改革：**柯文哲作為獨立候選人當選臺北市長，挑戰了傳統的政黨體制。他的成功對臺灣的政治格局和政治改革產生了影響，激發了對政黨體制和政治改革的討論和探索。

🎙 **青年政治參與和啟發：**柯文哲的政治參與和領導經驗對年輕世代產生了啟發和影響。他的政治故事和成功故事鼓勵年輕人參與政治和公共事務，推動年輕世代在政治領域的發展和參與。

🎙 **市長改選模式和選舉競爭：**柯文哲的選舉成功和執政表現影響了臺灣的市長改選模式和選舉競爭。他的經驗和策略將影響未來候選人的選舉策略和選舉競爭的態勢。

以上都是柯文哲的政治遺產和持續影響的一些方面。然而，政治的影響是動態的，隨著時間的推移和社會的變遷，可能會有新的因素和力量產生。

對未來政治發展的啟示和建議

根據柯文哲過去的言行和政治理念，對未來政治發展的一些啟示和建議如下：

🎳 **市民參與和公共參與：** 柯文哲強調市民參與和公共參與的重要性，他鼓勵市民積極參與政治討論和公共事務。對於未來的政治發展，他的啟示是要建立一個開放、包容的政治空間，促進市民對政治的關注和參與，讓民眾的聲音被充分聽取。

🎳 **效能和效率：** 柯文哲強調政府的效能和效率，他提出了許多措施來優化公共服務的提供和提高政府的執行效能。他的建議是，政府應該致力於改革和創新，提升行政效能，才能更有效地回應市民的需求，並確保公共資源的合理利用。

🎳 **政治對話和協商：** 柯文哲強調政治對話和協商的重要性，他倡導各界人士通過溝通和協商解決爭議和衝突。對於未來政治發展，他建議政治人物和利益相關者要保持開放的心態，積極參與對話和協商，共同尋求解決問題的方案，促進社會的和諧與發展。

🎳 **制度建設和改革：** 柯文哲強調制度建設和改革的重要性，他主張建立公平、透明、有效的政治制度和行政機構。他的建議是，政府應

該不斷完善制度，提升其適應能力和效能，確保政治和行政的公正性和公信力。

🐝 **多元價值和社會共融**：柯文哲注重尊重和包容不同的價值觀和意見，他倡導社會共融和多元價值的尊重。對於未來政治發展，他的啟示是，政治人物和社會各界應該尊重多元價值，推動社會的包容性和共融性，建立一個和諧、穩定的社會。

🐝 **創新和數位轉型**：柯文哲重視創新和數位轉型，他提倡政府與科技產業的合作，推動政府服務的數位化和智慧城市建設。他的建議是，政府應積極採納新興科技，提供更便捷、高效的公共服務，促進社會與科技的融合，推動社會的可持續發展。

🐝 **財政改革和公共財政管理**：柯文哲在臺北市政府期間推動了財政改革，提高財政效能和節省開支。他的建議是，政府應該注重公共財政的管理和使用效率，進一步改革財政制度，加強預算規劃和財政監督，確保資源的合理配置和利用。

🐝 **環境保護和永續發展**：柯文哲重視環境保護和永續發展，他提倡綠能利用和環境友好的政策。他的建議是，政府應該加強環境保護措施，推動能源轉型和減碳目標的實現，促進可持續發展的綠色經濟。

🐝 **專業治理和政策執行**：柯文哲強調專業治理和政策執行的重要性，他注重選用專業人士擔任政府職位，提高政府的執行能力。他的建議是，政府應該鼓勵專業人士參與政治，推動政府的專業化和效能化，確保政策的有效實施和目標的實現。

公平正義和社會福利：柯文哲關注社會公平正義和社會福利，他提倡改善弱勢群體的生活狀況，提供平等的機會和公共服務。他的建議是，政府應該致力於建立更公平、更包容的社會體系，加強社會福利制度，提高弱勢群體的參與度和福祉水準。

　　柯文哲的政治經驗和理念提供了未來政治發展的參考和指引，旨在建立一個更開放、有效、包容和可持續的政治體系，以促進社會的和諧發展和市民的福祉。然而，政治的發展是一個複雜的過程，需要不斷地努力和持續的改革。

第六篇

柯氏99金句的智慧

POWER OF
CHANGING
Ko Wen-je

柯文哲作為一位知名政治人物，曾經說過一些深入人心、耐人尋味的金句，而且每個金句後面都有令人省思的意義。以下收錄99則柯氏語錄，以便更全方位地了解柯文哲。

① 「不求好看，但求實在」

這句話強調了柯文哲的價值觀和態度，他注重實際的成果和問題解決，而不僅僅追求外表的美觀或虛榮。這句話暗示著他對於施政或工作的態度，將實際效益和實際成果放在首位，而不會被被形式或虛飾所左右。這種態度可能表示他將精力投入到解決問題和改善現實狀況上，而不是只關注形象或表面的光鮮外表。這種實事求是的立場在政治和公共服務中具備一定的影響力，因為它強調了實際成效和真正的改變。

② 「想改變，就先學會被改變」

「想改變，就先學會被改變。」這句話的含義是呼籲人們要擁有開放的心態，願意接受新觀念和不同的意見，並且勇於改變自己以適應變革。這句話強調了個人成長和進步的重要性，以及在不斷變化的環境中，適應變革的能力。

這句話的核心思想是，如果我們渴望改變自己或改變周圍的事物，首先應該具備學習和適應的能力。這意味著要懂得放下過去的固有觀

念和習慣，並且願意接受新的觀點和方式。這樣的開放態度可以幫助我們更好地應對變化與改革，進而實現個人和社會的目標。

這句話提醒我們，改變是不可避免的，因此我們應該積極地面對變革，並以積極的態度參與其中，這樣才能不斷地成長和進步。

 「市長不是神，市長是做事的」

這句話強調了柯文哲對於擔任公職的角色和責任的理解。他認為市長不應該被看作是超越常人、神一般的存在，而是一個實際執行者，其主要職責是解決問題、推動事務，並為市民提供實際的服務。這種觀點反映了柯文哲對於政治角色的謙虛和實際主義的看法。他認為政治領袖應該注重實際成效，而不是僅僅依賴虛名或超自然的力量。這也強調了政府應該服務於人民，解決問題，以改善人民生活品質為使命。

這句話真實體現柯文哲對於公職角色的誠懇態度，並強調了政治領袖應該致力於實際行動和問題解決，而非虛榮或形式主義。它突顯了擔任公職的人應該以服務社會為首要目標。

 「經營城市是經營人心」

這句話反映了柯文哲對於城市治理的理念，他主張城市治理的核心應該是關注市民的需求、民生問題，以及營造一個有利於市民幸福

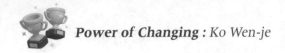

和生活品質提升的環境。這種理念強調政府應該以市民為中心，將人民的需求置於城市治理的首要位置，並積極解決各種影響市民福祉的問題。

柯文哲的這種觀點意味著政府應該不斷改進公共服務，提高其品質，確保基本需求得到滿足，同時也應該重視社會公平和包容性，以確保所有市民都能夠享受到城市的發展成果。「經營城市是經營人心」強調了柯文哲對於城市治理的人本主義觀點，他認為唯有關心市民，滿足他們的需求，才能建立一個更加繁榮和幸福的城市。

⑤「你們要相信，台灣是可以的」

這句話表達了柯文哲對於台灣的樂觀和信心。他鼓勵人們要有信心，相信自己以及整個國家的潛力，並且相信在克服困難和挑戰的過程中，可以實現更大的成功和進步。

這種鼓勵和信心的表達，可以激勵人們積極參與社會和國家建設，相信他們的努力和貢獻可以改善台灣的現狀，創造更好的未來。柯文哲的言論也強調了國家凝聚力和民眾合作的重要性，因為只有在團結的基礎上，台灣才能實現更大的目標和願景。

6 「不爭論對與錯，而是找出更好的方案」

這句話強調了柯文哲在解決問題時的方法論，他認為關注的焦點應該是尋找更有效的解決辦法，而不是固守在對與錯的爭論中。這種方法強調了合作、共識和問題解決的重要性。

柯文哲的觀點表明，當人們遇到爭議或困難時，最重要的是尋找解決方案，而不是陷入無休止的爭論中。他鼓勵人們以建設性的方式合作，共同努力解決問題，這樣才能實現共同的目標和改進現狀。

這句話傳達了柯文哲對於解決問題的看法，強調了尋找更好的方案和合作的價值。這種方法有助於促進合作，減少爭端，並更有效地解決各種挑戰。

7 「治理是一種術，更是一種心態」

這句話表達了柯文哲對於治理的獨特見解。他強調，治理不僅僅是技巧和知識的運用，同樣重要的是擁有正確的心態。這種看法強調了政治領袖或公職人員在履行職責時，需要具備技術性的能力，同時也需要具備專注、公正、服務精神等正確的心態。

柯文哲的觀點反映了他對於政治和治理的綜合理解，他認為政治決策和行動應該是技術和價值觀的結合，只有這樣才能更有效地應對社會和政治挑戰。這種心態強調了公職人員應該以服務社會和民眾為使命，專注於解決問題，改善生活品質，而不僅僅是追求政治權力或私利。

這句話突顯了柯文哲對於治理的獨特見解，他認為治理需要技巧和心態的結合，以實現更有效的政府運作和更好的公共服務。這種觀點強調了政府官員應該具備全面的素質，以更好地履行其職責。

⑧ 「改變是痛苦的，但不改變更痛苦」

這句話強調了柯文哲對於改變的觀點，他提醒人們改變可能帶來痛苦和困難，但如果不去面對和實施改變，問題可能會持續存在，並變得更加嚴重。

這句話的背後思想是，有時候人們會因為擔憂不確定性、習慣性思維或恐懼失敗而抗拒改變。柯文哲認為，即使改變可能會引起短期的不適和痛苦，但它卻是解決問題、實現進步和成長的必要過程。如果不敢面對改變，問題可能會繼續擴大，最終導致更多的痛苦和困難。

這句話強調了改變的必要性，並提醒人們要有勇氣克服痛苦和不便，以迎接未來的挑戰。這種觀點在個人生活、組織管理和社會變革中都具有重要意義，因為改變往往是實現成長和進步的關鍵。

⑨ 「政府應該重視社會多元性和文化包容，推動包容性的社會發展」

柯文哲強調政府應該重視社會多元性和文化包容，尊重不同種族。

這句話傳達了以下含義：

　　1. 社會多元性的價值：該句話強調社會多元性的重要性。社會中存在著各種種族、宗教、文化和價值觀的人們，這種多元性豐富了社會，提供了不同的觀點和經驗。政府應該重視這種多元性，尊重每個社會成員的背景和特點。

　　2. 文化包容的原則：句子中提到文化包容，這表示政府應該採取措施，以確保每個人都能在社會中得到平等的尊重和機會，無論他們的文化或背景如何。文化包容有助於減少種族和文化之間的衝突，促進社會和諧。

　　3. 反對種族主義和歧視：這句話呼籲政府反對種族主義和歧視。政府應該制定法律和政策，保護每個人的權利，並確保沒有人因種族或文化而受到不公平對待。

　　4. 包容性社會的優勢：文中提到「推動包容性的社會發展」，這意味著一個包容性的社會可以更好地實現平等、公平和和諧。這有助於提高社會穩定性，促進經濟發展，並創造一個更美好的未來。

　　總的來說，這句話強調政府在建設一個包容性社會方面的責任，鼓勵社會各界尊重和包容不同文化和種族的人們，以實現更公平、和諧和多元化的社會。這有助於增強社會凝聚力，促進文化交流，並推動社會的共同發展。

⑩「市民最大的權力，是選擇」

這句話強調了柯文哲對於公民參與和政治權利的重視。他指出市民擁有重大的權力，即選擇權，這種選擇權可以通過投票、參與社會運動、發表意見等方式來實現。這句話的背後思想是，市民的參與和選擇可以對政治和社會產生重大影響，因此他鼓勵市民行使他們的權力，以實現更好的社會和政治變革。

這種觀點強調了民主政治的核心價值，即政治權力應該來自於人民，政府應該為了人民的利益而存在。柯文哲的表述提醒人們，參與政治過程是一種責任，同時也是一種機會，市民可以通過參與來影響政策決策，推動社會變革，以反映他們的價值觀和需求。「市民最大的權力，是選擇」強調了公民參與和政治選擇的價值，並鼓勵市民發揮他們的權利，積極參與政治，以實現更公平、更公正、更民主的社會。

⑪「我們要成為一個把政治當作一種生活態度的國家」

這句話強調了柯文哲對於政治參與和公民責任的呼籲。他希望人們不僅僅要將政治視為一個特定時期的選擇或活動，而是將其融入日常生活，將政治參與視為一種態度和責任，以共同參與社會和國家的建設。

　　這句話的背後思想是，政治不應該僅僅由選舉期間的政治家們來處理，而應該是每個公民都應參與的事務。柯文哲鼓勵人們關心政治議題，參與討論，並在合適的情況下，積極參與投票、參選或者參與社會運動，以影響政策決策並塑造更健全美好的社會。

　　這句話強調了政治參與應該是一種積極的生活態度，而不僅僅是一個選擇。這種觀點有助於促進民主參與，並讓更多的人參與政治過程，共同建設更加民主和繁榮的國家。

⑫ 「做好事，要記住，那是你的本分」

　　這句話非常準確地強調了一種高尚的道德價值觀。它提醒我們，做好事不應該僅僅出於個人利益或為了得到回報，而應該視為每個人的本分和責任。這種觀點鼓勵人們行事慷慨、關心他人，並在需要的時候提供幫助，而不是只追求個人利益或獲得回報。

　　這句話也強調了無論我們的善行是否被他人注意到或讚賞，都不應該改變我們做好事的初衷。它提醒我們，真正的善行來自內心的善意和責任感，而不僅僅是一種表面的行為或偽善，並鼓勵人們將善行視為一種本分和責任，而不僅僅是一種交換或計算。這種價值觀有助於建立更加善良和關懷的社會。

ⓐ「公共事務是一場馬拉松，不是百米賽跑」

　　這句話非常形象地比喻了參與公共事務和政治活動的性質。它強調了解決複雜社會問題和實現政策目標需要長期的耐心和持之以恆的努力，就像參加馬拉松長跑一樣。

　　在百米賽跑中，選手需要迅速奔跑到終點，重點是速度和爆發力。然而，馬拉松則是一個長時間的比賽，需要持久的體力和心理耐力。同樣地，參與公共事務需要長期的參與和堅持，因為社會問題和政策變革不會立即解決，而需要長期的關注和努力。

　　這句話的含義是，參與公共事務的人們應該具備耐心，並要有長遠的視野。他們應該明白，變革和進步通常需要時間，並且可能會遇到挫折和障礙，但只有持之以恆，才能取得真正的成就，提醒人們要具備耐心和堅持，以實現更持久的影響和改變。這種觀點有助於鞏固參與者的決心，並推動社會變革和政策改進。

ⓑ「想要改變，就從自己開始」

　　這句話強調了個人責任和影響力。它呼籲人們要意識到自己有能力和責任在個人生活中以及社會環境中推動變革和改善。這句話的核心思想是，改變不應該僅僅依賴於外部因素或他人的行動，每個人都有能力在自己的生活中採取積極的作為，以實現個人和社會的進步。透過以身作則，個人可以影響他們的家庭、朋友、社區，甚至更大的社會環境，從而共同建設更好的社會。

這種觀點鼓勵個人承擔積極的角色，成為改革的一部分，而不僅僅是被動的旁觀者。它提醒我們，每個人的行動和選擇都有可能產生積極的影響，並為改變帶來動力。「想要改變，就從自己開始。」強調了個人的力量和責任，並鼓勵每個人以身作則，為個人生活和社會環境的改善做出積極的貢獻。這種觀點有助於激勵人們參與社會變革，並創造更好的未來。

15 「不要認同別人的認同，要認同自己的認同」

　　這句話強調了獨立思考和堅持個人價值觀的重要性。它鼓勵人們不要跟隨外界的壓力或社會趨勢，而是要堅守自己的信念和原則，保持真實的自我。

　　社會上存在各種觀點和價值觀，但不是所有觀點都適合每個人，也不是所有隨大流的看法都是正確的。因此，個人應該有能力經過深思熟慮，並根據自己的信念和價值觀來形成獨立的看法。

　　這種獨立思考的能力有助於個人發展出真正屬於自己的觀點，並在面對壓力或困難時能堅定地捍衛自己的立場。同時，它也有助於社會中的多元性和創新，因為不同的觀點和思想能促使社會更全面地考慮問題，從而取得更好的結果。「不要認同別人的認同，要認同自己的認同。」鼓勵個人保持獨立思考，不盲從，並堅守自己的價值觀和信念。這種態度有助於個人成長和社會進步。

16 「問題永遠在，關鍵是解決問題的方式」

　　這句話非常正確地強調了解決問題的重要性。它提醒我們，生活中常常會遇到各種挑戰和困難，但重要的是如何處理這些問題，而不僅僅是問題的存在本身。這句話點出關鍵在於解決問題的方法和策略，不同的問題可能需要不同的處理方式，並且需要明智的思考和行動，才能找到最佳的解決方案。解決問題需要分析、創新、堅持，以及可能的合作，以克服障礙並實現目標。

　　這種思考方式有助於人們不將問題視為不可逾越的阻礙，而是視為機會、挑戰和成長。它也強調了解決問題的過程可以增強個人和團體的能力，並為未來的挑戰提供更多的經驗，並鼓勵人們以積極的態度和有效的方法處理各種挑戰，以實現更好的結果。

17 「人生不應該只有工作，更應有所追求」

　　這句話強調了生活的多樣性和平衡的重要性。柯文哲的觀點是，人們不應該將生活局限於工作，而應該追求多元的興趣和目標，以豐富自己的生活。工作是生活的一部分，但它不應該成為唯一的重心。追求自己的興趣、愛好、家庭生活、社交互動和個人成長同等重要。擁有多元的追求可以讓生活更加豐富、充實，並有助於提高生活品質。

　　平衡生活可以減輕壓力，提高幸福感，並有助於更好地應對各種挑戰。當人們專注於工作而忽視其他方面時，可能會面臨身心健康問

題和生活的不平衡。因此，柯文哲鼓勵人們尋找自己的興趣和追求，並在工作和生活之間取得平衡。「人生不應該只有工作，更應有所追求。」強調了平衡生活的重要性，並鼓勵人們不要只埋頭專注於工作，而是要追求多樣化的生活目標，以實現更豐富和充實的生活。這種觀點有助於提高個人的生活品質和幸福感。

18 「遇到挑戰時，要有韌性和毅力」

　　這句話強調了在克服生活中的困難和障礙時，堅韌和持久的品質的重要性。它提醒人們，生活中難免會遇到挑戰，但不輕易放棄，堅持下去是實現成功的關鍵。韌性是指在壓力和逆境下保持穩定的能力，而毅力是指堅持不懈地追求目標的能力。這兩種品質在面對挑戰時都非常重要，因為挑戰可能需要長期的努力和堅持，以克服困難並實現目標。這句話的背後思想是，生活中的挑戰和困難是正常的，但通過堅韌和毅力，人們可以克服這些障礙，取得成功。它也強調了面對挫折時不要輕言放棄，而是要保持信心，持之以恆地追求目標。

　　「遇到挑戰時，要有韌性和毅力。」鼓勵人們在面對生活中的困難時保持堅韌和持久的品質，以實現個人理想和事業的成功。這種態度有助於克服困難，並取得心中渴望的結果。

19 「尊重不同意見，但不代表接受」

　　這句話突顯了一個平衡和尊重的觀點。它強調，人們應該尊重他人的不同意見和觀點，並保持開放的態度，以促進對話和理解。尊重不同意見是建立開放、多元和富有成效的社會的關鍵。它鼓勵人們尊重他人的觀點，不輕視或歧視，並促使人們能夠建立建設性的對話，從中獲益。然而，同時強調「不代表接受」則提醒我們，尊重不同意見並不意味著我們必須接受或認同這些意見。每個人都有權利保持自己的獨立思考和價值觀，並且不必被迫改變他們的信仰或立場。這種平衡觀點強調了人們可以同時尊重他人並保持自己的原則。

　　「尊重不同意見，但不代表接受。」鼓勵人們建立一個尊重和理解的社會氛圍，同時保持對自己獨立思考和價值觀的信念。這種態度有助於促進對話和協作，同時也尊重每個人的自由和尊嚴。

20 「政治不應該只是一場選舉，更應是改變社會的力量」

　　這句話道出了政治的真正目的和價值。柯文哲的觀點是，政治不應僅僅局限於競選和當選，而是應該是為了改變社會、解決問題、提高人民生活品質的工具和力量。當政治僅被視為選舉的競爭時，可能會忽略了政治的核心使命，即服務公眾、制定政策以解決問題、促進社會公平和正義。政治應該是一種改變社會現狀的手段，以反映和滿

足人民的需求和價值觀。

　　這句話也強調了政治的責任和使命，政治人物應該以改善社會為首要目標，而不僅僅是為了自己的利益或政治權力。它鼓勵政治參與者關注社會問題，努力為社會帶來積極的變革。「政治不應該只是一場選舉，更應是改變社會的力量。」強調了政治的真正目的是為了改善社會，並呼籲政治參與者關注人民的需求和社會的發展。這種觀點有助於建立更具責任感和公共利益導向的政治體系。

21 「學會傾聽，才能真正理解」

　　這句話非常準確地強調了有效溝通和理解的關鍵。它提醒我們，要真正理解他人的觀點、需求和情感，首先必須具備傾聽的技巧和意識。傾聽是一種尊重和關懷的表現，它讓人們感受到被重視和理解。當我們傾聽他人時，我們能更好地理解他們的處境、感受和想法，進而更好地回應他們的需求。

　　這句話的背後思想是，過於主觀或只考慮自己的觀點往往會導致誤解和衝突。透過傾聽，我們有機會建立更好的人際關係、解決矛盾，並更好地協同合作。「學會傾聽，才能真正理解。」鼓勵人們將傾聽視為一種重要的溝通技巧，以建立更好的關係，促進理解和合作，並提高社會互動的品質。這種觀點有益於改善人與人之間的互動，並促進更好的溝通和理解。

22 「用真心對待人，才能贏得真心的回應」

這句話強調了在人際關係中真誠和誠信的價值。它提醒我們，當我們以真心和善意對待他人時，通常能夠贏得他們的真誠回應和信任。真誠的互動是建立積極、健康人際關係的關鍵。當人們感受到對方的真誠和誠實時，他們更傾向於回應相同的方式，建立起互相的信任和尊重。

這句話的含義是，建立積極的人際關係需要在互動中展現真誠和善意，而不是虛偽或欺騙。當人們感受到對方的真心對待時，他們通常會更加願意與對方互動，分享想法和情感。「用真心對待人，才能贏得真心的回應。」強調了真誠和誠信在人際關係中的重要性，以及這種態度如何有助於建立積極、健康的關係，並促進彼此的信任和互動。這種觀點有助於改善人際關係，並促進更有意義的交流。

23 「讓政治回歸基層，回歸人民」

這句話強調了政治應該更注重基層民眾的需求和關切，並以他們的利益為首要考慮。柯文哲的觀點是，政治應該服務於人民，並關心他們的日常生活、需求和困難。

當政治回歸基層時，政策制定和政府行動將更貼近人民的實際需求。這種關注基層的政治方式有助於確保社會的公平性和正義，並減輕社會不平等的問題。同時，它還有助於增強民主參與，使人民更多

地參與政治過程，並將自己的聲音納入政策制定中。這種參與有助於
建立更有代表性的政府，更好地回應人民的意願。「讓政治回歸基層，
回歸人民。」強調政治應該服務於人民的利益，關注基層民眾的需求，
以改善他們的生活環境和社會狀況。這種觀點有助於建立更公平和民
主的社會，並確保政治的真正目的是服務人民。

24 「政治就是處理人際關係，沒有真正的朋友，只有共同的利益」

　　這句話強調政治的本質，即政治是關於權力、利益和關係的處理。
在政治中，人們通常會互相合作或爭取支援，是出於共同的利益，而
不是真正的友誼。政治的特性是在追求共同目標或利益的過程中，各
方可能會合作、競爭或妥協。這種互動通常是建立在理性和利益上，
而不是純粹的友誼或情感。

　　這句話也提醒人們，在政治領域中，友誼往往是表面的，因為政
治的利益和目標可能會讓人們暫時聚集，但不一定代表他們在個人生
活中是真正的朋友。「政治就是處理人際關係，沒有真正的朋友，只
有共同的利益。」強調政治是一種理性和利益驅動的活動，其中人際
關係通常基於共同的目標和利益，而不是真正的友誼。這種觀點有助
於理解政治的複雜性和特性。

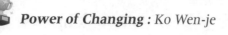

 「改變不是等待，而是行動」

　　這句話強調了積極性和主動性對於實現變革和進步的重要性。柯文哲的觀點是，不應該僅僅等待事情自行改變，而應該積極參與並採取行動，以實現所希望的改變。等待和被動的態度通常無法實現實際的變革。如果我們希望改善某種情況或實現某種目標，我們需要主動參與，制定計畫，並付諸行動。

　　這句話也提醒我們，個人和社會的進步通常來自那些勇於採取行動、創新、努力實現目標的人。如果我們希望看到變革，我們應該成為改革的推動者，而不僅僅是旁觀者。「改變不是等待，而是行動。」強調了主動參與和積極行動的重要性，鼓勵人們勇敢追求目標，並積極落實行動。

26 「踏出舒適圈，才能成長」

　　這句話強調了個人成長和進步需要勇於面對新挑戰，擺脫熟悉的舒適區。當人們停留在舒適區時，可能會錯失學習、成長和發展的機會。舒適區通常是指一個人熟悉和安全的環境或狀態，但這種舒適往往也會限制個人的成長。當人們挑戰自己，嘗試新的事物，或者面對未知的風險時，他們有機會學到新的技能，發現新的機會，並逐步擴大自己的能力和經驗。

　　這句話的核心思想是，個人成長和發展需要超越自己的限制，勇

敢面對不確定性，並不斷學習和進步。儘管走出舒適圈可能會帶來不安和挑戰，但這也是實現個人潛力的途徑。「踏出舒適圈，才能成長。」鼓勵人們不要害怕挑戰和改變，反而要積極尋求新的機會，並勇敢面對未知，以實現個人和專業的成長。這種態度有助於拓寬個人視野，提高能力，並追求更大的成就。

 27 「人民就是最高權力，政府只是代表」

這句話強調了政府在民主社會中的地位和角色。柯文哲的觀點是，政府存在是為了代表和服務人民，而人民才是最終的權力來源。在民主制度下，政府的合法性和權威來自於人民的選擇和授權。政府被選舉或委任為代表人民的機構，負責制定政策、維護公共利益，並解決社會問題。

這句話的核心思想是，政府的存在和行動應該始終以人民的利益為依歸。政府的職責是代表人民的聲音，回應他們的需求，並確保社會的公平和正義。政府應該聆聽人民的意見，參與他們的需求，並在政策制定和執行中反映這些需求。「人民就是最高權力，政府只是代表。」強調政府的代表性和責任，以確保政府行動符合人民的期望和需求。這種觀點有助於維護民主制度的基本原則，並確保政府的權力受到監督和約束。

28 「沒有不會的事情,只有不願意去做的事情」

　　這句話強調了努力、學習和決心的重要性。柯文哲認為,通常情況下,人們可以克服各種困難,掌握新的技能或達成目標,只要他們願意投入足夠的努力和時間。這句話的含義是,沒有事情是絕對不可能的,只要人們具備足夠的決心和毅力。當我們面對新挑戰或學習新技能時,可能會遇到困難和挫折,但這不應阻止我們嘗試。通過不斷學習、實踐和改進,我們可以不斷進步,克服看似不可能的事情。

　　這句話也強調了自我超越的重要性,鼓勵人們不要因害怕失敗或困難而放棄嘗試新事物。只要願意去做,就有機會取得成功,無論是在個人生活還是職業生涯中。「沒有不會的事情,只有不願意去做的事情。」強調了努力、決心和學習的價值,並鼓勵人們勇於面對挑戰,追求自我成長和進步。這種態度有助於個人克服困難,實現目標,並不斷提高自己的能力。

29 「解決問題的關鍵是找到問題的根源」

　　這句話強調了問題解決的有效性取決於尋找並解決問題的根本原因,而不僅僅是應對問題的表面症狀。柯文哲認為,如果我們只處理問題的表面,問題可能會重複出現或加劇。找到問題的根本原因通常需要深入分析和理解問題的背後因素。這可能涉及到對社會、經濟、文化、政治等多方面因素的考慮。一旦我們確定了問題的根本原因,

我們就可以針對這些原因制定更有效的解決方案，以長期解決問題。

這句話也提醒我們，解決問題需要具備分析和批判性思考的能力，才能找到潛在的根本原因。這種方法有助於改善政策、提高社會效益，並確保解決問題的可持續性。「解決問題的關鍵是找到問題的根源。」鼓勵人們在解決各種問題時要深入探討，找到問題的本質原因，並基於這些根本原因制定解決方案，以實現更有效的結果和長遠的改善。這種方法有助於建立更具智慧和可持續性的解決問題的方式。

30 「不要害怕失敗，只有嘗試才有機會成功」

這句話強調了勇於冒險和嘗試新事物的重要性。它提醒我們，害怕失敗可能會阻礙我們成長和錯失機會。在生活中，許多成功的故事都是建立在多次嘗試和挫折之上的。當我們害怕失敗時，往往會錯失探索新領域、學習新技能或實現目標的機會。失敗並不是終點，而是通往成功的一部分過程，因為我們可以從失敗中學到寶貴的教訓，改進方法，並一步一步更接近我們的目標。

這句話也鼓勵我們接受挑戰，勇於追求夢想，因為只有在嘗試中，才有可能實現自己的抱負和理想。它提醒我們，成功往往與冒險和堅持相伴，不要因擔心可能的失敗而放棄追求自己的目標。「不要害怕失敗，只有嘗試才有機會成功。」鼓勵人們勇敢嘗試，克服對失敗的恐懼，這種勇氣和冒險精神有助於個人成長和實現成功。

「公平不等於平均，而是根據需求和情況的不同」

這句話強調了公平性和平等性的區別，並指出公平通常需要考慮到個人或團體的不同需求和狀況。平均分配是一種將資源均勻分配給每個人或每個團體的方式，無論他們的需求或情況如何。然而，這種平均分配因為沒有考慮到不同人的不平等需求或情況，因此可能不一定是公平的。

公平分配則更加注重個體差異，並試圖確保每個人都能獲得他們需要的支援或資源，以滿足其基本需求或實現平等機會。這就需要在分配上進行調整，特別照顧那些處於不利位置的人，以確保他們獲得平等的機會。

這句話的核心思想是，公平不僅僅是平均分配，而是要根據不同人的需求和情況進行合理分配，以確保社會的公平和正義。

32 **「尊重專業，但不排斥民眾的意見和參與」**

這句話突顯了一種平衡的觀點，強調專業知識和專業意見的價值，同時也尊重和鼓勵民眾的參與和參與度。專業知識和專業見解在許多領域中都非常重要，尤其是在科學、醫療、工程、法律等需要高度專業知識的領域。尊重專業意見有助於確保決策和政策的有效性和可行性。然而，同時也要理解，民眾參與和參與度對於民主制度和政府的

合法性也至關重要。民眾的聲音和意見反映了多樣性的需求和期望，這些需求和期望可能無法僅僅由專業知識來規定。因此，政治和公共事務應該為民眾提供參與的機會，讓他們能夠發揮影響力，參與政策制定和社會改革。

「尊重專業，但不排斥民眾的意見和參與。」鼓勵建立一個平衡的體系，尊重專業知識的價值，同時也重視民眾的參與和意見，以實現更有效和民主的政府運作。這種平衡有助於確保政策和決策更具代表性和公平性。

33 「政治是為了讓人民過得更好，而不是為了政客自己」

這句話明確表達了政治的真正目的，即服務和改善人民的生活條件。柯文哲的觀點是，政治家的角色應該是為了人民，而不是為了個人的私利或權力。在民主社會中，政治家被選舉或委任來代表人民的利益，制定政策、法律和計畫，以確保社會的公平、公正和發展。政治的本質應該是關心和解決民生問題，提供公共服務，並推動社會進步。

這句話的重點是，政治家應該服務人民，而不是追求個人的權力、財富或特權。政治家的行動和決策應該反映對人民的責任和承諾。這種理念有助於維護民主制度的信譽，並確保政府的行動符合人民的期望和需求。「政治是為了讓人民過得更好，而不是為了政客自己。」

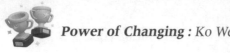

突顯了政治的公共服務性質，強調政治家應該以人民的利益為先，以確保社會的公平和進步。這種觀點有助於建立更健全和負責任的政治體系。

34 「不要只看表面，要深入瞭解事情的本質」

這句話強調了對事物的深入分析和理解的重要性。它提醒我們，表面的現象和外貌可能只是問題的一部分，真正的理解和解決需要深入瞭解事情的根本原因和本質。這種深入瞭解可以應用在各種情境下，包括解決問題、制定政策、做決策、分析情況等等。通過深入瞭解事情的本質，我們可以更好地預測結果，制定更有效的策略，並避免只看到表面的片面資訊。

這句話也強調了思考和批判性思維的價值，鼓勵我們不要輕易接受表面的觀點，而是要主動追求更深層次的理解。這有助於我們更好地應對複雜的問題和情況，做出明智的決策。「不要只看表面，要深入瞭解事情的本質。」是一種思考方式，鼓勵我們不能滿足於表面的資訊，而是要追求更深刻的理解，才能更好地應對各種情況和挑戰。這種態度有助於提高我們的決策能力和問題解決能力。

35 「承擔責任，不要推卸」

這句話強調個人和組織在面對困難、失誤或挫折時應該勇於承擔

責任。這是一種負責任的態度，並強調個人和領導者的道德義務。當個人或組織犯錯或遇到挑戰時，嘗試推卸責任可能會對信譽和關係造成傷害。相反地，承擔責任表示誠實和誠信，並表現出願意改進和修正錯誤的態度。這有助於建立信任，提高解決問題的效率，並有助於個人和團隊的成長。

此外，承擔責任也符合領導者的道德職責。領導者應該為其團隊的決策和行動負最終責任，並提供示範，鼓勵團隊成員也承擔他們的責任。這有助於建立一個負責任的工作環境，鼓勵個人和組織更好地應對挑戰和成長。「承擔責任，不要推卸。」強調了個人和組織的負責任態度，這種態度有助於建立信任、提高效率，並促進個人和組織的成長和發展。這種道德價值觀在個人和領導者中都具有重要性。

36 「敢於批評，但也要有建設性的提議」

這句話強調了在提出批評或反饋意見時，除了指出問題之外，還應該提供建設性的解決方案和建議。這種批評方式有助於改善問題，推動進步，並促進建設性的對話和協作。建設性的批評不僅有助於解決問題，還有助於建立積極的工作環境和關係。當人們能夠提供具體的建議時，他們表現出對問題的深入理解，並展示了對改進的承諾。這樣的反饋更容易被接受，並有助於促進彼此合作和團隊的成長。

此外，建設性的批評也有助於避免負面情緒和衝突。當批評只是指責而缺乏建設性建議時，容易引起對方的防禦反應和衝突。相反，

提供建設性的解決方案有助於改善溝通，減少誤解，並讓人們更好地共同合作。「敢於批評，但也要有建設性的提議。」鼓勵人們在批評和反饋時保持建設性，這有助於改善問題，促進進步，並建立更良好的工作和人際關係。這種方式的批評能夠促進正面的改變和成長。

37 「重視基層，才能真正觸及民眾的需求」

這句話強調政府應該優先關注社會中最基本和最脆弱的群體，並確保他們的需求得到充分滿足。這種政策取向有助於建立更具社會公平性和公正性的社會。基層民眾通常是社會中最容易被忽視或被邊緣化的群體，他們可能面臨經濟、教育、健康等多重挑戰。政府重視基層民眾的需求意味著提供更多的支援和資源，以確保他們能夠享受到公共服務、機會和權益。

此外，重視基層也有助於改善社會的整體穩定性和和諧性。當最弱勢的群體得到適當的支持和照顧時，社會將更加穩定，減少社會不平等和不公平現象。「重視基層，才能真正觸及民眾的需求。」呼籲政府和社會應該優先考慮最基層民眾的需求，以確保社會更具公平性和社會正義，並提高整個社會的福祉和穩定性，並有助於縮小社會的不平等差距。

38 「不斷學習和進步，永遠保持謙虛的態度」

這句話強調了個人和專業成長的核心價值，以及對於新知識和觀點的開放態度。持續學習和進步是個人成長和成功的關鍵。在現代社會，知識和技能不斷更新和演進，因此，不斷學習和提升自己的能力是保持競爭力的必要條件。這種學習態度有助於個人不斷改進，不斷發展，並適應變化。

同時，保持謙虛的態度也是非常重要的。謙虛意味著願意承認自己的不足，願意接受他人的建議和意見，並不斷反思和改進。謙虛的人更容易建立良好的人際關係，並能夠與他人合作，共同達成目標。「不斷學習和進步，永遠保持謙虛的態度。」是一種生活態度和職業態度，鼓勵個人在不斷學習和進步的同時，保持謙虛，以實現更好的個人和專業發展。這種態度有助於個人和組織的長期成功。

39 「多元共融，才能建立和諧的社會」

柯文哲強調多元性和包容性的重要性，只有在多元共融的基礎上才能建立和諧的社會，這句話強調了社會中多元性和包容性的價值，並指出這些元素是建立和諧社會的關鍵。以下是進一步的說明：

1. 多元性：多元性意味著社會中存在不同文化、宗教、種族、性別、性取向、年齡等多樣化的特徵和身份。這種多樣性豐富了社會，帶來不同的觀點和經驗。

2. 共融：共融是指在社會中接納和融合不同的群體和個體，讓每個人都有平等的機會參與社會、文化和經濟生活。共融促進了多元性的和諧共存。

3. 和諧社會：和諧社會是指社會中不存在重大的種族、宗教、文化或社會衝突，人們能夠和平共處，並享有平等權利和機會。這有助於社會穩定和持續發展。

4. 包容性：包容性政策和實踐確保社會中的每個人都受到尊重和保護，不論他們的背景如何。這有助於減少歧視和不平等，促進社會公平。

柯文哲的觀點突顯了多元性和包容性在建設和諧社會方面的關鍵作用。這種理念有助於提醒人們尊重不同背景和觀點的重要性，並致力於創造一個對每個人都公平和開放的社會。這種社會模型有助於促進理解、協作和共融，並為個人和社會帶來長期的穩定和繁榮。

40 「行動勝於言辭，做出成果才有說服力」

這句話突顯了行動和實際成果的價值，並強調它們在影響他人、實現目標和建立信任方面的重要性。以下是進一步的說明：

1. 說服力：在許多情況下，僅依靠言辭或承諾可能不足以說服他人。實際行動和成果更容易取信於人，因為它們是可見的證據，能夠證明你的能力和承諾。

2. **目標實現**：要實現目標，必須付諸行動，而不僅僅是說出計畫或目標。行動是實現成功的關鍵，而只有做出成果才能確保目標的實現。

3. **信任建立**：信任是個人和組織關係的基礎。當你履行承諾，取得成果並實現你的言辭時，你建立信任的能力就會增強。

4. **責任感**：透過實際行動，你表現出對自己和他人的責任感。這種責任感有助於建立你的聲譽和信譽。

5. **榜樣作用**：當你通過行動示範出解決問題、實現目標的能力，你就成為他人的榜樣，能激勵人們也採取行動。

這句話傳達了一個重要的生活和職業原則，即行動和成果比言辭更有力。無論是個人生活還是職業生涯，實際行動和成果都是實現成功和影響他人的關鍵要素。這種觀念鼓勵人們勇於實現目標，並以實際行動證明自己的價值。

41 「人民的信任是最寶貴的資產，要珍惜並努力維護。」

這句話強調了政治人物或公職人員在任內應該重視和尊重人民的信任，並通過誠實、負責任的工作來保持這份信任。以下是進一步的說明：

1. **信任的價值**：人民的信任是政治人物或公職人員最寶貴的資產。

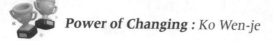

信任是建立在誠實、透明和對人民利益的尊重之上的，它有助於建立良好的政治聲譽和關係。

2. 責任和承諾：政治人物應該對人民的需求和期望承擔責任，並努力實現他們的承諾。只有履行承諾並取得實際成果，才能贏得和保持信任。

3. 透明和誠實：政治人物應該保持透明度，提供準確的資訊，並坦誠地處理問題。透明和誠實有助於增強信任，並減少疑慮和懷疑。

4. 長期影響：建立和維護信任不僅對個人政治生涯重要，也對社會和國家的穩定性和發展至關重要。信任的建立需要時間，但一旦獲得，就能對長期目標產生積極影響。

這句話提醒政治人物或公職人員要以人民的信任為己任，以誠實、負責任的方式工作，去維護這份信任。

42 「政府應該是服務的機構，而不是權力的機構。」

這句話突顯了政府的使命和角色，強調政府的首要職責是為人民提供服務和支援，而不僅僅是維護權力或掌控。以下是進一步的說明：

1. 服務的本質：政府存在的主要目的是為人民提供基本服務，包括但不限於教育、醫療、基礎設施、社會安全等。政府的行動和政策應該以人民的需求和福祉為優先考慮。

2. 民主原則：這句話反映了民主政治的核心原則，即政府應該是代表人民的工具，並應受到人民的監督和控制。政府的權力應該受到法律約束，以確保不濫用權力。

3. 透明和責任：服務型政府應該有透明度和責任性。政府應該向公眾報告其行動和支出，接受大眾的監督，並回應人民的需求和關切。

4. 公平和平等：政府的服務應該是公平和平等的，無論個人的種族、性別、宗教或經濟地位如何，都應該享有平等的機會和待遇。

這種理念鼓勵政府將人民的利益和福祉置於首位，並在政策制定和執行中考慮他們的需求。政府應該是一個服務型機構，致力於提供有效、高品質的服務，以改善人民的生活品質，並確保社會的公平和和諧。這種觀點在現代民主社會中非常重要，有助於確保政府的合法性和信任度。

43 「不要只顧眼前利益，要有長遠視野和目標。」

這句話強調了遠見和長遠規劃的價值，並提醒人們在做決策時應該考慮未來的影響和可持續性。以下是更深入的說明：

1. 遠見與即時利益之間的平衡：這句話提醒我們，盲目追求眼前的即時利益可能會犧牲未來的長遠發展。在做決策時，人們應該仔細權衡短期和長期目標，以確保不因為眼前的快速回報而忽略了長遠的

可持續性。

2. 長遠規劃的重要性：這句話強調了長遠規劃的重要性，不僅僅是對個人或組織，也包括社會和環境。例如，在環境保護方面，只關注短期利益可能導致環境破壞，而需要長遠視野來確保自然資源的可持續利用。

3. 風險管理：考慮未來的發展也涉及風險管理。人們應該考慮可能出現的變化和挑戰，並制定應對策略，以降低潛在的風險。

4. 長遠目標的實現：這句話強調了設定和實現長遠目標的重要性。只有具有遠見的人們能夠設定具有挑戰性和意義的目標，並通過堅定的努力和持久的承諾實現這些目標。

這句話提醒我們在做決策時要更具深思熟慮，考慮長遠的影響和可持續性，以確保我們的行動不僅有利於眼前，還有利於未來的發展。這種遠見和長遠規劃的思維方式可以應用於個人、組織、社會和政策層面。

「開放溝通，建立互信的關係」

這句話強調了溝通在建立互信和穩固關係中的重要性，特別是政府與民眾之間的關係。以下是更深入的解析：

1. 透明度和誠實：開放溝通意味著政府應該以透明和誠實的方式與民眾分享資訊和決策過程。這有助於建立信任，因為民眾感到政府

是真誠地在與他們溝通。

2. 聆聽和反饋：開放溝通也包括聆聽民眾的聲音和意見，並尊重他們的反饋。政府應該主動地收集和回應民眾的需求和關切。

3. 建立關係：透過開放和互動的溝通方式建立更緊密的關係，使民眾感受到政府關心他們的需求和福祉。

4. 危機管理：開放的溝通在危機時期尤其重要。政府應該及時分享資訊，提供指導，以確保民眾安全和信任。

5. 民主參與：這種溝通方式也有助於民主參與，使民眾能夠更積極地參與政府決策，並對公共政策提出建議。

這句話強調了政府與民眾之間的互動和信任的建立。當政府積極地開展開放和透明的溝通時，可以改善治理，增強社會凝聚力，並提高政府的合法性。這種溝通方式有助於確保政府政策和決策符合民眾的需求和期望。

「政策應以人為本，服務民眾的需求」

這句話強調了政府制定政策的目的應該是為了滿足人民的需求和提高他們的生活品質。以下是再進一步的說明：

1. 人民至上：政策的核心應該是人民的福祉和利益。政府的首要職責是確保人民的需求得到滿足，並提供他們所需的服務和支援。

2. 民主參與：政策應以人為本也意味著民主參與的重要性。政府

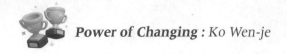
應該積極聆聽民眾的聲音，並在政策制定過程中考慮他們的意見和建議。

3. 公平和平等： 確保政策以人為本也包括確保公平和平等。政策不應該歧視或忽視特定群體的需求，而應該確保所有人都能夠平等地受益。

4. 效能和效率： 政策應該是有效的，以確保最大程度地滿足人民的需求。政府應該追求高效的方法來實現政策目標。

5. 社會凝聚力： 政策以人為本有助於增強社會凝聚力，因為人們會感受到政府在關心他們，這有助於建立信任和合作。

這句話強調了政策制定的重要性，以確保政府行為以人為本，真正服務民眾的需求。這種政策制定方式有助於建立穩固的社會基礎，促進公共福祉，並確保政府的行動得到人民的支持和認可。

46 「以問題為導向，尋找解決方案」

柯文哲強調在解決問題時應該以問題為導向，而不是陷入爭議和衝突中，並努力尋找解決方案。這句話突顯了柯文哲對於問題解決方法的特定觀點。以下是進一步的說明：

1. 專注於問題的本質： 這句話強調了對問題的關注，而不僅僅是對爭議和衝突的關注。通常，爭議和衝突可能只是問題的表面現象，真正的挑戰在於理解問題的根本原因。

2. 協作和合作：以問題為導向的方法鼓勵人們協作，以找到共同的解決方案。這樣的方法有助於建立積極的合作關係，以解決問題，而不是陷入敵對的爭論。

3. 創造性思考：尋找解決方案需要創造性思考和創新。這意味著人們需要不斷提出新的想法和方法，才能應對複雜的問題。

4. 目標導向：這句話強調解決問題的目標，而不僅僅是停留在問題討論階段。政策制定者和決策者應該致力於找到可行的解決方案，以改善情況並造福社會。

這句話提醒我們，在面對挑戰和問題時，應該專注於解決問題，以協作和創造性思考來找到可行的解決方案，而不是僅僅著眼於爭議和衝突。這種問題導向的方法有助於改善社會和建立更積極的合作文化。

 47 「勇於創新，不斷挑戰現狀」

這句話鼓勵人們勇於創新和挑戰現有的狀態，以尋求更好的解決方案和改進。以下是進一步的說明：

1. 推動進步：勇於創新和挑戰現狀是推動社會和技術進步的關鍵。只有不斷尋求新的方式和解決方案，才能實現進步和改善。

2. 適應變革：現今的世界變化迅速，對於個人、組織和社會而言，適應變革至關重要。勇於創新和挑戰現狀使人們更容易適應變化並應

對未來的挑戰。

3. 解決問題： 創新和挑戰能夠幫助人們更好地解決問題。通過尋找新的方式和方法，可以找到更有效的解決方案。

4. 經濟競爭力： 在商業領域，創新是提高企業競爭力的重要因素。企業需要不斷改進產品、服務和流程，以滿足市場需求。

5. 個人成長： 對個人而言，勇於創新和挑戰現狀可以促進個人成長和發展。這包括學習新技能、探索新領域，並取得更多的經驗。

這句話強調了創新和挑戰的重要性，無論是在個人生活中還是在社會和經濟發展中。這種精神有助於促進進步、解決問題，並在不斷變化的世界中蓬勃發展。

48 「公平正義是社會的基石，應該得到落實」

這句話強調了柯文哲對社會公平和正義的重視，以下是更進一步的說明：

1. 平等機會： 公平正義意味著每個人都應該擁有平等的機會，無論其種族、性別、社經地位或其他身份因素。這有助於確保人們能夠根據其能力和努力實現其潛力。

2. 社會包容： 建立一個公平正義的社會有助於促進社會包容，使各種群體都能參與和受益於社會和經濟活動。這有助於減少社會的不平等現象。

3. 法治原則： 公平正義在法律和司法制度中起著關鍵作用。每個人都應該在法律面前平等受到尊重和保護，無論其地位如何。

4. 社會穩定： 一個建立在公平正義基礎上的社會通常更穩定。當人們相信他們受到公平對待時，社會上緊張局勢和不滿情緒的可能性較低。

5. 長期發展： 公平正義有助於社會的長期穩定和發展。它可以促進經濟成長、教育機會和社會和諧，對整個國家的發展都有積極影響。

這句話強調了公平正義對於社會的重要性，並呼籲確保每個人都能夠在社會中享有平等的機會和權益。這種價值觀有助於建立更穩固的社會基礎，確保社會的繁榮與公平。

「信任是建立在誠實和透明之上的」

這句話突顯了信任的價值和其建立的基本原則，以下是更進一步的說明：

1. 誠實性： 誠實是建立信任的核心元素。政府、組織和個人應該言行一致，不隱瞞信息或欺騙他人。只有誠實的行為才能贏得信任。

2. 透明度： 透明度是確保信任的另一重要因素。政府和組織應該公開資訊，讓公眾能夠瞭解其決策和行為背後的原因。透明度有助於減少猜疑和不信任。

3. 承諾履行： 信任不僅僅是誠實和透明，還包括履行承諾。政府

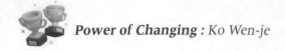

和組織應該兌現對民眾的承諾，以展現其可信賴性。

4. 建立關係：信任建立在穩固的人際關係之上。政府和組織應該積極參與公眾，聆聽其需求，建立互信的關係。

5. 社會和經濟影響：信任對於社會和經濟穩定至關重要。一個信任基礎薄弱的社會可能會出現社會不安定和經濟不穩定。

這句話提醒我們，誠實和透明是建立信任的不可或缺的基礎。政府、組織和個人應該致力於建立誠信和透明的關係，這有助於促進社會和經濟穩定，並確保更健全的人際關係。

50 「政治應該服務於人民，而不是服務於政客」

這句話彰顯了柯文哲對政治的價值觀和原則，以下是進一步的說明：

1. 以人民為中心：這句話強調政治的目的是為了改善人民的生活和福祉。政治家應該始終以人民的利益和需求為優先，而不是為了自身或特定政治派別的利益。

2. 公共服務：政治家應該視自己為公共服務者，而不是權力的追求者。他們的職責是代表選民，制定政策、法律，並確保政府有效地為人民提供服務。

3. 誠實和透明：建立信任是實現這一理念的關鍵。政治家應該保持誠實和透明，以贏得人民的信任。他們應該公開資訊，解釋政策決策的原因，並展示其履行承諾的能力。

4. 反對腐敗：政治家應該堅決反對腐敗行為，這些行為可能損害人民的利益，並背離了政治服務的本質。

5. 民主參與：政治家應該鼓勵民主參與，讓人民參與政策制定和政府運作的過程中。他們應該傾聽民意，並尊重多樣的觀點。

這句話強調了政治的本質應該是為人民提供服務，而政治家的角色是代表人民的利益。這種價值觀有助於建立更公正、負責任和民主的政治體制，以確保政治的目的始終是服務人民的福祉。

51 「不要怕做錯，只要敢於改正」

這句話鼓勵人們勇於嘗試和冒險，即使犯錯也不要害怕，只要能夠勇敢改正就能取得進步。這句話傳達了以下含義：

1. 鼓勵創新：這句話鼓勵人們勇於嘗試新事物和新方法。當我們害怕犯錯誤時，可能會對新想法或新項目感到猶豫。但如果我們明白犯錯是成長的一部分，就會更容易接受挑戰並創新。

2. 學習機會：犯錯提供了學習的機會。當我們犯錯時，我們可以從中吸取經驗教訓，並找到更好的方法。勇於改正錯誤是不斷進步的關鍵。

3. 挑戰恐懼：害怕犯錯可能會阻礙個人和職業成長。這句話提醒人們不要讓恐懼阻礙他們前進。只要敢於改正，就能克服恐懼並取得成功。

4. 鼓勵負責任：這句話還強調了負責任的態度。當我們認識到自己的錯誤並勇於改正時，這表明我們對自己的行為負責，這對於個人和組織來說都是重要的品質。

這句話提醒我們不要因害怕犯錯而停滯不前，相反地，應該勇敢地嘗試新事物，並在錯誤發生時勇於改正。這種積極的態度有助於個人和團隊不斷成長和進步。

52 「不要只看到問題，更要看到解決問題的機會」

柯文哲一直強調，領導者不僅要看到問題，還要看到解決問題的機會。在他擔任台北市市長期間，面臨了一個嚴重的交通擁堵問題。市區的交通日益惡化，對市民的生活品質帶來嚴重影響，並且對環境造成了負擔。這個問題一度讓人感到無解，但柯文哲看到了其中的轉機。

他開始思考如何將交通堵塞轉化為都市改進的機會。他推出了智慧城市計畫，引入了數據分析、智慧交通管理系統和開放資料平臺等創新技術，以改善交通流暢度和城市管理效率。他認為，這個挑戰不

僅是一個交通問題，還是一個提升城市品質和現代化的機會。

這項計畫的實施帶來了明顯的改善。交通變得更加順暢，市民的生活品質提高了，同時也減少了空氣污染。此外，台北市成為了一個智慧城市的典範，吸引了科技和創新企業的投資，為城市經濟帶來了成長。

這個故事告訴我們，柯文哲的領導風格強調了從挑戰中找到機會的重要性。他的思維方式不僅有助於解決問題，還能夠促進城市的進步和現代化。這種積極的態度提醒我們，面對困難時，我們應該保持開放的思維，尋找創新的解決方案，並將挑戰轉化為發展的契機。

柯文哲強調在面對問題時不僅要看到困難和挑戰，還要看到解決問題的機會和可能性。這句話傳達了以下含義：

1. 積極思考：這句話鼓勵人們以積極的態度面對問題。當問題出現時，我們通常會感到挫折和焦慮，但這句話提醒我們要轉變思維，看到問題背後的機會。

2. 創新和改進：問題是改進的動力源。當我們面臨問題時，我們不僅應該評估如何解決問題，還應該思考如何改進現有的狀況，進一步提升。

3. 挑戰和成長：解決問題是一個挑戰，但也是一個成長的機會。通過克服問題，我們能夠學到新的技能，提高解決問題的能力。

4. 樂觀和信心：這句話強調樂觀的態度和對解決問題能力的信心。當我們相信自己有能力找到解決方案時，就會更有動力去應對問題。

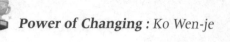

　　這句話鼓勵我們在面對問題時不要感到沮喪，而是要看到其中蘊藏的機會和希望。這種積極的心態有助於我們更好地應對挑戰，實現個人和團隊的成長與進步。

 53 「政治應該是為了建立共同利益和共識的過程」

　　這句話強調政治應該是協商和合作的過程，以建立共同利益和共識，而不是僅僅追求個別利益。這句話傳達了以下含義：

　　1. 協商和合作：政治過程應該強調協商和合作，政治家和政府應該與不同利益團體和人民一起工作，才能找到彼此接受的解決方案。

　　2. 共同利益：政治的目標應該是建立共同利益，而不僅僅是滿足特定團體或個人的需求。這有助於建立更具公平性和平衡性的政策。

　　3. 民主價值觀：這句話反映了民主價值觀，即政治決策應該反映多數人的意願，而不僅僅是少數特定群體的意見。

　　4. 社會穩定：透過建立共識和共同利益，政治可以有助於維持社會的穩定和和諧。當人們認為政策公平並符合他們的需求時，社會將更加穩定。

　　這句話強調了政治的本質應該是建立共同利益和共識，以確保政策和決策更符合整個社會的需求和價值觀。這也反映了民主政治的核心原則，即政府的權力應該建立在人民的支持和參與之上。

54 「公共資源應該優先分配給最需要的人」

柯文哲強調公共資源應該按照需求分配，給予最需要的人更多的支援和幫助。這句話傳達了以下含義：

1. 社會公平： 這句話反映了對社會公平的關注。政府應該確保資源不僅僅集中分配給少數，而是優先分配給那些處於困境或需要特別幫助的人。

2. 需求基礎： 分配資源應該基於需求，而不是基於特權或地位。這有助於確保那些最需要支援的人能夠得到幫助。

3. 社會安定： 優先分配給最需要的人有助於減輕社會不平等，並有助於維護社會的穩定。當人們感到他們的需求得到重視時，社會將更加和諧。

4. 人權觀念： 這句話反映了人權觀念，即每個人都應該享有基本的生活需求，如食物、住所、教育和醫療。

這句話強調了公共資源應該按照需求和公平原則進行分配，以確保社會中最脆弱和最需要幫助的人能夠獲得支援，這有助於建立更具社會正義和公平性的社會體系。

55 「官民合作，共創未來」

這句話鼓勵政府與民眾進行合作，攜手共同創造未來的發展和進步，這句話傳達了以下含義：

1. 協力解決問題：政府和民眾應該攜手合作，共同解決社會面臨的問題。這包括經濟、環境、教育、醫療等各個方面的挑戰。

2. 民主參與：這句話強調民主參與的價值。政府應該聆聽民眾的聲音和需求，並與他們合作制定政策和決策，以確保這些政策反映了多數人的意願。

3. 社會共識：官民合作有助於建立社會共識，使政策更具可持續性和廣泛的支持。

4. 發展未來：這句話強調了共同創建未來的概念，政府和民眾應該共同參與塑造社會的未來發展方向，以實現更好的生活和社會。

這句話鼓勵政府和民眾之間的合作，以共同應對挑戰、制定政策並實現社會的發展和進步。這種合作有助於建立更具參與性和民主性的社會，並確保政策更符合整個社會的需求和期望。

56 「不要害怕改變，因為改變帶來機會」

柯文哲強調改變是帶來機會和進步的關鍵，人們不應該害怕改變，而應該積極迎接和引領改變。這句話傳達了以下含義：

1. 機會在於改變：改變經常伴隨著機會。當人們勇於改變現狀，

他們有機會發現新的道路、新的想法和新的機會。

2. 成長和學習：改變可以促使個人和社會成長和學習。面對新的情況和挑戰，人們往往需要不斷地調整和進步。

3. 創新和競爭力：在不斷變化的世界中，企業和組織需要不斷創新以保持競爭力。改變可以激發創新思維，推動進步。

4. 克服恐懼：這句話提醒人們不要被恐懼所困擾。害怕改變往往源於對未知的恐懼，但當人們勇敢面對這種恐懼時，他們才能夠實現更大的成就。

這句話鼓勵人們對改變抱持開放的態度，認識到改變帶來的機會，並勇敢面對挑戰，以實現個人和社會的進步和成功。

57 「社會公義是實現平等的基礎」

這句話強調社會公義的重要性，只有在公正的基礎上，才能實現真正的平等和公平。 這句話傳達了以下含義：

1. 平等的核心價值：社會公義是建立在平等這一核心價值之上的。它強調每個人都應該享有平等的權利和機會，無論其背景、種族、性別、信仰或經濟地位如何。

2. 機會均等：社會公義確保機會均等，這意味著每個人都應該有平等的機會去追求他們的目標，不必受不公平的制度或歧視的影響。

3. 資源和權利分配：社會公義涉及到資源和權利的公平分配，確

保社會中的弱勢群體也能夠享受到相應的支援和保護。

4. 社會穩定：公平和公正的社會有助於維護社會的穩定和和諧。當人們感到他們被公平對待時，他們更容易參與社會和建設社會。

這句話強調了社會公義作為實現平等和公平的基礎。當社會建立在公正和公平的價值觀之上時，它能夠更好地實現每個人的潛力，促進社會的繁榮和發展。

58 「以人為本，尊重每個人的尊嚴和價值。」

柯文哲強調人本主義的價值觀，每個人都應該被尊重和珍視，並擁有平等的權利和機會。這句話傳達了以下含義：

1. 人本主義：這句話強調了人本主義的價值觀，即將人類的尊嚴和價值置於首位。它強調每個人都應該被視為獨特且有尊嚴的存在。

2. 平等和公平：人本主義強調每個人都應該享有平等的權利和機會，不論其種族、性別、宗教、性取向或其他身份特徵如何。

3. 尊重和尊嚴：這句話提醒我們應該尊重每個人的尊嚴，不論他們的背景或狀況如何。尊重他人的意見、權利和觀點是建立和諧社會的關鍵。

4. 社會公平：人本主義也與社會公平和公正相關。它呼籲政府和社會應該採取措施，確保每個人都能夠獲得基本需求和平等的機會。

這句話強調了以人為本的價值觀，強調每個人的尊嚴和價值，並

呼籲建立一個更平等、公平和尊重的社會。這是建立和諧和進步社會的重要基礎。

59 「政府應該為人民提供優質的服務，而不僅僅是履行職責」

柯文哲強調政府應該積極提供優質的公共服務，並超越僅僅履行基本職責的範疇。這句話傳達了以下含義：

1. 服務導向：這句話強調政府應該以服務人民為首要目標。政府的存在和運作應該是為了滿足人民的需求和利益。

2. 優質服務：它呼籲政府提供高品質的服務，這意味著政府應該不斷提升服務的效率、可及性和效益，以滿足人民的期望。

3. 超越基本職責：除了履行基本的職責和義務外，政府應該努力超越最低要求，主動解決問題、提供支援並改善民生。

4. 公共信任：提供優質服務有助於建立政府與民眾之間的信任和合作關係。當人們感受到政府的關懷和支持時，他們更有可能參與社會事務並遵守法律。

這句話反映了一個現代政府應該具備的特質，即積極提供高品質的服務，並為人民的福祉而努力工作，而不僅僅是履行基本的職責。這有助於建立一個更加公平、公正和具有公共信任的社會。

60 「社會進步需要每個人的參與和努力」

這句話鼓勵人們積極參與社會事務，共同努力實現社會的進步和發展。這句話傳達了以下含義：

1. 共同參與：社會進步不僅依賴於政府或少數人的努力，而是需要每個人都參與其中。每個人都應該有責任參與社會事務，無論是透過投票、社會參與、志願服務還是其他方式。

2. 協同合作：社會進步通常需要不同領域和背景的人們一起合作。這可以促進創新和共用資源，以應對複雜的社會挑戰。

3. 共同目標：社會進步的實現需要大家共同努力達成共同的目標。這可以包括改善教育、提升環境保護、減少貧困、促進健康等。

4. 個人責任：每個人都有責任為社會進步做出貢獻，無論是通過個人行為、選舉選擇、支持社會運動還是其他方式。個人的參與和貢獻對社會的進步至關重要。

這句話提醒我們社會進步是一個共同的事業，需要每個人的參與和努力。只有當人們團結起來，共同追求共同的目標時，社會才能實現真正的進步。

 61 「人民的力量是無限的，只要團結起來，就能創造奇蹟」

柯文哲強調人民的團結和凝聚力的重要性，只有人民團結起來，

就能創造出驚人的成就。這句話傳達了以下含義：

1. 統一力量：當人民團結起來，他們可以形成更大的力量。這種統一力量可以用來實現共同的目標，無論是在政治、社會還是經濟方面。

2. 改變社會：人民的集體行動和團結可以改變社會現狀。歷史上有許多例子，證明了人民的集體努力可以推動社會改革，改善人們的生活條件。

3. 創造奇蹟：這句話強調了人民的潛力是無限的。當人們團結合作，他們可以克服看似不可能的挑戰，並創造出驚人的成就。

4. 民主參與：在民主社會中，人民的力量體現在他們的選舉權和政治參與權上。當人們積極參與選舉和政治活動時，他們能夠共同決定國家的未來方向。

這句話提醒我們人民的力量是強大的，只要他們團結起來，就能夠創造出驚人的奇蹟，推動社會的改革和進步。無論在哪個領域，人民的團結和參與都是實現成功的重要關鍵。

62 「不要追求短暫的滿足，要追求長期的幸福」

這句話提醒人們不要追求即時的快樂，而是要思考長遠的幸福和持久的價值。這句話傳達了以下含義：

1. 長遠思考：這句話提醒人們要以長遠的角度看待生活和決策。追求短暫的滿足可能會帶來即時的快感，但長期來看可能不利於幸福和生活品質。

2. 價值觀：它強調了價值觀的重要性。人們應該思考什麼對他們的生活和幸福有真正的價值，而不僅僅是追求一時的享樂。

3. 長期目標：這句話也提醒人們設定長期目標，並朝著這些目標努力。長期的幸福往往來自於實現個人成就和目標。

4. 自我控制：它鼓勵人們要具備自我控制的能力，不隨外界的誘惑而行動，而是思考行為的後果並做出明智的選擇。

這句話提醒我們要以長遠的幸福為目標，避免只追求瞬間的快樂，這樣可以更好地引導生活和決策，實現更有意義的生活。

63 「每個人都有責任和能力改變社會」

柯文哲鼓勵每個人都能夠承擔改變社會的責任，並發揮自己的能力和影響力。這句話傳達了以下含義：

1. 個人責任：它強調每個人都有一定程度的責任，來參與社會和社區事務，以確保社會的進步和發展。

2. 能力發揮：這句話也鼓勵人們要發揮自己的能力、知識和技能，以貢獻社會。每個人都擁有不同的專長和影響力，可以在不同領

域做出貢獻。

3. 集體作用：它強調社會變革不僅依賴於政府或特定機構，也取決於個人和集體的行動。如果每個人都參與其中，集體行動可以產生更大的影響。

4. 鼓勵積極參與：這句話鼓勵人們積極參與社會事務，無論是通過志願工作、參與社會運動、提供建議，還是選舉投票等方式。

這句話提醒我們每個人都有能力和責任參與社會的改變，並以自己的方式貢獻社會。社會的進步和發展需要個人和集體的共同努力。

「經濟發展要以人為本，注重社會公平和環境可持續性」

這句話強調經濟發展應該以人民的需求和福祉為中心，同時也要關注社會公平和環境的可持續性。這句話傳達了以下含義：

1. 人本經濟：強調經濟發展的目標不僅僅是經濟成長，更重要的是改善人們的生活品質。經濟政策和實踐應該以人民的需求、權益和福祉為首要考慮。

2. 社會公平：提醒經濟發展應該促進社會公平。這意味著確保財富和機會的分配不會產生過度的不平等，並緊密關注弱勢群體的需求。

3. 環境可持續性：強調經濟發展應該在不損害環境資源和生態系統的前提下實現。這意味著採取可持續的經濟模式，減少資源浪費和

環境污染。

4. 綜合發展：這句話鼓勵綜合性的發展，也就是不僅關注經濟層面，還關注社會和環境層面。這樣的發展方式更有利於長期的社會穩定和持久的繁榮。

這句話強調經濟發展應該綜合考慮人的需求、社會公平和環境可持續性。只有在這些方面取得平衡，經濟才能實現真正的發展。

 65 「政策應該綜合考慮不同利益，追求整體最大化效益」

柯文哲強調政策制定時應該平衡考慮不同利益方的需求，追求整體最大化效益。這句話傳達了以下含義：

1. 多元利益：政策制定應該考慮到社會上不同群體和利益方的需求和利益，包括市民、企業、環境等。不同利益方可能有不同的關切和期望。

2. 平衡和協調：政策制定過程應該追求平衡，以確保各利益方之間的協調。這可能需要權衡不同的需求，以達到整體最大化效益。

3. 社會效益：政策的主要目標是實現社會的整體效益，而不僅僅是滿足某個利益方的需求。政策應該盡量確保社會的整體繁榮和福祉。

4. 長期考慮：政策制定應該考慮長期影響，而不僅僅關注眼前的利益。長期視角有助於避免短視行為和未來問題的累積。

這句話強調政策制定應該是一個多元、平衡和綜合考慮不同利益方的過程，旨在實現整體社會的最大效益。這有助於建立公平、公正且可持續的政策，從而滿足社會各個方面的需要。

 「擁有夢想是每個人的權利，我們應該支持彼此追求夢想的努力」

這句話鼓勵人們擁有夢想並追求夢想的權利，同時也呼籲社會支持彼此實現夢想的努力。這句話傳達了以下含義：

1. 夢想的權利：每個人都有追求夢想的權利。無論背景、種族、性別、午齡或社會地位如何，每個人都應該有機會夢想、設定目標並追求自己的理想。

2. 社會支持：呼籲社會要支持個人實現夢想的努力。這包括提供資源、機會、教育和鼓勵，使人們能夠更容易地實現夢想。

3. 共同努力：強調了社會的協作和共同努力。實現夢想往往需要社會的支援和合作，包括家庭、朋友、教育機構和政府。

4. 激勵和鼓勵：這句話也強調了激勵和鼓勵的重要性。鼓勵他人堅持追求夢想，激勵他們克服挑戰，是建立一個積極、支持和有希望的社會的關鍵。這句話提醒我們，每個人都有夢想的權利，並且社會應該提供支援和鼓勵，以實現這些夢想。這種共同的精神可以促進個人成長、社會進步和共同的幸福感。

67 「堅持正義和公平，不偏袒任何一方」

柯文哲一直以來都強調堅持正義和公平，不偏袒任何一方，某次，在台北市的一個爭議性事件中，涉及一個重要的土地用途規劃決策。這個決策事關城市發展和土地資源的分配，引起了市民的廣泛關注和爭議。

柯文哲承擔了決策的責任，但他的立場是要確保決策的正義和公平。他聽取了各方的意見，包括市民、專家、利益相關者等，並充分瞭解了每一方的立場和關切。他積極推動透明的決策過程，讓所有人都能瞭解決策的依據和原因。

最終，柯文哲的團隊制定了一個土地用途規劃方案，該方案被認為是一個平衡各方利益的解決方案，有助於實現城市發展和公平分配土地資源的目標。儘管這個決策不可能讓每個人都滿意，但柯文哲確保了正義和公平在決策過程中的優先地位。這句話傳達了以下含義：

1. 正義和公平的重要性：柯文哲強調了正義和公平在決策過程中的重要性。這個案例表明，領導者應該堅守這些價值觀，確保決策不偏袒任何一方，而是追求平衡各方的利益。

2. 透明度和參與：柯文哲通過透明的決策過程，讓各方參與並瞭解決策的依據和原因。這提醒我們，公開透明的決策過程有助於建立信任，並確保正義和公平的實現。

3. 平衡各方利益：在複雜的決策中，領導者需要平衡各方的利益，找到最適合的解決方案。有時不可能滿足每個人的需求，但可以追求

一個平衡的結果，以確保正義和公平。

4. 決策的難度：領導者在做出決策時所面臨的困難。有時候，決策可能引起爭議，但領導者應該堅守價值觀，並努力找到最佳的解決方案，以實現社會的長期利益。

領導者在追求正義和公平時應該保持堅持，透明和參與的決策過程是實現這些價值觀的重要手段。同時，它也反映了領導者在複雜情況下需要平衡各方利益，並做出難以取捨的決策的挑戰。

68 「文化是一個城市的靈魂，應該得到保護和推廣」

這句話強調文化對於一個城市的重要性，應該注重保護和推廣本土文化，豐富城市的多元性和特色。這句話傳達了以下含義：

1. 文化的重要性：它強調文化是城市的靈魂，即文化是城市獨特性和特色的根本，它包括藝術、歷史、傳統、價值觀等各種元素。

2. 保護文化：文化需要獲得保護，以確保不被遺忘或毀損。這可能包括保護歷史建築、保存古老傳統、保存文化遺產等。

3. 推廣文化：同時，這句話也呼籲城市應該積極推廣本土文化。這可以透過藝術表演、文化節慶、博物館、教育等方式實現，以提高大眾對文化的認識和參與。

4. 文化多元性：它提醒我們文化是多元的，城市可以容納各種不

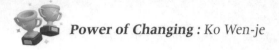
同的文化，這種多元性豐富了城市的文化生活。

這句話強調了文化作為城市的核心，需要得到保護和推廣，以維護城市的獨特性和多樣性，同時豐富人們的生活。它也表達了對文化多樣性的尊重和重視。

「經濟發展和環境保護可以並存，不是互相對立的關係」

柯文哲強調經濟發展和環境保護可以達到平衡，不需要互相矛盾，可以同時追求經濟成長和環境永續。這句話傳達了以下含義：

1. 平衡發展：它強調經濟發展和環境保護之間可以達到平衡。傳統上，人們可能認為追求經濟成長會對環境造成損害，但這句話指出，通過科學方法和可持續發展的方法，可以實現經濟成長和環境保護的雙贏。

2. 可持續發展：它提醒我們，我們可以採取措施確保經濟活動不會耗盡自然資源或對生態環境造成嚴重損害。可持續發展是一種在滿足當代需求的同時，不損害未來世代需求的發展方式。

3. 技術創新：這句話也點出了科技和技術創新在實現經濟成長和環境保護之間的平衡作用。新技術可以幫助我們更有效地使用資源，減少浪費，降低對環境的衝擊。

4. 政策制定：政府可以通過制定適當的政策，鼓勵企業和個人採

取環保措施，同時支持經濟成長。這包括綠色產業的發展、碳排放監管、綠色能源等。

這句話強調了經濟發展和環境保護不必相互衝突，可以共同實現。這需要科學方法、可持續發展策略和全球合作，以確保我們的經濟和環境都能夠持續繁榮和健康。

 「堅持尊重多元價值觀和言論自由，打破框架和思維的限制」

這句話強調尊重不同的價值觀和言論自由，鼓勵打破既有的框架和思維模式，追求更寬廣的視野和創新的思考。這句話傳達了以下含義：

1. 多元價值觀尊重：它強調我們應該尊重不同人群和社會團體的多元價值觀。每個人都有獨特的信仰、價值觀和文化背景，這種多樣性是豐富的，而不是對立的。這句話呼籲我們要包容多元性，不論他人的觀點是否不同於我們自己的。

2. 言論自由：它提醒我們言論自由是一個重要的民主價值，每個人都有權利表達他們的觀點，即使這些觀點與主流或權威觀點不同。言論自由促進了開放的辯論和想法的交流，這對於社會的進步和發展至關重要。

3. 打破框架和思維限制：這句話鼓勵我們要有開放的思維，不受

既定的框架和思維模式的約束。有時候，長期以來的思維習慣可能會阻礙創新和解決問題。打破框架意味著接受新觀點、嘗試新方法，以創建更好的解決方案。

4. 創新和進步：這句話的背後還包含一個資訊，即尊重多元價值觀和言論自由有助於促進創新和社會進步。當人們能夠自由地分享和討論想法時，更容易發現新的方法和解決方案，並推動社會朝向更加開放和進步的方向發展。

這句話強調了包容、開放、創新和尊重的價值觀，這些價值觀有助於建立更加和諧和進步的社會。

⑦ 「教育是投資未來的最佳途徑」

柯文哲強調教育的重要性，將教育視為投資未來的最佳途徑，培養優秀的人才和提升社會整體素質。這句話傳達了以下含義：

1. 教育的價值：這句話強調教育在個人和社會發展中的價值。教育不僅僅是傳授知識，還包括了培養技能、培養品德和個性、激發創造力等方面。這是一個全面的投資，可以提高個體的生活品質，同時也有助於整個社會的進步。

2. 未來的關鍵：將教育視為投資未來的途徑，強調了未來的競爭和挑戰需要具有高度知識和技能的人才。在現代知識經濟中，教育是提高國家競爭力的關鍵要素。

3. 社會的投資：這句話還強調了教育對整個社會的重要性。良好的教育體系可以提高人民的素質，促進社會的穩定和繁榮，減少犯罪率，提高就業率，改善公民的生活品質。

4. 可持續發展：教育也有助於實現可持續發展目標。通過教育，人們更容易理解和參與解決環境、經濟和社會問題的過程。因此，教育被視為實現可持續發展的一個關鍵元素。

這句話強調了教育的重要性，不僅僅是個人發展的途徑，也是社會進步和未來成功的基石。因此，許多政府和機構都將教育視為一個重要的投資領域，以確保未來的可持續發展。

72 「每一次的失敗都是通往成功的階梯」

柯文哲曾經分享過一個關於生活中價值觀的故事，強調了「最重要的不是你所擁有的，而是你所追求的」這一觀點。

在柯文哲擔任台北市長期間，他經常參與社區活動，深入了解市民的需求和關切。有一天，他參觀了一家社會福利機構，該機構致力於協助身心障礙者融入社會，提供職業培訓和輔導。

在參觀過程中，柯文哲遇到了一位年輕的身心障礙者，他雖然面臨著種種生活挑戰，但他依然充滿著活力和熱情。柯文哲與他聊了一會兒，並問他關於未來的計畫。

他告訴柯文哲，他夢想著有一天能開一家小餐廳，自己當老闆。

他說：「市長先生，最重要的不是我所擁有的，而是我所追求的。我知道自己面臨著困難，但我不會放棄我的夢想。」

柯文哲被他的堅持和信念所感動。他認識到，生活中的價值不僅僅是財富和物質，而更重要的是個人的夢想和追求。柯文哲承諾支持他實現他的夢想，提供必要的支援和資源。這句話傳達了以下含義：

1. 追求夢想：身障人士展現出不放棄夢想的堅持。無論生活中遇到多少困難和挑戰，追求自己的夢想是非常重要的。我們應該勇敢地設定目標並努力實現它們。

2. 人的價值不僅僅是物質：柯文哲強調了生活中最重要的不是財富和物質，而是個人的追求和價值觀。我們每個人都有內在的價值，不應該將自己僅僅定義為所擁有的東西，而應該關注我們所追求的目標和我們的夢想。

3. 支持和共鳴：柯文哲在故事中展現了對身障人士的支持和共鳴。這提醒我們在生活中要互相支持，幫助那些追求夢想的人，並在需要時提供協助和資源。

4. 勇敢面對困難：身障人士也教導我們要勇敢地面對生活中的困難。無論我們的夢想有多大，都會遇到挑戰，但關鍵是不要輕言放棄，堅持不懈地努力。

這段話強調了追求夢想、價值觀、互相支持和勇敢面對困難的重要性。它鼓勵我們不僅僅要關注物質層面，還要注重個人的成長和夢想的實現。

73 「以科學和專業為基礎，制定有效的政策和決策」

柯文哲強調科學和專業知識的重要性，政策和決策應該建立在科學的基礎上，確保其有效性和可行性。這句話傳達了以下含義：

1. 科學和專業知識的重要性：該句話強調了科學和專業知識在政策制定和決策過程中的核心地位。政府和組織應該依賴科學研究和具備專業知識的專家來指導政策的制定，以確保這些政策是基於客觀事實和經過仔細考慮的。

2. 有效政策和決策：它提出了有效政策和決策的目標。政策和決策應該是有根據的，通過科學方法和專業評估，確保它們有助於解決問題、實現目標，並對社會產生積極的影響。

3. 警告避免主觀性和政治色彩：該句話也可能是一種警告，提醒人們不要基於主觀性或政治動機制定政策。科學和專業知識可以提供客觀性和中立性，以確保政策制定不受到個人或政治利益的影響。

4. 公共利益的保護：最終，這句話強調了政策和決策的目標是保護和促進公共利益。科學和專業知識的運用可以幫助政府更好地瞭解民眾需求，制定符合社會整體利益的政策。

這句話突顯了科學和專業知識在現代政府和組織運作中的關鍵作用，並主張政策和決策應該建立在這些知識的基礎上，以保障社會進步與公共利益。

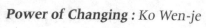

 74 「政府應該為弱勢群體發聲，關心並保護他們的權益」

柯文哲強調政府應該關注弱勢群體，代表他們發聲，並努力維護他們的權益。這句話傳達了以下含義：

1. 強調政府的責任： 該句話強調政府在社會中具有特殊的責任，即代表和保護弱勢群體的權益。政府被視為社會中的監護人，負有確保每位公民都受到公平對待和保護的責任。

2. 社會公平和正義： 它突顯了社會公平和正義的價值觀。政府的角色不僅是為了維護弱勢群體的權益，還是確保社會中每個人都能平等參與和受益。

3. 強調代表性： 該句話強調政府應該成為弱勢群體的代表，因為這些群體可能缺乏資源或聲音，無法有效地捍衛自己的權益。政府的代表性可以確保這些群體的聲音被充分考慮。

4. 社會和諧： 這句話強調了社會和諧的價值。通過關心和保護弱勢群體的權益，政府有助於減少社會不平等，增進社會和諧。

這句話呼籲政府要關心、代表並保護那些可能容易被忽視或剝削的弱勢群體，以確保社會的公平和正義。這也反映了一種社會關懷的價值觀，認為政府應該在推動社會進步方面發揮積極作用。

75 「**城市發展應該是人民共同參與的過程，重視社區的意見和參與**」

　　這句話強調城市發展應該是民眾共同參與的過程，重視社區居民的意見和參與，確保發展符合當地需求和利益。這句話傳達了以下含義：

　　1. 城市發展是共同的事業：它強調城市發展不應該只是由政府或特定利益團體來決定和推動的，而應該是人民共同參與的過程。這意味著城市的未來應該由城市居民共同塑造，而不僅僅是由一小部分人或機構主導。

　　2. 重視社區意見：該句話強調了社區居民的意見和參與的價值。在城市發展過程中，政府和決策者應該傾聽和重視當地社區的聲音，瞭解他們的需求、關切和建議。這有助於確保城市發展更符合當地的實際情況和居民的期望。

　　3. 民主和透明：這句話反映了一種民主和透明的價值觀。城市發展的過程應該允許居民參與，並且相關的決策過程應該是透明的，以確保每個人都能瞭解和參與其中。

　　4. 地方性發展：這句話提醒我們城市發展應該是具有地方性和區域性特色的。不同城市和社區有不同的需求和文化，因此發展應該根據當地的實際情況進行調整和制定。

　　這句話呼籲在城市發展過程中，應該重視社區參與，確保城市的

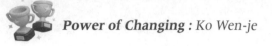

發展符合當地的需求和居民的意見，同時也強調了民主和透明的原則。這有助於建立更具社會共識和支持的城市發展計畫。

76 「勇於承擔責任，不逃避困難和挑戰」

柯文哲鼓勵人們勇於承擔責任，面對困難和挑戰時不退縮，而是積極應對和解決。這句話傳達了以下含義：

1. 責任意識：這句話強調了對責任的重視。它提醒人們應該勇於承擔自己的責任，無論是在個人生活中還是在工作和社會中，都應該盡自己的一份力量，不推卸責任。

2. 面對困難：該句話強調了不逃避困難和挑戰。生活中總會遇到各種困難和挑戰，而真正的勇氣在於積極面對這些困難，而不是回避或逃避。

3. 積極應對：這句話鼓勵人們積極應對困難和挑戰。這意味著不僅僅是接受困難的存在，還要努力尋找解決方案，克服障礙，並取得成功。

4. 個人成長：勇於承擔責任和面對困難有助於個人成長。通過克服挑戰，人們可以學到新的技能，提高自己的能力，並增強內在的堅韌性。

這句話鼓勵人們在生活中具備責任感，勇敢面對困難，並積極迎接挑戰。這種態度有助於個人的成長和發展，同時也有助於克服各種

障礙，實現目標。

77 「真實的力量來自於人民，政府應該與人民攜手共進」

　　這句話強調政府的力量來自於人民，政府應該與人民攜手合作，共同實現社會的發展和進步。這句話傳達了以下含義：

　　1. 政府的角色：該句話指出政府的力量不應該被視為獨立的，而是來自於人民的授權和支持。政府的主要角色是代表人民，維護他們的權益，以及為他們提供服務和支援。

　　2. 人民的參與：它強調了人民在政府運作中的關鍵地位。人民的參與政府的決策過程是實現民主和社會進步的關鍵，政府應該主動聆聽人民的聲音和需求。

　　3. 共同合作：政府和人民應該攜手合作，這種協作關係意味著政府和人民之間的互動和互信，共同為社會的發展和進步而努力。

　　4. 社會的發展：這句話強調了政府和人民的合作是實現社會的發展和進步的必要條件。當政府和人民共同合作時，可以更好地應對各種挑戰，改善生活條件，實現共同的目標。

　　這句話突顯了政府和人民之間的密切聯繫，並呼籲政府應該真正代表人民的利益，與他們共同合作，實現社會的共同利益。這種合作精神有助於建立更加民主和繁榮的社會。

 **「政府應該為創業家和創新者提供支援和機會，激發經濟的活力和創造力」**

柯文哲強調政府應該為創業家和創新者提供支援和機會，促進經濟的活力和創造力。這句話傳達了以下含義：

1. 政府的角色：該句話強調政府在經濟發展中的作用。政府不僅僅是管理和監管的機構，還應該是經濟發展的推動者，要積極參與並支援創業家和創新者，提供必要的資源和環境。

2. 創業家和創新者的價值：該句話承認創業家和創新者在經濟中的重要作用。這些人通常帶來新的商業概念、技術和就業機會，有助於經濟的成長和多樣性。

3. 支持和機會：政府應該通過提供資金、培訓、法律支援等方式，積極支援創業家和創新者。同時，政府應該創造一個鼓勵創業和創新的環境，減少官僚主義和繁文縟節。

4. 經濟的活力和創造力：通過支持創業家和創新者，政府可以激發經濟的活力和創造力。這將有助於創建更多的企業、就業機會和經濟成長，使社會更加繁榮。

這句話呼籲政府在經濟政策中考慮支持創業和創新的重要性，並積極採取措施以推動這方面的發展。這將有助於促進經濟的繁榮和持續成長。

79 「要有勇氣追求卓越，不滿足於平庸和現狀」

這句話鼓勵人們追求卓越，不要滿足於平庸和現狀，不斷追求進步和突破。這句話傳達了以下含義：

1. 勇氣和決心： 該句話強調了需要勇氣和決心去追求卓越。卓越通常不是輕鬆實現的，它需要堅持、努力和克服困難。

2. 不滿足於平庸： 這句話指出不能滿足於平庸和現狀。平庸可能代表著停滯和缺乏進步，而追求卓越則意味著不斷地超越自己，不滿足於表現得一般。

3. 追求進步： 它鼓勵個人在各個方面不斷追求進步，包括學習、職業、個人成長等。這種進步不僅有助於個人的發展，還能對社會和企業產生積極的影響。

4. 突破現有界限： 追求卓越通常需要突破現有的界限和限制。這可能包括挑戰傳統觀念、突破舒適區、追求創新和改進。

這句話鼓勵人們要有勇氣追求卓越，不滿足於平庸和現狀，並不斷追求進步和突破，以實現個人和社會的更大成功和成就。

80 「文明的城市是建立在公民素養和文化意識之上的」

柯文哲強調文明的城市建立在公民素養和文化意識的基礎上，每個人都應該培養良好的公民意識和行為。這句話傳達了以下含義：

1. 文明的城市：它指的是一個有著高度文化和道德素養的城市，城市內的居民之間有著和諧、尊重和互助的關係，城市的發展和運行是有秩序和品味的。

2. 建立在公民素養之上：這句話強調文明城市的建立需要建立在公民素養之上。公民素養包括了道德觀念、社會責任感、法治觀念等，這些都是城市居民應該具備的品質。

3. 文化意識：文化意識是指對文化價值和傳統的尊重和理解。一個文明的城市需要居民具有文化意識，對於自己的文化遺產和多元文化社會有著開放和包容的態度。

4. 培養良好的公民意識：這句話鼓勵個人和社會應該積極培養良好的公民意識，並遵守法律、尊重他人權利、參與社區活動，以共同建設文明的城市。

這句話強調了文明城市的建立需要公民素養和文化意識，並呼籲每個人都應該積極培養良好的公民意識，以實現文明和諧的城市生活。

81 「**政府應該注重基礎建設的建設和維護，提供良好的生活環境和基礎設施**」

　　柯文哲強調政府應該重視基礎建設的發展和維護，確保人民享有良好的生活環境和基礎設施。這句話傳達了以下含義：

　　1. 政府的責任：這句話強調政府的責任，即提供良好的生活環境和基礎設施，以滿足人民的基本需求。政府的角色在於確保城市和地區的發展和運作。

　　2. 基礎建設的重要性：它指出了基礎建設在城市和國家的發展中的關鍵性作用。基礎建設包括道路、橋樑、公共交通、水電供應等，它們是支持經濟成長和提高生活品質的關鍵因素。

　　3. 生活環境的提升：這句話強調政府的工作不僅僅是建設，還包括維護和提升基礎建設，以確保人民擁有更好的生活環境。這包括道路的修復、垃圾處理、城市綠化等。

　　這句話強調政府應該專注於基礎建設的建設和維護，以確保人民擁有良好的生活條件和基礎設施，這是提高城市和國家生活品質的重要一環。

82 「教育是照亮未來的明燈，應該受到充分的投資和重視」

　　這句話強調教育對於未來的重要性，應該給予充分的投資和重視，培養優秀的人才和培育未來的領導者。這句話傳達了以下含義：

　　1. 教育的角色：這句話強調教育是照亮未來的明燈，表達了教育對於個人和社會的重要性。它不僅是知識的傳遞，還是培養人才、塑造性格、促進社會進步的關鍵。

　　2. 投資教育：它強調了政府和社會應該給予教育充分的投資，包括資金、資源、師資等方面的支持，以確保教育體系的健全發展。

　　3. 未來的希望：這句話表示教育是培養未來領袖、創新者和改革者的關鍵，因為受過良好教育的人有潛力影響世界並解決未來的挑戰。

　　這句話強調了教育的重要性，並呼籲社會應該將教育視為優先事項，為年輕一代提供機會，讓他們能夠發掘潛力、實現夢想，並為未來社會的繁榮和進步作出貢獻。

83 「政府應該建立透明和開放的溝通機制，與民眾保持緊密聯繫」

　　柯文哲強調政府應該與民眾建立透明和開放的溝通機制，及時回應民眾的需求和意見。這句話傳達了以下含義：

　　1. 透明度：政府應該以透明的方式運作，使政策制定和執行過程

對公眾開放和可視。這意味著政府應該提供資訊和資料，讓民眾瞭解政府的活動和政策。

2. 開放性：政府應該對民眾持開放態度，鼓勵他們參與政治和公共事務的討論和決策。這可以透過舉辦公共論壇、聽證會、民意調查等方式實現。

3. 緊密聯繫：政府應該與民眾建立緊密的聯繫，傾聽他們的需求和意見。這有助於政府更好地理解民眾的關切，並做出更為貼近人民期望的政策。

4. 民主參與：透明和開放的政府溝通機制有助於民主參與，讓民眾參與政策制定過程，提供建議和反饋，以確保政策如實反映了廣泛的公眾意見。

這句話強調政府應該與民眾建立互信的關係，通過透明、開放和緊密的溝通機制，實現政府和民眾之間的有效互動，確保政策制定和執行更符合公眾的期望和需求。

84 「城市規劃應該以人為本，創造宜居的城市環境和社區空間」

這句話強調城市規劃應該以人民的需求和生活品質為中心，創造宜居的城市環境和社區空間。這句話傳達了以下含義：

1. 人本城市規劃：它強調城市規劃應該以人為本，將居民的需求和福祉置於首位。這意味著規劃者應該考慮人們的日常生活，包括住

宅、交通、文化、教育等各個層面，以確保城市的設計和佈局符合人們的期望。

2. 宜居城市環境：這句話強調創造宜居的城市環境，這包括空氣品質、綠地、公共設施、社區安全等因素，都應該使人們感到舒適和幸福。

3. 社區空間：除了城市整體環境，這句話還提到社區空間的重要性。良好的社區空間可以促進社交互動、鄰里合作和社區凝聚力，這對城市居民的生活品質有著重大影響。

這句話強調城市規劃應該以民眾的需求和舒適度為優先考慮，創造一個宜居、宜人的城市環境，並注重社區的建設和發展，從而實現城市的可持續發展和生活品質的提升。

 85 「要有勇氣承擔改革的風險，推動社會的進步和改革」

柯文哲鼓勵人們勇於承擔改革的風險，推動社會的進步和改革，不斷追求更好的未來。這句話傳達了以下含義：

1. 勇氣和改革：這句話強調了改革所需的勇氣。改革通常需要打破現有的體制和狀態，可能會面臨不確定性和風險。然而，只有具備勇氣，才能開始改革，解決現有問題，追求社會的進步。

2. 風險和變革：改革往往伴隨著風險，因為不確定性和可能面臨

的挑戰。然而，這句話表達了一種信念，即通過勇敢地承擔風險，社會可以實現變革。只有願意嘗試新的方法和思維，才能實現真正的變革和進步。

3. 社會的進步：這句話的核心思想是，改革和變革是實現社會進步的關鍵。當社會不斷適應和變革時，它有望解決問題、提高生活品質、促進平等和公平，並實現更加繁榮的未來。

4. 追求更好的未來：最後這句話鼓勵人們不要甘於現狀，要追求更好的未來。改革和變革是實現這種追求的關鍵，因為它們能夠引領社會走向更有活力、更具包容性和更可持續的方向。

這句話強調了勇氣、風險、變革和社會進步之間的密切聯繫，並鼓勵人們積極參與改革過程，推動社會向更好的未來邁進。

 86「尊重和保護人權是建設和諧社會的基礎」

這句話強調尊重和保護人權的重要性，人權是建設和諧社會的基石，每個人都應該享有平等的權利和尊嚴。這句話傳達了以下含義：

1. 人權的核心價值：這句話將人權視為社會建設的核心價值。人權包括言論自由、宗教信仰、平等、不受歧視、生命安全等基本權利，這些權利是每個人的天賦和基本需求。尊重和保護這些權利是建立和諧社會的必要條件。

2. 社會和諧：人權的尊重和保護有助於創建和諧社會。當每個人都能享有平等的權利和尊嚴，社會將更具包容性和平等，減少了社會不平等和不公正的可能性。這有助於緩解社會的緊張和分歧。

3. 法治和公平：尊重人權是建立法治社會和確保公平的一部分。人權是通過法律和規定來保護的，這些法律確保每個人都受到平等對待，不受不當限制和侵犯。這有助於維護社會的穩定性和公平性。

4. 國際共識：尊重和保護人權不僅在國內，也在國際層面上具有重要性。國際人權法是全球共識的一部分，各國都應該履行對人權的承諾。這有助於國際社會的合作和和平。

這句話強調了人權的核心價值，並指出尊重和保護人權是實現和諧社會、法治、公平和國際共識的基礎。只有確保每個人都能享有平等的權利和尊嚴，社會才能實現真正的進步與繁榮。

87 「政府應該注重社會福利和社會保障的建設，照顧弱勢群體的需求」

柯文哲強調政府應該注重社會福利和保障的建設，確保弱勢群體獲得充分的照顧和支援。這句話傳達了以下含義：

1. 社會公平：強調政府應該關心社會福利和社會保障，是為了實現社會的公平。這包括提供基本需求的支援，如醫療保健、教育、住房等，以確保每個人都有機會享受這些基本權利，無論他們的社會地位如何。

2. 弱勢群體關懷： 這句話特別提到政府應該照顧弱勢群體的需求。這包括老年人、身心障礙者、低收入家庭、兒童等容易受到社會和經濟壓力影響的群體。政府的社會福利和保障政策應該針對這些群體提供特別支援。

3. 社會穩定： 關心社會福利和社會保障有助於維持社會的穩定。當人們知道他們的基本需求受到保障，他們更有可能參與社會和經濟活動，並貢獻於社會的發展。

4. 經濟效益： 雖然社會福利和保障需要政府投資，但它們也可以帶來經濟效益。通過確保人們的基本需求得到滿足，社會將更加穩定，減少了社會不安定和不平等可能帶來的成本。

這句話突顯了政府在社會福利和社會保障方面的責任，確保每個人都有機會過上有尊嚴和幸福的生活。這不僅有益於個人的幸福，也有益於整個社會的穩定和繁榮。

88 「城市安全是每個人的責任，需要大家共同努力維護」

這句話提醒人們城市安全是每個人的責任，需要大家共同努力，謹守法律和秩序，共同維護社會的安寧和安全。這句話傳達了以下含義：

1. 共同責任： 強調城市安全是整個社會的共同責任，不僅僅是政府或執法機構的責任。每個市民都有責任參與承擔，以確保城市安全。

2. 法律和秩序： 提到謹守法律和秩序，這意味著市民應該尊重法律，遵守規定，並且不參與任何可能危害城市安全的非法活動。

3. 社會安寧： 強調共同努力維護社會的安寧，這包括預防犯罪、協助應急情況、監督社區活動等等。市民的參與可以有效地提高城市的整體安全水準。

4. 社區合作： 這句話還鼓勵社區之間的合作。市民可以組織社區員警、鄰里監視計畫等，以提升社區的安全性。

這句話強調了每個人在城市安全方面的角色和責任，並呼籲大家積極參與，共同維護一個安全和宜居的城市環境。這種共同的承擔和參與可以有助於減少犯罪，提高社會的安全感，使城市更具吸引力和競爭力。

89 「政府應該積極推動綠色環保和可持續發展，保護我們的地球家園」

柯文哲強調政府應該主動推動綠色環保和可持續發展，保護環境資源，確保我們的地球家園能夠長期繁榮。這句話傳達了以下含義：

1. 環境保護的重要性： 強調政府應該將環境保護置於優先位置。保護自然環境是維護地球生態平衡和確保未來世代可持續發展的關鍵因素。

2. 可持續發展的目標： 這句話提到政府應該推動可持續發展。可

持續發展的目標是在滿足當前需求的同時，不損害未來世代的需求。這包括綠色能源、循環經濟、氣候變遷應對等方面的措施。

3. 綠色環保的政策：政府應該制定和實施綠色環保政策，以減少污染、節約能源、保護生態系統和減緩氣候變遷。這些政策可能包括限制排放、促進可再生能源、鼓勵綠色交通、減少塑膠使用等。

4. 全球合作：保護地球家園需要全球合作。政府應該參與國際協議和倡導全球解決方案，因為許多環境問題都是屬於無國界性質。

這句話呼籲政府在環保和可持續發展方面扮演積極的角色，並倡導全社會共同努力，確保我們的地球家園能夠繼續繁榮和永續存在。這也體現了長期的環境意識，將我們當前的行動與未來世代的權益聯繫在一起。

「要有創新和開放的思維，勇於嘗試新的解決方案和方法」

這句話鼓勵人們擁有創新和開放的思維，勇於嘗試新的解決方案和方法，推動社會的進步和發展。這句話傳達了以下含義：

1. 創新思維：強調重要性，即思考和提出新的想法、方法和解決方案。創新是社會進步和發展的引擎，可以帶來新的機會和突破。

2. 開放思維：提到開放思維，意味著不僅僅專注於傳統的方法，而且願意接受來自不同領域和背景的觀點和建議。開放思維有助於促

進多元化和跨學科的合作。

3. 勇於嘗試：這句話強調了需要勇氣去實際嘗試新的解決方案。有時候，新的思維可能會面臨挑戰和風險，但只有勇於嘗試，才有機會找到更好的方法。

4. 社會進步：強調創新和開放思維是實現社會進步和發展的重要手段。這可以應用於各個領域，包括科學、技術、經濟、文化等。

這句話鼓勵人們具備創新和開放的思維，以不斷探索新的方法和解決方案，推動社會的進步和發展。這種思維方式有助於應對不斷變化的挑戰，促進科學和文化的發展，並創造更好的未來。

91 「政府應該重視年輕人的聲音和需求，為他們創造更多的機會和發展空間」

柯文哲強調政府應該關注年輕人的聲音和需求，為他們提供更多的機會和發展空間，培育未來的領導力。這句話傳達了以下含義：

1. 政府職責：強調政府應該履行其職責，包括關注並回應年輕人的需求。政府是負責制定政策和提供公共服務的機構，因此應該考慮年輕一代的利益。

2. 年輕人的聲音：這句話強調了年輕人的聲音和意見的重要性。年輕一代通常代表未來，他們的看法和需求應該被嚴肅對待，以確保社會的可持續發展。

3. 機會和發展空間：提到政府應該為年輕人創造更多的機會和發展空間。這包括教育、就業、創業機會等方面，以幫助年輕人實現其潛力和貢獻社會。

4. 培育未來的領導力：政府的關注和支持有助於培育未來的領導者和社會的改革者。年輕一代的參與和受教育是社會進步的關鍵。

這句話呼籲政府應該尊重和關心年輕人，提供他們所需的支援和機會，以確保他們能夠積極參與社會，為未來的發展做出貢獻。這也體現了對年輕一代的信任和期望。

92 「要樹立優良的公務人員形象，以專業和效率為核心價值」

這句話提醒公務人員應該擁有優良的形象，堅持專業和效率，為民眾提供優質的服務和支援。這句話傳達了以下含義：

1. 公務人員形象：強調公務人員在執行職責時應該注意自己的形象。他們代表政府機構，因此他們的專業形象和行為應該受到高度關注。

2. 專業和效率：這句話明確提到專業和效率作為核心價值。這意味著公務人員應該具有必要的專業知識和技能，同時在工作中要高效率，確保有效地履行職責。

3. 為民眾提供優質服務：公務人員的工作是為了服務公眾。這句

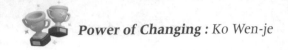

話強調他們的責任是提供優質的服務和支援，以滿足民眾的需求。

4. 建立信任：透過堅持專業和效率，公務人員能夠建立信任，這是關鍵，因為信任是政府和民眾之間良好關係的基礎。

這句話強調了公務人員在履行職責時應該保持高度的專業水準和效率，並且關心提供優質服務，以建立良好的公務人員形象，並贏得民眾的信任和尊重。這有助於提高政府的工作效率和整體效能。

93 「要注重社會公義和平等，縮小貧富差距，建立和諧的社會」

柯文哲一直以來都是一位注重社會公平正義的政治家，他的政策和行動體現了他對於縮小貧富差距和建立和諧社會的堅定承諾。

在他擔任台北市市長期間，柯文哲推出了名為「幸福兒童托育計畫」的政策。這個計畫的目標是提供經濟困難家庭的孩子免費的托育服務，以減輕家庭的經濟壓力，讓父母能夠更容易參加工作或進修。這個政策縮小了貧富差距，確保每個孩子都能享受平等的教育和照顧，而不受經濟限制。

同時，柯文哲也關心無家者的權益。他推動了一項名為「無家者援助計畫」的政策，旨在提供無家者更多的支援和幫助，以改善他們的生活條件。這個計畫包括臨時住宿、食物、基本衛生設施，以及心理輔導和職業培訓機會。這些措施確保了無家者在社會中得到基本的

尊重和支持，同時也減少了社會不平等所帶來的不穩定因素。

　　這突顯了柯文哲的社會公平正義之舉，他努力縮小貧富差距，確保每個市民都能享受平等的機會和尊重。他的政策和計畫旨在建立一個更和諧、更包容的社會，同時也強調了他對於社會公平和正義的深切關切。柯文哲以他的行動成為社會公平和正義的捍衛者，為我們提供了一個可借鑒的示範，證明政治可以為社會帶來實質的積極變革。

　　柯文哲在追求社會公義和平等方面的舉措為我們帶來了以下的意義和省思：

　　1. 倡導關懷與同理心：柯文哲的政策表明政府應該關心社會上最脆弱的人，包括無家者和經濟弱勢家庭。這提醒我們每個人都應該具有同理心，關心社會中那些處於困境中的人，並致力於緩解他們的困境。

　　2. 強調平等機會：柯文哲的政策確保每個孩子都有平等的機會接受教育和照顧，不受經濟狀況的制約。這提醒我們平等機會是一個基本的社會價值，應該在教育和社會服務等方面得到實現。

　　3. 減輕社會不平等：柯文哲的政策有助於減輕貧富差距，確保社會中各個群體都能夠分享社會和經濟進步的成果。這提醒我們貧富差距對社會穩定和和諧有損害，政策應該致力於減少這種不平等。

　　4. 政府的責任：柯文哲的舉措強調政府在確保社會公義和平等方面的角色。這讓我們省思政府如何應該更積極地參與社會改善，並確保每個人都能夠享受到基本的權益。

總的來說，柯文哲的社會公義和平等之舉提醒我們社會不僅僅應該追求經濟繁榮，還應該關心人民的生活品質和福祉。他的政策和行動為我們提供了一個重要的參考，讓我們深思如何建立更加公平、和諧和關懷的社會，以確保每個人都有機會追求幸福和成功。

94 「政府應該堅持廉潔政治，打擊貪汙和腐敗，維護社會的公正和公平」

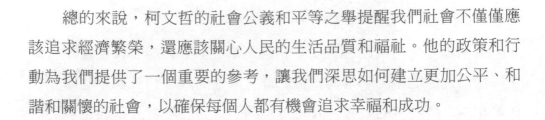

柯文哲強調政府應該堅持廉潔政治，嚴厲打擊貪汙和腐敗現象，確保社會的公正和公平。這句話傳達了以下含義：

1. 廉潔政治： 這句話首先強調了政府應該實行廉潔政治。廉潔政治意味著政府官員和公職人員應該誠實、正直，不受貪汙、賄賂或其他不當利益的影響。這有助於確保政府的運作是公平和透明的，並維護公眾的信任。

2. 打擊貪汙和腐敗： 這句話強調政府的責任，即積極打擊貪汙和腐敗行為。貪汙和腐敗是社會的毒瘤，它們剝奪了公共資源，對社會的公正和公平造成嚴重損害。政府應該加強監督，懲罰貪汙行為，確保法律的執行。

3. 維護社會的公正和公平： 最重要的是，這句話強調政府的角色，即維護社會的公正和公平。政府的主要職責之一是確保每個人都有平等的機會，不受不正當行為的影響。通過堅持廉潔政治和打擊貪汙，政府能夠確保社會的資源公平分配，並確保法律的平等執行。

總的來說，這句話強調了政府在確保社會公正、公平和透明方面的責任，並鼓勵政府和公共機構採取措施，以打擊貪汙和腐敗，確保政府服務和資源的正當分配。

95 「要鼓勵科技創新和數位轉型，提升城市的競爭力和發展潛力」

　　這句話強調鼓勵科技創新和數位轉型，利用科技的力量提升城市的競爭力，推動城市的可持續發展。這句話傳達了以下含義：

　　1. 科技創新的重要性：這句話首先強調了科技創新的重要性。科技創新是推動社會和經濟發展的關鍵因素，它可以帶來新的解決方案、提高效率、節省成本，並為城市創造更多的機會和發展潛力。

　　2. 數位轉型的必要性：數位轉型是將傳統業務和服務轉變為數位化和線上化的過程。這種轉型可以改善城市的運作方式，提供更便捷的服務，並增強城市的競爭力。因此，這句話強調了城市應該積極進行數位轉型，以適應現代科技環境。

　　3. 城市的競爭力：競爭力是指城市在全球經濟中的地位和吸引力。通過科技創新和數位轉型，城市可以提高其競爭力，吸引更多的投資、人才和企業，推動城市的經濟發展。

　　4. 可持續發展：這句話強調了科技創新和數位轉型對於城市的可持續發展的作用。這種發展不僅關乎經濟成長，還包括環境保護和社

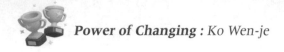
會公平。科技創新和數位轉型可以幫助城市更有效地應對環境挑戰，同時確保機會均等，照顧所有居民的需求。

總的來說，這句話強調了科技創新和數位轉型在城市發展中的關鍵作用，能有助於提升城市的競爭力和實現可持續發展目標。

「政府應該加強災害防治和應急管理，保障人民的生命和財產安全」

柯文哲強調政府應該加強災害防治和應急管理，確保人民在災害發生時能夠獲得有效的救援和保護。這句話傳達了以下含義：

1. 災害防治的重要性：這句話首先強調了災害防治的重要性。災害可能帶來嚴重的生命和財產損失，因此政府應該積極採取預防措施，降低災害發生的風險，包括建立防洪護岸、監測地震活動、控制火災等。

2. 應急管理的必要性：除了預防，應急管理也是至關重要的。當災害發生時，政府需要有有效的應對計畫，迅速提供救援和支援，以保障人民的生命和財產安全。這包括災害應對演習、建立應急通訊系統、訓練救援人員等。

3. 人民的生命和財產安全：這句話強調政府的首要責任是保障人民的生命和財產安全。無論在自然災害還是其他危機情況下，政府都應該優先考慮人民的福祉，並盡最大努力來減少災害帶來的損失。

4. 社會安全的重要性：有效的災害防治和應急管理不僅保護個人，還有助於維護社會的穩定和安全。這些努力有助於減少社會動盪，促進社會的持續發展。

總的來說，這句話強調了政府在面對災害和危機時的責任，並強調人民的生命和財產安全應該放在最前面。

 97 「要推動社會公益和志願服務，培養公民的社會責任感和奉獻精神」

這句話強調推動社會公益和志願服務，培養公民的社會責任感和奉獻精神，建立共融和樂於助人的社會氛圍。這句話傳達了以下含義：

1. 社會公益和志願服務的重要性：社會公益活動旨在改善社會，提供幫助給有需要的人，而志願服務是實現這些目標的一種方式。這些活動可以涵蓋各種領域，如教育、環保、健康等。

2. 培養社會責任感和奉獻精神：這句話進一步強調了培養社會責任感和奉獻精神的重要性。社會責任感意味著個人對社會的關心和承擔，奉獻精神則鼓勵人們自願投入到幫助他人和社會的活動中。這有助於建立更有愛心、共融和關懷的社會。

3. 公民的參與和貢獻：這句話呼籲公民參與社會公益和志願服務，這樣可以增強社會的凝聚力和互助性。公民的參與不僅有助於解決社會問題，還可以提升個人的幸福感和滿足感。

4. 共融和樂於助人的社會氛圍： 通過推動社會公益和志願服務，可以促進社會的和諧和互助。這種氛圍有助於減少社會不平等，增加社區的凝聚力，讓每個人都感到被重視和尊重。

總的來說，這句話呼籲個人和社會機構積極參與社會公益和志願服務，並將這些價值觀融入社會文化中。這有助於建立更加關懷和共融的社會，並培養公民的社會責任感和奉獻精神。

98 「政府應該加強交通運輸建設，提供便捷和高效的交通服務」

柯文哲強調政府應該加強交通運輸建設，提升交通的便利性和效率，改善人民的出行條件。這句話傳達了以下含義：

1. 交通運輸建設的重要性： 這句話首先突顯了交通運輸建設的關鍵性。交通運輸基礎設施，如道路、橋樑、公共交通系統等，對城市和地區的運作至關重要。良好的交通基礎設施能夠促進經濟發展、提供人民的基本需求，並改善生活品質。

2. 便捷和高效的交通服務： 政府應該提供便捷和高效的交通服務，包括減少交通擁擠、縮短通勤時間、改善交通安全等。這樣的服務不僅對當地居民有利，還有助於吸引企業投資，促進經濟成長。

3. 改善人民的出行條件： 這句話強調政府的責任是改善人民的出行條件。當政府投資於交通基礎設施，人們可以更輕鬆地通勤、訪問

親友、享受休閒活動，這有助於提高生活品質。

4. 公共利益和長遠發展： 加強交通運輸建設不僅關乎當前的需求，還關係到長遠的發展。政府的投資和努力應該以公共利益為重，確保交通運輸建設符合城市和地區的未來需求。

總的來說，這句話強調了政府在交通運輸建設方面的角色，並強調提供便捷和高效的交通服務對於提高居民的生活品質和促進經濟發展至關重要。這也體現了政府應該以公共利益為優先考慮，投資於基礎設施和公共服務，以支持城市和地區的可持續發展。

99 「要鼓勵健康生活方式和健康促進，提升人民的身心健康水準」

這句話強調鼓勵健康生活方式和健康促進，提倡運動、飲食和心理健康的重要性，改善人們的生活品質。這句話傳達了以下含義：

1. 健康生活方式的重要性： 該句話強調了健康生活方式的關鍵性。這包括適當的飲食、運動、充足的睡眠以及心理健康的關照。這些因素共同影響著個人的身體和心理健康。

2. 健康促進： 不僅僅是治療疾病，還要強調預防和維護身體健康。健康促進包括教育人們如何選擇健康的生活方式，以預防慢性疾病和提高整體健康水準。

3. 身心健康： 這句話強調身心健康的重要性。身體健康和心理健

康互相關聯，對一個人的整體健康有重要影響。政府應該提供資源和支持，以改善人們的心理健康和身體健康。

4. 生活品質的提升：鼓勵健康生活方式和健康促進不僅有助於個人的健康，還有助於提高整體生活品質。健康的人更有活力、更具生產力，並享受更快樂的生活。

5. 社會成本的降低：鼓勵健康生活方式和健康促進可以幫助降低醫療費用和社會成本。預防疾病和提高健康水準可以減少對醫療體系的壓力，同時減少了疾病對個人和家庭的負擔。

總的來說，這句話強調了政府在促進健康方面的責任，並呼籲個人和社會以健康為重，推動健康生活方式和健康促進的實踐。這有助於提升整體健康水準、改善生活品質，同時降低醫療成本和社會成本，為社會帶來多方面的好處。

柯文哲大事記

日期	事件
1959年8月6日	柯文哲出生於台灣新竹市
1979年	重考進入臺灣大學醫學系
1986年	進入中華民國陸軍服兵役，在第二六九師任少尉軍醫預官
1988年	退伍，回到臺大醫院任職。
1993年	至美國明尼蘇達大學醫學院外科進修1年，研究「人工肝臟」。
1994年	• 返臺，回到急診室工作，同時進入臺灣大學醫學研究所博士班。 • 民進黨籍的陳水扁競選臺北市市長時，柯文哲為扁醫界後援會幹部。
1999年11月起	任臺大醫院器官移植管理委員會委員兼執行秘書。
2000年後	• 至中國大陸參加多次醫學會議，將葉克膜技術傳入中國大陸。 • 柯文哲擔任陳水扁競選總統臺大醫院後援會召集人。
2002年	取得國立臺灣大學醫學院臨床醫學研究所醫學博士。
2002年6月6日	建立網路器官捐贈登錄制度，並由柯文哲執行。
2003年8月2日	陳水扁頒發「228回復名譽證書」，證書常掛柯文哲辦公室牆上。
2006年7月15日	柯文哲於《民生報》撰文《反省、認錯、道歉 談趙建銘案》。
2006年11月18日	指派臺大急救小組安裝葉克膜，使邵曉鈴存活率提高，最終得以治療康復。
2008年1月30日	創下讓病患連續使用葉克膜117天再移除，成功復原的世界紀錄。
2010年11月26日	連勝文槍擊案發生，由柯文哲和臺大醫院醫療團隊配合下搶救連勝文。
2011年8月24日	因柯文哲負責的臺大醫院器官移植團隊將愛滋病患者器官移植給了五名病人。衛生署認定柯文哲有督導之責，對他進行懲處。
2012年4月	柯文哲參與凱達格蘭學校當學生。

2012年6月	柯文哲擔任召集人，希望法務部能讓陳水扁保外就醫。
2013年5月1日	柯文哲被列為大專院校教授涉挪用國科會補助款弊案的犯罪嫌疑人。
2013年5月10日	在檢調約談後，檢方並未起訴柯文哲。
2013年6月	柯文哲的學生遭酒駕闖紅燈的汽車撞擊，最終仍宣告不治。柯文哲在此事件後成立臺灣酒駕防制社會關懷協會，投入酒後駕車防治工作。
2013年8月	經監察委員黃煌雄邀請，至北京市參加蔣渭水學術研討會。
2014年1月6日	表態參選臺北市市長，臺大醫院失誤移植愛滋病患器官案是決定參選的主因。
2014年6月13日	整合民調結果，柯文哲勝出，民進黨同意不推出候選人，由柯文哲代表在野聯盟競選。
2014年11月7日	柯文哲公開表示：「我當選以後不會加入任何政黨」
2014年11月29日	柯文哲以853,983票、57.16%的得票率當選臺北市市長。
2014年12月25日	就職台北市長，並組成市政府團隊。
2015年1月7日	決定將新臺幣25,619,490元的選舉補助款全數捐出。
2018年8月16日	中國中央電視台以兩分半篇幅報導柯文哲，說他很有可能會投入參選2020年的「台灣地區領導人」。
2018年11月25日	在九合一選舉中險勝，連任台北市市長。
2019年7月31日	蔡壁如證實柯文哲想籌組政黨，名為「台灣民眾黨」。
2019年8月1日	柯文哲召開記者會向外界說明台灣民眾黨成立的理念。
2019年8月6日	台灣民眾黨在臺大醫院國際會議中心舉行創黨成立大會，柯文哲被推舉為首任黨主席。
2019年8月31日	出版《生死之間：柯文哲從醫療現場到政治戰場的修練》
2019年12月	首度表達有意願參選2024年總統選舉。
2020年12月26日	出版《生死之間2：葉克膜的故事》

2022年8月4日	出版《柯P管理學：價值，領導，創新》
2022年7月19日	柯文哲堅持「5個互相」原則，用交流累積善意，期望兩岸能避免衝突，甚至避免戰爭。
2023年2月1日	柯文哲正式從台大醫院退休。
2023年4月	以民眾黨總統參選人身分展開為期21天的訪問美國行程。
2023年5月17日	獲得民眾黨提名，參選2024台灣總統。
2023年5月20日	在淡水區舉行參選總統的政見會
2023年9月21日	柯文哲召開長照政策發布記者會。主張成立「中央長照保險局」，以及推動長照保險兩大政見。
2023年10月	出版《柯文哲的台灣筆記》
2023年10月1~5日	柯文哲二度訪美，行程主要著重在產業之旅
2023年10月19日	柯辦鬆口說：柯文哲、郭台銘兩人「2週內2度會面」，會談內容不便透露。
2023年10月22日	柯文哲在桃園市龍潭區黃梅生紀念館提出6大主張，並計畫在每個庄舉辦節慶活動，以吸引客家票。
2023年11月2日	鴻海創辦人郭台銘邀柯文哲一起在家裡共進午餐，在藍白合未明的情況下，引發各界揣測。
2023年11月15日	藍白政黨二次協商！國民黨主席朱立倫、民眾黨主席柯文哲、國民黨總統參選人侯友宜皆出席，並由前總統馬英九見證。雙方達成共識，將綜合外界民調及藍白提供內參民調決定正副總統人選，藍白確定整合。由於民眾黨退讓許多，引起不少黨內人士及支持者不滿。
2023年11月23日	國民黨侯友宜、民眾黨柯文哲最後一次討論「藍白合」，因對民調的認知不同，遲遲沒能達成共識而確定破局。
2023年11月24日	柯文哲攜副手民眾黨立委、新光集團第三代吳欣盈，前往中選會登記參選第16任正副總統。
2024年1月13日	第16任總統副總統與第11屆立法委員選舉投票日

🎤 戰友還是對手？侯友宜簡介

在台灣這個充滿活力的島嶼上，侯友宜以其卓越的領導才能和深邃的公共服務精神，在政治舞台上閃耀著不可忽視的光芒。作為新北市的市長，深耕12年，他不僅是當代台灣政治的重要人物，更是社會變革的推動者。侯友宜的事業路徑融合了法律學識與公共管理的智慧，同時也深受其在警察系統中累積的豐富經驗影響。這些獨特的背景和經驗，塑造了他在台灣政治舞台上不可或缺的地位。

★ 出生和成長的背景

在台灣這塊富饒而多元的土地上，侯友宜出生於一個深植傳統價值的家庭。這個家庭不僅重視教育，更將道德原則視為生活的指南針。在這樣的環境下，侯友宜的童年充滿了學習和實踐這些原則的經歷。從小，他就對公共服務懷抱著一股難以抑制的熱情，並且對社會責任和正義抱有深刻的認知。這些早期的體驗和價值觀，不僅塑造了他的性格，也為他日後在政治舞台上的角色打下了堅實的基礎。他的故事，從台灣的小角落開始，逐漸延伸到了整個國家的未來。

★ 教育經歷

侯友宜的學術之旅不僅是知識的累積，更是為他未來政治舞台上的卓越表現打下了堅實的基礎。他在法律和公共管理領域接受了深入而嚴格的教育，這段經歷不僅鑄就了他作為警察系統傑出成員的基石，

也為他日後在政治領域的成功提供了重要的智識支撐。侯友宜在這些領域裡所取得的學術成就，反映了他過人的智慧和專業精神，同時也彰顯了他對提升社會正義和公共福祉的堅定承諾。這些早期的教育經歷為他成為一位有效且受人尊敬的公職領袖奠定了堅固的基礎，為其後來的政治生涯中發揮了不可忽視的作用。

★ 警察職業生涯

在台灣的警察系統中，侯友宜的職業生涯迅速起步。他在警隊的早期工作不僅是一名執法者，更是一名經驗豐富的行政決策者。侯友宜以其堅韌不拔的毅力和對細節的嚴謹關注而聞名。從基層到高層的豐富經歷培養了他解決問題和應對緊急情況的卓越能力。經辦許多重大案件如：鄭南榕案、白曉燕命案、吳東亮遭綁案等，不僅鍛煉了他的職業技能，也塑造了他作為領導者的核心特質。

★ 主要成就和在法執法領域的貢獻

在執法的前線，侯友宜以其過人的智慧和堅毅的決心，為台灣的社會安全作出了不可磨滅的貢獻。他在打擊犯罪、提升警務效能，以及促進警民合作方面展現出非凡的領導力。通過創新的方法和策略，侯友宜不僅提高了警方的工作效率，更贏得了公眾的廣泛信任與支持。他的這些努力對於提升社區安全和推動法律公正有著深遠的影響，成為了他職業生涯中的閃亮佳績。

★ 政治生涯的開始

　　侯友宜從警察身份跨足政壇，是對公共服務深刻承諾的體現。當他意識到自己能在更廣闊的舞台上為社會做出更大的貢獻時，他毅然開啟了自己的政治之路。侯友宜將在警隊中累積的寶貴經驗和專業知識巧妙地應用於政治領域，其從警經驗，影響其從政後的用人風格。他多偏向拔擢出身事務官體系、行事風格穩健的人才。這一轉變不僅開啟了他職業生涯的新篇章，也為台灣政治舞台帶來了新的活力和視角。

★ 初次參與政治活動的經歷

　　侯友宜政治生涯的開端，源起於他擔任新北市副市長。務實的他致力於尋找解決實際問題的辦法，以改善民眾的福祉。侯友宜以其對公共利益的深切關注和願意聆聽民意的開放態度迅速在民眾中建立了信任。這些早期的政治參與不僅鞏固了他作為公職人員的形象，也為他後來成為新北市市長鋪平了道路。

★ 重要政策、項目和成果

　　作為新北市的掌舵者，侯友宜引領這座城市邁向全面的進步和繁榮。他的治理以提升市民生活品質和促進城市的綜合發展為核心。在他的領導下，一系列涵蓋教育、公共衛生、交通和環境保護的重大政策和項目相繼實施。他特別重視教育資源的充實、公共交通系統的改

善，以及綠色能源和可持續發展項目的推動，如五股「夏綠地」、塭仔圳拆遷、捷運建設、增建公共托育，以及汙水下水道建設等。侯友宜的這些努力不僅大幅提升了新北市的城市競爭力，也極大地改善了居民的生活水平。

★ 面對的挑戰與批評

擔任新北市市長的過程中，侯友宜面臨了不少挑戰和批評。這些包括在城市發展與環境保護間尋找平衡點、改善公共服務的不足，以及處理政府預算和資源分配的複雜問題。也常被對手質疑政治上不夠專業，這讓侯友宜在用人上更願意尊重與相信專業、知人善任。面對這些挑戰，侯友宜以積極的態度應對，通過有效的溝通和堅決的行動展現了他的領導才能。他的這些努力不僅鞏固了他作為解決問題者的形象，也增強了他面對困難時不懈的決心。

★ 對社會福利和城市發展的貢獻

在推動新北市的社會福利和城市發展方面，侯友宜的努力成果斐然。他對社會住房的改善、公共衛生設施的提升，以及教育機會的拓展投入了巨大的精力。這些措施不僅直接提高了市民的生活品質，也為新北市的持續發展打下了堅實的基礎。

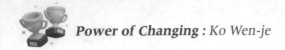

★ 公眾形象與領導特質

　　在新北市民的心中，侯友宜以其親民、誠實和務實的形象深受愛戴。他對公共問題的高度敏感和主動解決問題的積極態度，使他贏得了廣泛的支持和尊重。侯友宜的施政主軸為「安居樂業」，並強調「利民、便民、愛民」，他的這些特質為他在市民之間建立了深厚的信任感，這是一位政治領袖最為寶貴的資產。

★ 領導風格和特點

　　侯友宜的領導風格是包容而務實的。他的開放態度使他能夠接納多元的意見並積極尋求共識。他在處理事務時強調實際成效，避免空談，新冠疫情期間，新北市從染疫重災區，到成為公衛專家口中的「防疫示範模版」，是民調中防疫表現最好的市長，體現了他展現魄力實事求是的工作態度。作為一位結果導向的領導者，侯友宜會設定明確的目標並致力於實現。他在面對挑戰時能夠做出果斷的決策，顯示了堅定的決策能力。他在不同利益集團之間的有效協調顯示了他具有卓越的策略性思維和政策推動能力。

★ 與其他政治人物的互動與合作

　　侯友宜在與其他政治人物的互動和合作中，展現了開放和合作的態度。他不僅積極與不同政黨和利益團體進行對話，而且致力於推動新北市的整體利益。這種跨黨派的合作精神不僅提升了他的領導效能，也為台灣政治文化注入了新的活力。

★ 對台灣社會的影響

　　侯友宜作為新北市市長，在地方政府層面發揮著關鍵作用，並且他的影響力擴展到台灣更廣泛的社會領域。他的政策和領導風格對提升地方治理水平、促進公民參與，以及改進公共服務產生了深遠的影響。侯友宜在推動社會福利、城市發展和環境保護方面的努力，不僅提升了市民的生活品質，也成為推動可持續發展的典範。

★ 對台灣整體政治環境的貢獻

　　在台灣的政治舞台上，侯友宜撇開藍綠界線，走務實施政，以其穩重和包容的領導風格贏得了廣泛的尊重。他在新北市的成功管理和政策實施，追求程序正義、落實公權力，不僅為台灣其他城市樹立了榜樣，也對台灣政治文化的成熟與發展產生了深遠的影響。

★ 未來展望與潛在挑戰

　　當前的政治局勢，無論是台灣內部的政治動態還是國際環境的變化，都對侯友宜未來的政治生涯構成了重大影響。為了應對這些變化，侯友宜需要發揮更大的靈活性和策略性，確保他的政策和領導方式能夠有效地適應新的挑戰和機遇。

★ 未來的政治目標和可能的發展方向

　　侯友宜未來的政治藍圖可能會聚焦於進一步提升新北市的國際地

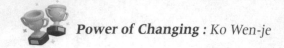

位，推動創新的社會福利計畫，並在更廣闊的台灣政治舞台上發揮更大的影響力。基於他在地方政府的成功經歷，侯友宜可能會尋求在國家層面扮演更加重要的角色，或推動更多的跨地區合作項目，以促進台灣整體的發展與進步。這些目標的實現將取決於他如何應對政治局勢的變化和克服未來的挑戰。

作為新北市市長，侯友宜不僅在地方政府層面取得了顯著成就，更在台灣社會產生了深遠影響。他的領導促進了社會福利的提升、城市基礎設施的全面改善、教育資源的豐富，以及公共安全的加強，從而大幅提升了市民的生活品質並增強了新北市在國際舞台上的地位。隨著他代表國民黨參選台灣2024年總統，侯友宜的政治路徑正邁向新的高峰。他的參選不僅象徵著個人職業生涯的一個重大轉折點，也標誌著台灣政治發展的一個關鍵時刻。侯友宜的務實和包容的領導風格，加上他在地方政府的豐富經驗，為他在更廣闊的台灣政治舞台上發揮更大影響力奠定了堅實的基礎。面對挑戰和機遇，侯友宜有望成為推動台灣政治進步、促進社會發展的關鍵力量。他的政治生涯和對新北市以及台灣社會的貢獻，為台灣未來的發展設立了積極的範例，同時為台灣政治環境的持續演變提供了新的視角和動力。

侯友宜大事記

日期	事件
1957年6月7日	出生於台灣嘉義縣朴子市。
1980年	開始在台北市政府警察局刑事警察大隊工作，曾任分隊長、偵查員、等職。
1989年	執行拘捕鄭南榕的任務，該事件引起爭議。
1990年	升任台北市政府警察局刑事警察大隊副隊長。
1997年	擔任台北市刑警大隊隊長。期間負責偵辦白曉燕命案，侯友宜率員先後槍戰圍捕歹徒林春生、高天民，並在南非武官挾持事件中，赤手空拳與陳進興斡旋談判，成功說服綁匪繳械投降，並抱著被綁架的嬰兒安全撤離，讓他名聲大噪。
1998年	升任內政部警政署刑事警察局副局長。
2001年	升任桃園縣政府警察局局長。
2003年	任刑事局局長。
2003至2005年	設立駐外警察聯絡官，建立全球情報網。
2006年1月	升任警政署署長。
2008年	轉任中央警察大學校長。
2010年	朱立倫任新北市市長時將侯友宜調來當了副市長，自此侯友宜在新北市一做就是12年，擔任市長的五年有四年拿下「最高評價市長」的榮譽，民眾滿意度非常高。
2018年	當選新北市市長。
2022年	成功連任新北市市長。
2023年5月18日	獲中國國民黨徵召參選2024年中華民國總統選舉。
2023年11月24日	藍白合協商未果，宣告破局。侯友宜攜副手趙少康前往中選會登記參選第16任正副總統。

真永是真

指引人生大道的明燈！
真理指引の知識服務

- 跨時代 ☑
- 跨領域 ☑
- 融匯古今 ☑
- 中西互證 ☑

「真永是真」人生大道，條條是經典，字字是真理！王晴天大師率智慧型立体知識服務團隊精選 999 個真理，打造「真永是真」人生大道叢書，每一個真理均搭配書籍、視頻、課程等，並融入了數千本書的知識點、古今中外成功人士的智慧，全體系應用，讓你化盲點為轉機，為迷航人生提供真確的指引明燈！

333 本書
課程演講
影音視頻
999個真理
Mook 專書

真 永是真 真讀書會 生日趴＆大咖聚

真讀書會來了！解你的知識焦慮症！

　　在王晴天大師的引導下，上千本書的知識點全都融入到每一場演講裡，讓您不僅能「獲取知識」，更「引發思考」，進而「做出改變」；如果您想體驗有別於導讀會形式的讀書會，歡迎來參加「真永是真·真讀書會」，真智慧也！

2024 場次
11/2（六）
13:00~21:00

2025 場次
11/2（六）
13:00~21:00

2026 場次
11/7（日）
13:00~21:00

📍 地點：**新店台北矽谷國際會議中心**
（新北市新店區北新路三段 223 號捷運大坪林站）

立即報名

★ 超越《四庫全書》的「**真永是真**」人生大道叢書 ★

	中華文化瑰寶 清《四庫全書》	當代華文至寶 真永是真人生大道	絕世歷史珍寶 明《永樂大典》
總字數	8 億 **勝**	6 千萬字	3.7 億
冊數	36,304 冊 **勝**	333 冊	11,095 冊
延伸學習	無	視頻＆演講課程 **勝**	無
電子書	有	有 **勝**	無
NFT＆NFR	無	有 **勝**	無
實用性	有些已過時	符合現代應用 **勝**	已失散
叢書完整與可及性	收藏在故宮	完整且隨時可購閱 **勝**	大部分失散
可讀性	艱澀的文言文	現代白話文，易讀易懂 **勝**	深奧古文
國際版權	無	有 **勝**	無
歷史價值	1782 年成書	2023 年出版 **勝** 最晚成書，以現代的視角、觀點撰寫，最符合趨勢應用，後出轉精！	1407 年完成 **勝** 成書時間最早，珍貴的古董典籍。

> 「真永是真」人生大道叢書，將是史上最偉大的知識服務智慧型工程！堪比《四庫全書》、《永樂大典》，收錄的是古今通用的道理，具實用性跨界整合的智慧，絕對值得典藏！

智慧型立體學習出版&培訓集團

結合出書與賺錢的全新商業模式
一石三鳥的絕密BM，成就你的富裕人生！

01

被動收入
自己就是一間微型出版商，取得出書經營權，引薦越多人，收入越可觀！

出書 1+1
第 1 本書，與知名作家合出一本書；第 2 本為自己著作，坐擁版稅，成為暢銷書作家！

02

03

高 CP 值
讓你邊學＋邊賺＋出書＋拓人脈＋升頭銜，成為下一個奇蹟！

智慧型立體學習體系，
自創 EPCBCTAIWSOD 同步出版，
也是兩岸四地暢銷書製造機，
如今最新邊學邊賺 BM，
不僅讓你寫出專業人生，
還能打造自己的自動賺錢機器！

目標 行動
智慧 資源

以書導流
以課導客

EPCBCTAIWSOD

服務專線：02-**82458318**

地址：台灣新北市中和區中山路二段366巷10號3樓